未成年人
相对不起诉制度研究

古 芳 著

中国社会科学出版社

图书在版编目（CIP）数据

未成年人相对不起诉制度研究 / 古芳著. -- 北京：
中国社会科学出版社，2025. 7. -- ISBN 978-7-5227
-4835-1

Ⅰ. D926. 8

中国国家版本馆 CIP 数据核字第 20250VQ140 号

出 版 人	季为民	
责任编辑	程春雨	
责任校对	禹　冰	
责任印制	张雪娇	

出　　版	中国社会科学出版社
社　　址	北京鼓楼西大街甲 158 号
邮　　编	100720
网　　址	http://www.csspw.cn
发 行 部	010-84083685
门 市 部	010-84029450
经　　销	新华书店及其他书店

印　　刷	北京明恒达印务有限公司
装　　订	廊坊市广阳区广增装订厂
版　　次	2025 年 7 月第 1 版
印　　次	2025 年 7 月第 1 次印刷

开　　本	710×1000　1/16
印　　张	18.75
插　　页	2
字　　数	278 千字
定　　价	98.00 元

以 2012 年《中华人民共和国刑事诉讼法》和最高人民法院、最高人民检察院司法解释的修改为标志，未成年人附条件不起诉、社会调查、社会帮教以及不起诉污点封存等生发于实践探索的制度被纳入规范，这标志着我国未成年人相对不起诉制度的初步建立。目前，我国未成年人相对不起诉制度尚处于初步发展阶段，具有改革试点丰富、制度规范不足、地位尚不明确的特点。相对于主要适用于成年人的传统相对不起诉制度来说，未成年人相对不起诉制度在目标、功能、内容等方面发生了较大变化，传统的刑事司法理论和未成年人司法理论已不能对这种变化进行有效的说明和解释，在未成年人司法和未成年人检察理论体系内，应构建符合未成年人相对不起诉制度特性的理论，进而总结每一项具体制度的实践探索情况，发现制度运行中的问题；在梳理、提炼每一项具体制度运行中的核心特点和主要问题的基础上，结合我国特殊的司法模式和司法环境，提出我国未成年人相对不起诉制度的发展方向，不但对未成年人相对不起诉制度本身的完善有所裨益，而且对我国未成年人检察制度的发展更具重要价值。

本书研究的目的是根据目前我国未成年人相对不起诉具体制度的发展和改革试点情况，提炼总结出我国未成年人相对不起诉制度的特性问题，进而对该制度的规范化前景和发展方向作出展望。本书将以我国未成年人相对不起诉司法实践中的经验和问题作为出发点，围绕未成年人相对不起诉制度的中国问题和中国特性展开。在对未成年人相对不起诉具体制度的研究中，本书全部遵循性质界定、特点概括、实践情况总结分析、提出发展方向的思路展开论述，并据此提出有助于确立我国未成年人相对不起诉制度地位和发展方向的核心性问题。

本书的研究与其他相关研究成果相比，有以下几点创新之处。

一是提炼出了未成年人相对不起诉制度的特殊价值目标。未成年人相对不起诉制度与主要基于诉讼经济考量而产生的成年人相对不起诉制度不同，其根本目的在于通过对未成年人的出罪处理和帮助教育，最终实现涉罪未成年人回归社会。基于其特殊的目的，未成年人相对不起诉制度必然涉及更为宽泛资源的运用，要求社区机构、家庭、被害人等多方资源与检察机关一起运作。因此，与成年人相对不起诉制度相比，未成年人相对不起诉在功能、内容、制度运行等方面具有鲜明的特点。

二是总结了未成年人相对不起诉制度特殊的内容架构。未成年人相对不起诉制度内容相较于成年人相对不起诉制度来说更丰富，制度架构更独特。根据实现未成年人回归社会目的的不同作用，未成年人相对不起诉制度可以被划分为两个层次：未成年人出罪处理制度和未成年人回归社会的保障制度。未成年人出罪处理制度是指将涉罪未成年人从刑事司法程序中转处出来，避免其受到刑事司法程序不良影响的制度。主要包括基于罪轻的酌定不起诉、和解不起诉和基于帮教的附条件不起诉制度，它们是涉罪未成年人回归社会的前置程序。而未成年人回归社会保障制度是指通过对涉罪未成年人的情况调查、教育帮教等，确保其回归社会后不会对社会造成危害的相关制度，即目前已具雏形的未成年人社会调查、帮教矫正和不起诉污点封存制度。出罪处理是未成年人回归社会的前提条件，而调查帮教、污点封存是确保分流效果，最终实现回归的保障。

三是对未成年人相对不起诉具体制度的改革试点情况进行了较为全面的梳理和总结。在未成年人出罪处理制度中，尽管三种相对不起诉制度已具雏形，但仍然无法摆脱成年人相对不起诉制度和理念的影响，法律规定较为粗疏，在适用中存在随意性、模糊性问题。本书提出应依据实现未成年人出罪化处理的难易程度以及涉罪未成年人行为和主观恶性程度来构建三种相对不起诉制度的适用原则或适用标准。在未成年人出罪处理的保障制度中，无论是社会调查、社会帮教还是不起诉污点封存，目前都存在制度成熟度不高与规范性不足问题，应对实践中一些具有借鉴和发展意义的做法进行推广，待条件成熟后将其纳入法律规范之中。

四是提出了未成年人审前程序重构的初步设想。也就是说，可以将公安机关对未成年人的出罪处理纳入未成年人检察审查的范围；构建对涉罪未成年人出罪处理的司法性审查机制；将严重涉罪未成年人的审查起诉职责从现有的未成年人检察职能中分离出去，由一般公诉部门行使；同时，构建与未成年人刑事审前程序配套的出罪化保障制度体系，确保未成年人顺利回归社会。

目　　录

第一章

未成年人相对不起诉制度导论

1968 年，赫伯特·帕克教授提出了关于刑事诉讼的"正当程序"和"犯罪控制"两种模式理论。[①] 针对这两种刑事诉讼模式，约翰·格里菲斯教授又提出了第三种模式——"家庭模式"，即在家庭模式中国家和罪犯的关系是接近于家庭式的关系，社会应继续关注犯罪定罪后的利用，并期望他们能最终回归社会。[②] 格里菲斯教授的论断对我国未成年人刑事司法产生了深远影响，给予涉罪未成年人更多修正自己行为的机会，帮助其回归社会基本已成为一种理论和实务界的共识，教育而不是惩罚逐渐成为人们对待未成年人犯罪的基本态度。这种未成年人刑事司法理念的变革和发展在未成年人刑事司法程序层面产生了回应，一种更强调独立性与传统刑事司法程序相区别的未成年人刑事司法程序在各国逐渐建立并发展。

以 2012 年《中华人民共和国刑事诉讼法》（以下简称 2012 年《刑事诉讼法》）修订为标志，专门针对未成年人设置的附条件不起诉、社会调查、犯罪记录封存等一系列制度得到法律的规范和确认。这些制

[①] ［美］赫伯特·帕克：《刑事诉讼的两种模式》，载［美］虞平《争鸣与思辨：刑事诉讼模式经典论文选译》，郭志媛编译，北京大学出版社 2013 年版，第 32—35 页。

[②] ［美］约翰·格里菲斯：《刑事程序中的理念或刑事诉讼的第三种"模式"》，载［美］虞平《争鸣与思辨：刑事诉讼模式经典论文选译》，郭志媛编译，北京大学出版社 2013 年版，第 55—60 页。

度有的移植于域外，有的从我国实践发端，但都呈现出我国未成年刑事司法的鲜明特点，与同样适用于成年人的基于罪轻的酌定不起诉与和解不起诉一起，给予涉罪未成年人更多获得出罪处理的机会，对未成年人进行帮助教育，实现其最终回归社会的重要目标。2018—2022 年，检察机关共"对涉嫌轻微犯罪、有悔罪表现的，附条件不起诉 7.1 万人，适用率由 2018 年 12.2%升至 2022 年 36.1%"①。2018—2022 年 9月，检察机关附条件不起诉 6.3 万人，适用率由 12.2%上升至 36.6%；通过设置个性化附带条件并全程监督考察，提升精准帮教实效，超过97%的被附条件不起诉未成年人走上正途。② 可见，附条件不起诉制度有效贯彻落实了教育挽救涉罪未成年人的方针，体现了立法和司法对未成年人的"特殊关爱"，是我国未成年人刑事司法制度的重要组成部分。

》　第一节　概述

一　未成年人相对不起诉制度的性质

不起诉制度的核心在于公诉机关的不起诉权，可以说，刑事不起诉制度本质上是关于刑事不起诉权之行使的诉讼制度。自人类确立了控审分离原则，并在此基础上建立了控诉式诉讼制度以来，现代意义上的刑事公诉制度得以产生。③ 现阶段，各国公诉机关在公诉活动中遵循的原则主要有起诉法定原则和起诉便宜（裁量）原则两种。检察官对于侦

---

① 张军：《最高人民检察院工作报告——2023 年 3 月 7 日在第十四届全国人民代表大会第一次会议上》，最高人民检察院网，https：//www.spp.gov.cn/spp/tt/202303/t20230317_608765.shtml，2023 年 10 月 6 日。

② 张军：《最高人民检察院关于人民检察院开展未成年人检察工作情况的报告》，最高人民检察院网，https：//www.spp.gov.cn/spp/xwfbh/wsfbh/202210/t20221029_591185.shtml，2023年 10 月 16 日。

③ 例外的是英国，英国一直以来具有奉行私人起诉的普通法传统，纠问式诉讼未在英国盛行，因而，英国的诉讼模式是由古老的弹劾式诉讼缓慢演变而来，刑事起诉制度也体现出明显的私诉特征。其现代意义上的刑事公诉制度始于 1985 年《刑事起诉法》的颁行。

查终结移送审查起诉的案件，原则上都应当提起公诉。但是基于刑事政策以及诉讼经济的要求，尤其是基于以预防为导向的刑罚理论的考量，容许检察官于特定情形之下，裁量是否提起公诉，一般称为相对不起诉处分，是起诉便宜原则的产物。相对不起诉一经提出，便被世界各国所接受，现已成为当今世界各国诉讼制度的通例。①

我国现行不起诉制度是在 1979 年《刑事诉讼法》规定的免予起诉、不起诉的基础上，吸收了十余年来司法实践和理论研究的情况，逐渐形成完善的一种制度。1996 年《刑事诉讼法》对原审查起诉制度作了重大改革，取消检察机关免予起诉权，扩大了不起诉范围，将我国不起诉划分为绝对不起诉、相对不起诉和证据不足不起诉。2012 年《刑事诉讼法》对于不起诉的规定进一步进行了修改完善，一是取消了证据不足不起诉审查中检察机关的裁量权，规定如果经两次退回补充侦查，检察机关仍然认为证据不足，不符合起诉条件的，应当直接作出不起诉决定。二是在未成年人特殊诉讼程序中确认了实践改革中出现的附条件不起诉。三是在当事人和解的公诉案件诉讼程序中增加了人民检察院对于双方自愿和解，犯罪情节轻微的刑事案件可以作出不起诉决定的规定。目前，根据法律规定，我国共存在五种不起诉类型，即法定不起诉（2018 年《刑事诉讼法》第 177 条第 1 款）、酌定不起诉（2018 年《刑事诉讼法》第 177 条第 2 款）、证据不足的不起诉（2018 年《刑事诉讼法》第 175 条第 4 款）、和解不起诉（2018 年《刑事诉讼法》第 290 条）以及附条件不起诉（2018 年《刑事诉讼法》第 282 条）。这并不是一个科学的分类方法，作者支持那种以检察机关对于不起诉有无自由裁量权将不起诉划分为绝对不起诉和相对不起诉的观点。绝对不起诉是指检察机关在对不起诉的决定中没有自由裁量权的不起诉形式；相对不起诉或者称为裁量不起诉，是指检察官对是否适用该不起诉具有一定裁量权的不起诉形式。一直以来，理论界对证据不足不起诉中检察机关是否具有裁量权存在一定的争议，2012 年《刑事诉讼法》解决了这一争议

---

① 李维国：《论检察机关的起诉裁量权的扩大及其制约》，《检察实践》2003 年第 3 期。

性问题，修订了原刑诉法第 140 条第 4 款的规定，直接在第 171 条第 4 款明确规定，对于经过两次补充侦查的案件，人民检察院仍然认为证据不足的，不符合起诉条件的，应当作出不起诉决定。这种争议自此失去了意义，绝对不起诉就应当包括法定不起诉和证据不足不起诉，而相对不起诉则包括基于罪轻的酌定不起诉、和解不起诉和附条件不起诉三种情形。

我国未成年人相对不起诉制度经历了一个较为曲折的发展过程。以附条件不起诉为标志，2012 年《刑事诉讼法》首次在国家的基本法律中对未成年人不起诉制度进行了规定，虽然离成熟和完善还有一定距离，但这是未成年人不起诉制度开始具有独立的规范化地位的重要标志。作为一项从司法实践中生发的制度，附条件不起诉也经历了长期的发展完善过程。1992 年，上海市长宁区检察院首先对一名涉嫌盗窃的犯罪嫌疑人决定暂缓起诉，并附之以 3 个月的考察期。随后，北京、江苏、山东、湖北等地的检察机关纷纷就暂缓起诉制度展开试点并积累了不少成功的案例。1992—2003 年，长宁区检察院共对近 20 名未成年犯罪嫌疑人作出暂缓起诉处理，最终只有 4 名未成年人被提起公诉。大多数被暂缓起诉的未成年嫌疑人在考察期内能够认真履行规定的义务，在良好的社会环境下，通过有效的社会监督悔过自新。然而，由于受到各方质疑，暂缓起诉于 2004 年被最高检叫停，对其的质疑主要有：一是缺乏法律依据；二是构成了对审判权的侵害；三是考验期的设置可能有违案件办理期限的规定。然而，这些质疑却没有阻挡检察机关进行制度探索的脚步，2004 年，北京市西城区人民检察院首先创设了诉中考察制度，对那些犯罪情节较轻，具有一定宽宥情节，但又不完全符合不起诉条件的未成年人，通过社区服务等方式对未成年人的悔罪表现、人身危险性、社会融入性等问题进行考察，以确定该未成年人是否具有帮教条件，是否可以对其作出相对不起诉决定。此外，例如北京、上海等省市也开始探索未成年人的罪轻和解不起诉制度，根据未成年人犯罪嫌疑人、被告人与被害人的和解情况进而决定是否适用不起诉决定。这些探索大大丰富了未成年人相对不起诉的司法实践和理论探索，虽然目前仅附条件不起诉制度在 2012 年《刑事诉讼法》中得到了确认，但基于未成年人及未成年人犯罪的特殊性要求，未成年人相对不起诉制度的进一步规范化将是必然趋势。

我国与域外一些未成年人司法较为发达的国家，对未成年人犯罪及其处遇尽量体现其特殊性，存在专门的立法、程序规定不同，除《中华人民共和国未成年人保护法》（以下简称《未成年保护法》）和《中华人民共和国预防未成年人犯罪法》（以下简称《预防未成年人犯罪法》）外，独立专门的法律规范较少。未成年人刑事司法制度仍然呈现出依附于成年人刑事司法制度的明显特点。有关未成年人犯罪、刑罚以及诉讼程序、刑罚执行等相关规定，散见于《中华人民共和国刑法》（以下简称《刑法》）、《刑事诉讼法》、《中华人民共和国监狱法》和有关未成年人刑事案件处理的刑事司法解释等刑事法律规范及含有此内容的其他规范中。对未成年人相对不起诉问题的规定同样如此，这种情况一是无法体现出未成年人刑事司法的特性，在法律规定的适用方面容易带来方向性偏差；二是不利于对未成年人进行特殊保护。

2012 年《刑事诉讼法》关于未成年人刑事诉讼程序的规定结合上述相关法律、制度，初步构成了我国未成年人刑事司法制度的规则体系。但对于未成年人相对不起诉制度，目前法律规定还十分粗疏，除了对未成年人案件的附条件不起诉作出明确规定，其余的相对不起诉仍需继续适用成年人相对不起诉的法律规定。此外，2012 年《刑事诉讼法》将附条件不起诉制度安排在第五编"特别程序"中的"未成年人刑事案件诉讼程序"一章，而酌定不起诉制度则安排在第二编"立案、侦查和提起公诉"中的"提起公诉"一章，与成年人酌定不起诉适用相同的规定。可见，立法者没有将未成年人的附条件不起诉制度与罪轻不起诉制度放在同一特性问题上来看待。实践中，附条件不起诉适用中遇到的最大困扰即是其与酌定不起诉制度的逻辑关系问题，两者的适用条件会产生一定重合，而附条件不起诉的适用会产生一定考察期，显然于犯罪嫌疑人而言，附条件不起诉的处理方式要重于酌定不起诉。这不仅导致检察机关在适用选择上不明确，还导致被告人和被害人对检察机关的处理决定产生异议。特别是未成年人相对不起诉的适用对象、适用条件、适用程序、保障机制都与成年人相对不起诉制度的内容存在显著区别，解决这一问题的根本思路应该是进一步提升未成年人不起诉制度的规范化地位，建立独立的未成年人不起诉制度体系。这一观点作者将在下文中进行深入分析。

二 未成年人相对不起诉制度的内容

在上文确定研究方向的前提下，笔者将通过对未成年人相对不起诉制度具体内容的逐一分析研究，进一步提出我国未成年人相对不起诉具体制度存在的问题和发展方向。因此，有必要首先对我国未成年人独特的相对不起诉制度内容进行说明和阐述。

（一）传统的相对不起诉制度的界分标准和基本内容

传统理论一般根据公诉机关是否享有裁量权为标准，将不起诉分为法定不起诉和相对（裁量）不起诉两类。法定不起诉就是我们通常说的绝对不起诉，是指检察机关对符合起诉法定标准的案件没有根据具体情况裁量并赋予可以做出不起诉处理的权力，而一律要提起公诉。裁量不起诉又被称为相对不起诉，与法定不起诉不同，是指检察官可以根据案件的具体情况等因素，对已经达到起诉标准的案件，可以根据其自由裁量的权力而决定不起诉。① 相对不起诉是公诉机关认为案件虽达到起诉标准，但不适宜提起公诉时作出的一种处分，是出于便宜之考量而为的不起诉。在我国，学术界对于不起诉类型的划分一直存在争论，主要表现为两分法和三分法之争。两分法以检察机关对于不起诉有无自由裁量权将不起诉分为两类：一是法定不起诉，即检察机关没有自由裁量权的不起诉形式，即 2018 年《刑事诉讼法》第 177 条第 1 款以及第 175 条第 4 款规定的不起诉；二是相对不起诉，即检察机关具有自由裁量权的不起诉形式。包括 2018 年《刑事诉讼法》第 177 条第 2 款规定的基

---

① 谢识：《不起诉制度论——以相对合理主义为视角》，博士学位论文，吉林大学，2009 年。

于犯罪嫌疑人罪轻作出的不起诉。此外，2012年《刑事诉讼法》中增加了对基于双方和解而作出不起诉的特殊程序规定，在这种特别程序下，检察机关将根据和解协议的情况以及犯罪嫌疑人是否符合"情节轻微、不需要判处刑罚"的标准作出判断，进而决定是否依据第177条第2款的规定对其不起诉处理。这其中包含检察机关行使不起诉裁量权的过程，显然也属于相对不起诉的范畴。三分法完全按照2012年修订前《刑事诉讼法》的规定，将不起诉划分为三种类型，即法定不起诉、相对不起诉和证据不足不起诉，其中，法定不起诉是根据2012年《刑事诉讼法》第173条第1款规定作出的不起诉，相对不起诉是根据2012年《刑事诉讼法》第173条规定作出的不起诉，证据不足不起诉是根据2012年《刑事诉讼法》第171条第4款作出的不起诉。司法实践中基本上也是按照三分法划分不起诉类型的。①

笔者认为，从学理上来说采用两分法，按照公诉机关在决定起诉时有无自由裁量权将不起诉划分为法定不起诉和相对不起诉，将证据不足不起诉划归法定不起诉的范畴较为可行，主要基于以下几方面考量：三分法采取了不同的划分标准，不够科学。法定不起诉与相对不起诉的划分，明显是依据检察官对不起诉有无裁量权进行的，而证据不足不起诉则使用另一种划分标准，依据的是不起诉作出的原因，而非检察官是否在决定中享有裁量权。如统一按照检察官是否享有裁量权为标准，则证据不足不起诉要么属于法定不起诉范畴，要么属于裁量不起诉范畴，不可能单独成为一类。

综上所述，在不起诉决定过程中以检察官是否享有裁量权为标准，可以将不起诉划分为绝对不起诉（法定不起诉）与相对不起诉（裁量不起诉）两类。绝对不起诉是指2012年《刑事诉讼法》第173条第1款规定的法定不起诉和第171条第4款所规定的证据不足不起诉；相对不起诉指的是2012年《刑事诉讼法》第173条第2款规定的酌定不起

---

① 姜伟、钱舫、徐鹤喃、卢宇蓉：《公诉制度教程》（第三版），中国检察出版社2014年版，第280—281页。

诉，第 279 条规定的和解不起诉，第 271 条规定的附条件不起诉。这三类相对不起诉都以被追诉者罪轻为前提。第 173 条第 2 款规定的酌定不起诉就是以被告人罪轻作为单一适用条件；但和解不起诉和附条件不起诉在罪轻的基础上进一步附加了其他适用条件，为了与和解不起诉和附条件不起诉进行明确区别，方便后文的讨论，笔者将酌定不起诉概括为单纯的罪轻不起诉。

（二）未成年人相对不起诉制度特殊的界分标准及内容

1. 未成年人相对不起诉特殊界分标准的提出

从上文分析可以看出，传统的相对不起诉制度界分标准主要是不同种类相对不起诉的不同适用条件。这种区分标准在准确判断相对不起诉种类、相对不起诉的有效适用方面具有优势。但对于未成年人相对不起诉来说，传统的界分标准却存在以下不足。

首先，未成年人相对不起诉制度适用的目标发生变化，其突破了传统相对不起诉制度的价值目标。根据目前未成年人刑事诉讼目的理论的发展，以及我国未成年人相对不起诉的实践探索情况，与主要基于诉讼经济考量而逐渐产生的成年人相对不起诉制度不同，未成年人相对不起诉制度的价值目标在于教育、挽救未成年人，实现涉罪未成年人回归社会。因而，未成年人相对不起诉与成年人相对不起诉相比，涉及更为宽泛资源的运用，社区机构、家庭、被害人等多方资源与国家机构一起运作，为犯罪未成年人提供一个修复伤痕的机会。这种不起诉的处理将尽量避免给未成年人施加如刑事司法程序对抗一般的程序上的痛苦。以一种特殊的视角来看待犯罪未成年人，重视他们与被害人关系、社会关系的恢复，而不是针对其犯罪加害行为来强调对应的惩罚。

其次，未成年人相对不起诉制度的内容逐渐扩展。未成年人相对不起诉制度设置的出发点与成年人相对不起诉不同，其更关注通过制度运行将未成年人从刑事诉讼程序中转移出来，实现对未成年人的特殊保护。诉讼经济显然已经不是未成年人相对不起诉制度的主要价值目标，其以一种特殊的方式发挥作用：一方面，它强调诉讼的快速有效，以实现刑事程序对未成年人最低限度的影响；另一方面，基于未成年人相对不起诉特殊的社会参与要求，其强调通过充分调动社会专业力量的参与来展开对未成年人的帮助教育和协助社会关系的修复等，而非司法资源的全面参与。正因如此，很多国家未成年人相对不起诉制度中都设置了对未成年人的身心发展情况的评估、对未成年人成长教育背景的调查、对未成年人的帮助教育、检察机关主持下的和解协商等特殊程序，把最大限度将未成年人从刑事司法程序中转处出来作为首要追求目标，进而关注未成年人行为的矫正和社会关系的恢复等。未成年人相对不起诉制度的内容相较于传统的成年人相对不起诉发生了扩展，更多的社会性内容被加入进来，更多的非司法制度内容协助传统的相对不起诉制度共同实现帮助教育未成年人，引导其回归社会的目标。

最后，在未成年人相对不起诉对传统相对不起诉价值目标作出突破的前提下，一种强调社会与检察机关共同参与，另一种更强调程序社会性的未成年人相对不起诉制度逐步发展，其内容已经超出了传统的相对不起诉制度范畴，增强了诸如社会调查、教育帮教、污点封存等确保未成年人不起诉处理效果，即实现未成年人获得教育矫治、回归社会的一系列新制度。原有的以相对不起诉具体适用条件来划分该制度的标准已不能充分发挥作用，对于未成年人相对不起诉制度来说，其既不能将其中的社会性制度纳入界分标准，也无法体现未成年人相对不起诉制度的特殊性，因而必须引入新的界分标准。

2. 未成年人相对不起诉制度特殊的界分标准

刑事诉讼的目的，就是以观念形式表达的国家进行刑事诉讼所要期望实现的目标，是统治者按照自己的需要和基于对刑事诉讼及其对象固有属性的认识预先设计的关于刑事诉讼结果的理想模式。[①] 刑事诉讼的目的是国家在诉讼价值目标和现实情况等的考量下确立的一种刑事诉讼的理想结果。正是在这种目的的指引下，一个国家的立法与司法实践可以直接体现刑事诉讼目的，因而，相关的立法和司法实践情况是考察一国刑事诉讼目的的重要依据。同理，如上文所述，在未成年人

---

① 宋英辉：《刑事诉讼目的论》，中国人民公安大学出版社 1995 年版，第 3 页。

相对不起诉制度的核心目的相较于传统的成年人相对不起诉制度发生变化时，未成年人相对不起诉立法和司法实践也会逐步发生变化。目前，无论是司法实践中未成年人检察机关对相对不起诉作出的一系列实践探索，还是 2012 年《刑事诉讼法》和司法解释对诸如未成年人社会调查、社会帮教、附条件不起诉等新制度新做法的吸收规定，无不反映了这一点。在未成年人相对不起诉制度发生这种扩展变化的同时，传统的以相对不起诉适用条件对该制度进行界分的标准无法满足理论研究和实践探索的需要。尽管这种标准对具体不起诉制度的适用仍然发挥重要作用，但其无法准确对未成年人相对不起诉中的诸如社会调查、社会帮教等制度进行界分，无法将这些扩展出的新制度纳入判断。此外，其无法准确体现未成年人相对不起诉制度的特殊目的，未成年人相对不起诉制度适用的价值超出了准确分流，诉讼经济，以节约的司法资源保障刑事诉讼运行；而未成年人相对不起诉的适用，其最重要目标是该制度本身独立具有的"善"，即通过对未成年人的出罪化处理，实现未成年人回归社会。

3. 未成年人相对不起诉制度特殊的内容结构

在未成年人相对不起诉这种特殊独立价值目标的前提下，该制度司法实践和立法的扩展可以作出合理解释，它们是国家为实现未成年人特殊保护而进行的自觉选择。教育帮助涉罪的未成年人，实现其回归社会发展，而不是单纯强调对其的报应性惩罚，正是对未成年人特殊保护的核心体现。未成年人相对不起诉制度本身的设置和发展也应围绕实现未成年人回归社会这一目标进行。因此，根据未成年人相对不起诉具体制度对实现未成年人回归社会目标的不同作用，对未成年人相对不起诉制度进行界分，既可以充分将全部未成年人相对不起诉具体制度纳入研究和判断的范畴，又可以充分体现制度目的和制度之间的因果关系，相较于传统的界分方法更具优势。

在此界分标准下，笔者将未成年人相对不起诉制度划分为两个层次：未成年人出罪处理制度和未成年人回归社会的保障制度。基于未成年人身心发展尚不成熟的特点，对未成年人行为不应仅仅关注惩罚，更要注重其发展，即经过矫正和教育，未成年人具备回归社会不再继续违法的可能，作为刑事司法过程中的国家监护人，司法机关更应关注未成年这一特质。因此，对其处分不能根据犯罪的轻重进行报应，而必须从未成年人的健康角度出发，对刑事处分的内容做出修正。① 基于这样一种考量，对于未成年人刑事案件，检察机关设置了比成年人案件更多的不起诉处理方式，特别是丰富相对不起诉措施种类增加了未成年人获得出罪化处理的机会。未成年人出罪处理制度是指将涉罪未成年人从刑事司法程序中转处出来，避免其受到刑事司法程序不良影响的制度，主要包括基于罪轻的不起诉、基于和解的不起诉和附条件不起诉制度，它们是涉罪未成年人回归社会的前置程序；而未成年人回归社会的保障制度是指确保涉罪未成年人得到教育矫正，其回归社会不会对社会造成危害，即保障出罪处理具有实际效果的制度，也就是目前已具雏形的未成年人的社会调查、帮教矫正和不起诉污点封存制度。

三　未成年人相对不起诉制度的基础性问题

（一）未成年人相对不起诉的概念前提："少年"与"未成年人"

未成年人司法制度或者未成年人检察制度都是由未成年人和司法制度、检察制度两个概念分别组合而成的。在我国犯罪学研究中，与未成年人司法制度和未成年人检察制度相类似的概念是少年司法和少年检察制度，且这两个称谓得到了学界和实务界的广泛接受，我国未成年人司法制度诞生的标志就是长宁区的"少年法庭"和"少年刑事案件起诉组"，至今"少年"和"未成年人"这两个概念在司法实践和理论研究中仍被混淆使用。

主张使用少年司法这一概念的学者提出以下主要理由：一是他们主张未成年人应包括少年和儿童两部分，少年仅仅是未成年人的一部分；二是对于少年注重的是教育和保护，对于儿童注重的应是养护，与此相

① ［日］大谷实：《刑事政策学》，黎宏译，中国人民大学出版社 2009 年版，第 344 页。

对应的是少年法制和儿童福利法制；三是少年司法主要适用对象是涉嫌犯罪和存在不良行为的未成年人，但这只是少年，不包括儿童；四是我国的《未成年人保护法》和《预防未成年人犯罪法》多处使用了少年的概念；五是"少年""少年法庭""少年犯""少年司法制度"等词语在我国未成年人法制中已经成为习惯用语。① 笔者并不完全赞同这一观点，主要基于以下几方面认识。

一方面，"未成年人"的法律含义较"少年"更加精确。《现代汉语词典》对"少年"这一词语的解释有三条：（1）人十岁左右到十五六岁的阶段；（2）指上述年龄的人；（3）指青年男子。② 这些解释对少年外延的界定较为模糊。正是"少年"本身含义的模糊性，我国法律使用了"未成年人"这一概念，因为无论是作为普通用语还是法律概念，"未成年人"都是指不满十八周岁的人，具有较为明确的含义。使用未成年人的概念，并不否定不良行为与犯罪行为的实施者仅是未成年人中的少年群体这一实际情况。

另一方面，使用"未成年人"这一概念，有利于统一法律规定与学术研究用语。我国已经颁布了《未成年人保护法》《预防未成年人犯罪法》，其中使用的都是"未成年人"的概念。在《未成年人保护法》中并没有独立使用"少年"的概念，仅在"少年先锋队"和"少年宫"这两个固定用语中出现了"少年"的提法。虽然在《预防未成年人犯罪法》中出现了一次"少年法庭"的提法，但这不意味着"未成年人"的概念存在不妥，在学术研究和实务中，未成年人法庭这一提法频繁出现。③ 因此，尽管"少年""少年法庭""少年司法制度"等词语在我国未成年人法制中已经成为习惯用语，但同样"未成年人""未成年人

---

① 姚建龙：《长大成人：少年司法制度的建构》，中国人民公安大学出版社 2003 年版，第 11—12 页。

② 中国社会科学院语言研究所词典编辑室编：《现代汉语词典》（汉英双语版），外语教学与研究出版社 2002 年版，第 11—12 页。

③ 参见卞建林、李菁菁《从我国刑事法庭设置看刑事审判构造的完善》，《法学研究》2004 年第 3 期；陈伟、郑自飞《未成年人附条件不起诉制度的问题检视与完善——以〈未成年人检察工作白皮书（2014—2019）〉统计数据为分析样本》，《中国青年社会科学》2021 年第 2 期，这些研究论文中均使用了"未成年人审判庭"这一概念。

法庭""未成年人司法制度"等用语也得到了广泛使用，且这些用语更具有规范性的法律意义。使用"未成年人"的概念，更有利于统一法律规定以及学术研究用语，更具有法律上的严谨性。

未成年人包括不满十八周岁的所有人，但《刑法》已经明确规定只有已满十四周岁的人才对其实施的犯罪行为承担责任，已经将儿童、婴儿等群体排除在外，具有明确的年龄界限。由于"少年"这一概念在年龄界定上的不明确性，不能据此来确定是否所有的少年都能构成犯罪的主体。基于上述原因及法律的严谨性考量，笔者在本书中将使用"未成年人"这一概念。

（二）未成年人相对不起诉的权力基础：未成年人检察权

1. 未成年人检察权的性质

司法以司法权的享有为基础，对于未成年人检察来说，未成年人检察权理论也是未成年人检察制度构建的基本理论基础。如果以适用对象为标准进行划分，我国的检察制度可以分为成年人检察制度和未成年人检察制度两个部分。但我国目前关于检察权的理论主要是成年人检察制度的检察权理论，即成年人检察权理论。[①] 而且这些理论研究的重点是检察权的性质问题，即检察权到底是司法权、行政权还是法律监督权？我们应该看到，随着时代的发展，我国的检察权正逐渐成为一种复合性权力，从最初的追诉权发展到对其他司法机关的监督与制衡权等权能，检察权也带有行政、司法以及法律监督的复合属性。笔者同意检察权本质上接近司法权的观点：首先，根据《中华人民共和国宪法》（以下简称《宪法》），各级检察机关由人大产生并对其负责，与同级人民法院并立，与司法行政机关完全独立，司法部部长也没有对检察长及检察官的指挥权等；其次，《宪法》专门规定检察机关"依照法律独立行使检

[①] 参见冯景合《检察权及其独立行使问题研究》，博士学位论文，吉林大学，2006年；连俊峰《我国检察权的法理学分析——以法律监督权为内核》，博士学位论文，中国政法大学，2009年；万毅《检察权若干基本理论问题研究——返回检察理论研究的始点》，《政法论坛》2008年第3期。

察权"，在《中华人民共和国人民检察院组织法》（以下简称《人民检察院组织法》）和《中华人民共和国人民法院组织法》中对"两院"并立的体制进行了进一步明确，也不存在域外一些国家检察官依附于法院的体制。因此，未成年人检察权与成年人检察权在本质上都是一种带有司法权性质的复合性权力，这是本书讨论未成年人检察权的前提。

但与成年人检察权相比，未成年人检察权显然还具有自己的特殊性。未成年人检察制度将未成年人与成年人相区别，纳入检察程序中，并在吸收域外先进理论和未成年人司法改革成果的基础上，按照未成年人的特殊性逐步建立了一系列独特的、区别于成年人检察制度的未成年人刑事案件处理机制，特别是在刑事审前程序中，对未成年人的教育、矫治，尽可能阻挡刑事诉讼程序对未成年人的不良影响，将更多的未成年人从刑事诉讼程序中挽救出来，这样一种对未成年人的"保护性"目的逐步取代了对于成年人犯罪的追诉、惩治目的，传统意义上检察权中的犯罪追诉权发生了重大转变。例如，在传统的成年人检察程序中，如何成功有效地追诉犯罪，保护社会利益是检察权行使的主要目标。但在未成年人检察程序中，对社会秩序的维护和对未成年人的保护具有同等重要的地位，无论是联合国儿童保护公约还是我国未成年人司法确立的"双向保护"理念都充分体现了这一点。此外，相对于成年人检察权的行使方式，未成年人检察权的行使显然更为积极、主动且带有非中立色彩。[①] 例如，未成年人检察改革中出现的社会调查、观护矫治等制度使得检察权的行使更积极，具有侧重关注未成年人利益的明显倾向性。更为明显的是由实践改革发端的附条件不起诉制度，这一制度的初衷和落脚点其实就是增加未成年人获得出罪化处理的机会，强化对未成年人的教育而弱化对犯罪的追诉。随着未成年人刑事司法制度逐渐从成年人刑事司法制度中独立出来，一种特殊的、有别于处理成年人检察权的未成年人检察权更具独立性。

---

① 徐宏、武倩：《少年司法理念的正本清源与制度设计》，《青少年犯罪问题》2018 年第 6 期。

2. 未成年人检察权的基本权能

未成年人检察权的权能是指未成年人检察机关在行使未成年人检察权时，所能实施的各项行为。成年人检察权的权能相对较为明确，根据现行的《宪法》《人民检察院组织法》《刑事诉讼法》《中华人民共和国民事诉讼法》《中华人民共和国行政诉讼法》等相关法律法规，成年人检察权的权能主要包括四个方面：一是对刑事诉讼、民事审判和行政诉讼活动的监督权；二是批准或决定逮捕权；三是公诉权；四是特定的职务犯罪侦查权及法律赋予的其他职权。而未成年人检察机关除了肩负着由法律赋予的诉讼监督、审查批捕、审查起诉这些职能之外，更具有保护、教育、矫正涉嫌犯罪的未成年人的重要职责，因此，未成年人检察权相较于成年人检察权则更为多元和复杂。结合现行的《未成年人保护法》《预防未成年人犯罪法》《刑事诉讼法》《人民检察院办理未成年人刑事案件的规定》等法律法规，以及我国未成年人检察实践和理论研究发展历史、现状等因素，笔者认为，未成年人检察权应包括审查批捕权、审查起诉权、保护权、教育权等基本权能。

（1）审查批捕和审查起诉权

审查批捕权和审查起诉权在行使的方式上与对成年人的行使方式没有太大差别，但是未成年人审查批捕和审查起诉权也有自身的特点：一是目的不同，批捕和起诉除了追诉未成年人重罪的目的外，还肩负着保护未成年人权利的重要使命，具有两方面含义：一方面，基于未成年人的身心发育不完善的特殊性，为了保障其对刑事诉讼有效地参与，相较于对成年人的审查批捕和起诉程序，未成年人程序中设置了如合适成年人参与、指定辩护等更为丰富的诉讼权利保障措施；另一方面，相较于对成年人的审查批捕和审查起诉，检察机关被赋予更多考量未成年人是否具有帮教、宽宥条件的机会，通过社会调查、社区矫正等途径，一些罪轻未成年人比成年人获得更多转出刑事诉讼程序的机会。二是权力行使的方式不同，对成年人的审查批捕和起诉行权方式相对固定和单一，而对未成年人的则更为灵活和丰富。为了更好地教育矫正未成年人行为，保护未成年人权益，可以适当变通对于成年人的批捕和起诉程序，如增加了合适成年人参与制度、社会调查程序等。而且检察机关的行权方式更为温情，在未成年人刑事司法程序中，未成年人检察权是国家监护权的自然延伸，更强调一种家庭式的温情的讯问、审查方式。

（2）教育权

教育权则是未成年人检察权的重要组成部分，虽然检察机关在办理成年人刑事案件的过程中也会开展一定的教育工作，如在讯问过程中宣讲国家刑事政策等，但检察机关最主要的职责是公正有效地追诉犯罪，教育权不是成年人检察权的主要权能。少年司法的一个重要理论基础就是"少年宜教不宜罚"，各国的少年司法机关都有明确的教育职责。未成年人的身心尚未发育成熟，具有较大的可塑性，因而对于涉罪未成年人的教育和矫正更为迫切和必要。《未成年人保护法》已经明确规定："对违法犯罪的未成年人，实施教育、感化、挽救的方针，坚持教育为主、惩罚为辅的原则。"因而，教育权对于检察机关来说还具有权责一致性，其在处理未成年人刑事案件的过程中，既享有对未成年人的教育权，又必须履行教育这一法定职责。

（3）保护权

保护权是未成年人检察权的题中应有之义。成年人检察更强调保护成年人合法的诉讼权利，确保其受到公正的处理。深受国家亲权理论影响的少年司法理论强调国家在未成年人父母不能行使监护权的情况下要代为行使对其的监护权，且应以未成年人的利益为本，强调对未成年人的特殊保护。这种保护权有多重内涵：一是保障未成年人的合法诉讼权利；二是通过惩治严重的未成年人犯罪保护未成年受害人的权益；三是通过检察机关的力量整合法律和社会资源，为涉罪未成年人的回归社会以及健康发展创造良好的法律和社会环境。而未成年人的批捕、起诉、教育权的设置目的都是最终实现对未成年人的特殊保护，保护权才是未成年人检察权的核心权能。

未成年人的审查批捕、审查起诉、教育和保护权既各有侧重又有机统一，鲜明区别于成年人检察权相对单一的追诉功能。因而，未成年人检察权这种特性决定了其需要从成年人检察权中独立出来，由独立的未成年人检察制度予以支撑实现，由特殊的组织系统予以实施。

（三）未成年人相对不起诉的组织前提：未成年人检察组织和未成年人检察官

未成年人检察组织系统是未成年人检察制度构造的核心，具备专门的未成年人检察机构是未成年人检察制度独立形成的重要标志，也是未成年人检察制度独立程度的重要标志。而未成年人检察机构除了包括专门办理未成年人刑事案件的专门部门外，还应包括与办理未成年人刑事案件职能相关的某些专门组织以及专门办理未成年人刑事案件的检察官。少年司法机构的设置在世界很多法治国家都经历了从单一的少年矫治机构到逐步设立专门的少年警察、检察、法院、矫正机构的发展过程。1899 年，美国伊利诺伊州制定了世界上第一个《少年法院法》，同年在芝加哥市建立了世界上第一个少年法院，这被认为是标志着世界少年司法制度诞生的具有里程碑意义的事件。[1] 但专门的未成年人检察机构的建立要晚于少年法院的设置。

1. 我国未成年人检察组织的发展情况

早在清朝末年，我国就在推行监狱改良的运动中创设收容违法青少年的教养场所。新中国成立以后，尽管没有尽早确立少年司法制度，但 20 世纪 50 年代就已经设立了专门的少管所和工读学校。在 1984 年少年法院创设后，1986 年上海市长宁区人民检察院首先创设了我国第一个未成年人检察部门——少年案件起诉组。后来这项改革逐步在全国很多省市开展起来。我国未成年人司法的起源地在上海，其发展最早，内容最丰富，组织体系最完备。[2] 因此，研究我国未成年人检察组织的发展情况，上海无疑最具代表性。目前，根据我国未成年人检察组织的创设和发展情况，一般可以初步划分为初创时期、发展时期和阶段性定位时

---

[1] 姚建龙：《长大成人：少年司法制度的建构》，中国人民公安大学出版社 2003 年版，第 83—84 页。

[2] 徐日丹、林中明：《上海检察机关 25 年跟踪帮教罪错青少年 1387 名》，《检察日报》2011 年 4 月 20 日第 1 版。

期三个阶段。

2012 年可以说是我国未成年人检察组织及其职能的阶段性定位时期。最高人民检察院在公诉厅下设立未成年人犯罪检察工作指导处；新《刑事诉讼法》专章对未成年人刑事案件诉讼程序进行规定；2012 年 6 月，第一次全国未检工作会议召开；同年 12 月，最高人民检察院颁布了《关于进一步加强未成年人刑事检察工作的决定》，明确规定"设立未成年人刑事检察独立机构的检察院，一般应实行捕、诉、监（法律监督）、防（犯罪预防）一体化工作模式，由同一承办人负责同一案件的批捕、起诉、诉讼监督和预防帮教等工作"，同时要求着力促进"犯罪预防帮教社会化、一体化体系建设，实现对涉罪未成年人教育、感化、挽救的无缝衔接"①。随着 2012 年年底全国二十多个省份未检专门机构的成立，全国已经有上千名从事未检工作的检察官。②

2. 未成年人检察官职能的复合性与矛盾性

对于从事未成年人刑事检察工作的检察官来说，其职责是伴随未成年人检察制度以及检察组织职能的发展而不断丰富的。总的来说，未成年人检察官在处理未成年人案件中发挥审查批捕、审查起诉、对未成年人教育矫正以及保护未成年人合法权益的综合性职能，其较成年人检察官的职能外延更宽。因而，未成年人检察官的身份定位更为多样。传统理论界对于检察官的身份界定主要有行政官③、司法官④、"三位一体"的法律监督官⑤以及法律的守护人等学说，这些学说主要以办理成年人刑事案件的检察官为研究对象，基本没有涉及办理未成年人检察官的特殊职能而带来的自身角色定位问题。未成年人刑事诉讼特别是审前程序

---

① 参见最高人民检察院《关于进一步加强未成年人刑事检察工作的决定》，2012 年 10 月，第 8 条、第 25 条。

② 程晓璐：《中国少年检察官的角色变迁与定位》，《预防青少年犯罪研究》2013 年第 4 期。

③ 李国明、晏向华：《论检察机关法律监督权的法理和现实基础》，《当代法学》2011 年第 6 期。

④ 孙谦：《维护司法的公平和正义是检察官的基本追求——〈检察官论〉评介（二）》，《人民检察》2004 年第 3 期。

⑤ 桂万先：《当代中国检察官的角色》，《国家检察官学院学报》2007 年第 5 期。

中，检察机关作为国家权力的行使者，代替行使国家对未成年人的监护权，更加注重保护未成年人的合法权利，对未成年人的罪错行为予以治疗，促使未成年人尽快改过自新，从某种意义上说，在刑事审前程序中未成年人检察官成了涉罪未成年人的监护人。此外，为了实现对未成年人的监护，除保护未成年人利益之外，检察机关还要主动地对涉罪未成年人进行帮助教育，矫正其不良行为，以实现让未成年人最终回归社会的目标，因此，未成年人检察官同时是他们的帮教者。这种综合性的身份定位虽然在一定程度上体现了未检职责的优越性，但也反映了一些未检部门职责上的冲突。检察官的主要职责就是追诉犯罪，基于未成年人的特殊性，未成年人检察官被赋予了对未成年人进行帮教、矫正的权力，其目的是实现未成年人回归社会。当本来矛盾的身份共同存在于一名检察官身上时，应如何进行协调？这其实也是贯穿整个未成年人检察制度的根本性问题，在对未成年人的审查起诉程序中这种矛盾表现得更为集中和明显，笔者将在后面的论述中就这一矛盾的表现以及处理原则进行梳理和分析。

》 第二节　未成年人相对不起诉制度的中国问题

一　未成年人相对不起诉制度的中国特性

（一）未成年人检察官的核心地位

域外未成年人不起诉程序与我国不同。美国一般通过未成年人法官举行的听证程序来决定案件的受理或将严重犯罪转移到成年人法庭审理。日本的未成年人法院享有"先议权"，仅将特别严重的刑事犯罪转移给检察官作出起诉处理，大部分案件由未成年人法官给予保护性处理，进入正式司法程序的未成年人比例很低。未成年人检察官对于未成年人能否从刑事司法程序中分流出去的裁量权极小。在大陆法系国家，如德国，多秉持"以教代罚"理念，未成年人检察官在不起诉分流中具有相较于美、日检察官更大的裁量权，与我国有一定的相似性。但德国未成年人检察官在裁量决定不起诉适用范围上较我国未成年人检察官为窄。例如，德国《少年法院法》规定，符合相应的先决条件，检察官可不经过法官同意就免予起诉；对已经被执行教育处分的，检察官认为对该未成年人没有必要再判处刑罚，也可以决定免予追诉。同时检察机关可以决定一定的教育处分。对于认罪态度较好，没有起诉必要的少年，检察官可以建议法官对其予以训诫或指示，对于少年法官接受建议的，涉罪少年也接受这些训诫或指示的，检察官就可以作出免予起诉的决定。① 此外，德国对未成年人犯罪的缓科也需要经过未成年人法官的审查决定才可以作出，而此属于我国未成年人检察官的裁量权范围。总体来看，相较于未成年人司法较为发达的域外国家，我国未成年人检察官在审查起诉阶段享有的相对不起诉裁量权更大一些。此外，如果可以作出不起诉裁量，需要对未成年人科处诸如公益劳动、赔偿和解、参加专门的培训等义务，这些通常需要未成年人法官作出决定。

在我国，人民检察院和人民法院都是《宪法》明确规定的司法机关，刑事诉讼遵循公、检、法三机关分工负责、互相配合、互相制约的原则，刑事诉讼采取"诉讼阶段论"，在审前程序中，检察机关发挥了较域外很多国家检察机关更为多样的职能，其所具有的"司法"性要强于很多域外国家的检察机关。有些学者认为，检察人员在公安机关侦查的案件中因掌握批捕权和对侦查活动的监督权，可以视为裁判方。② 2018 年《刑事诉讼法》要求检察机关在审查起诉中"应当讯问犯罪嫌疑人，听取被害人和犯罪嫌疑人、被害人的委托人的意见"。从某种意义来讲，检察官在审查起诉中可以具有一种居中听审的准司法性地位，审查起诉程序可以成为一种侦查机关和被追诉方共同参与的诉讼程序。不过这只是一种原则性规定，对诸如控辩双方具体的参与形式、检察机关如何发挥其作用等问题却没有进一步细化的规定。现阶段，在我国的司法实践中，检察官行使审查起诉职能的过程，仍然具有

---

① 樊荣庆：《德国少年司法制度研究》，《青少年犯罪问题》2007 年第 3 期。
② 姜伟、钱舫、徐鹤喃、卢宇蓉：《公诉制度教程》（第三版），中国检察出版社 2014 年版，第 12 页。

单方性和封闭性，而非允许双方充分参与，检察官居中听审的方式，具有很强的非正式性。

在未成年人相对不起诉程序中，检察机关掌握三种不起诉的决定权，除此之外，其可以认定一些程序问题中的实体性事项，如附条件不起诉考察期中未成年人的表现，社会调查事项、刑事和解协议的内容等。检察官对这些事项作出决定的过程中，根据刑诉法及刑诉规则的规定，应当或需要听取涉及此事项双方的意见。例如，在刑事和解协议的审查确认过程中，检察机关在实践中会同时听取和解双方意见，甚至主动促成和解协议的达成，以确认最终和解的自愿性、有效性。在附条件不起诉审查中，法律明确要求检察机关应当听取侦查机关、被害人、未成年人法定代理人及辩护人的意见，并制作笔录附卷。但与一般成年人相对不起诉程序规定相同，检察官听取双方意见的方式以及这些意见对检察官决定的制约作用没有得到法律的进一步规定，这种具有一定司法性特征的听审方式仍然具有很强的非正式性和非制衡性。未成年人及侦查机关只能通过事后的申诉、复议等方式获得救济。这种非正式性与未成年人检察官具有的多重权力更容易导致社会公众对未成年人检察官决定的质疑。

（二）未成年人相对不起诉制度的附属性

现阶段，我国未成年人相对不起诉制度的一个显著问题就是"附属性"较强。"附属性"指的是对于成年人相对不起诉制度的附属性，同时这也是我国未成年人司法制度的通病，即依附于成年人司法制度，独立性和独特性体现得不够明显。一方面，未成年人相对不起诉制度的特性没有得到充分理解，未成年人检察部门的价值没有得到社会的广泛认可。未成年人检察还没有摆脱传统检察机关具有的追诉犯罪的属性，未成年人检察对涉罪未成年人的保护性没有得到明确；另一方面，未成年人检察官和未成年人检察部门的定位不清楚、职能具有矛盾性。它们附属于检察机关，承担着追诉严重未成年人犯罪的职能，与此同时，保护未成年人，帮助教育未成年人的理念和职责又要求他们尽量实现涉罪未成年人出罪处理、回归社会。此外，未成年人检察官群体没有从传统的检察官群体中独立出来，很多未成年人检察官是从原公诉部门转移到未检部门工作，尽管接受了各种培训，但多年的公诉人定位无法即刻发生转变，在保护未成年人和追诉犯罪的价值选择上出现分歧，导致实践中对未成年人的处理出发点摇摆不定，适用措施具有随意性和随机性，对未成年人保护和教育的理念未能深入人心。

（三）制度移植的中国发展轨迹

众所周知，我国未成年人司法制度中很多理念和具体的制度都是从域外未成年人司法制度中学习或移植过来的，例如，对未成年人的特殊保护、司法分流理念；合适成年人参与、社会调查、犯罪记录封存等具体制度。这些理念和制度在引入中国后很快被理论和实务界接受，在我国得到广泛传播和推广。在此基础上，以将未成年人分流出刑事司法程序为核心要素的未成年人相对不起诉制度，正是由于其与域外引入的未成年人司法理念的暗合，在我国得到较快发展，全国检察机关针对未成年人相对不起诉开展的各种实践探索呈百花齐放态势，其中最为显著的改革成果即未成年人附条件不起诉已得到刑诉法修正案的确认。

尽管我国未成年人相对不起诉制度受域外影响较大，但仔细分析起来，这些理念和制度在我国的发展相较于域外发生了一些具有中国特色的变化，很多体现出我们机械化移植，理念和专业性滞后的问题。以分流为核心要素的三种相对不起诉为例，这种对未成年人的司法分流处理机制在域外是以未成年人福利制度作为支撑而存在的，即国家确保未成年人不仅从刑事司法程序中可以获得分流，而且确保这些被分流出去的未成年人可以获得社会充分的帮助和保护。而且这种分流是针对所有虞犯少年而存在的，只有最严重的犯罪行为才可以受到刑事司法程序的处理。反观我国，一方面，我们没有发达的社会福利制度，国家对未成年人的保护的覆盖面很低；另一方面，我们目前的分流决定机关即检察机关，其可以分流的未成年人范围较小，很多被公安立案、行政处罚机制已经筛选出去的未成年人不在检察机关审查范围内。而这些未成年人被分流出去后，其可以获得的社会帮助很少。尽管检察机关在附条件不起诉制度设置后，对分流的未成年人采取一定的社会帮教和保护性措施，但这部分未成年人所占比例对于所有可能涉罪的未成年人来说仍然较低。2023 年，检察机关对未成年人适用附条件不起诉的比率为37.4%，① 再以未成年人相对不起诉一些具体的制度为例，如社会调查，合适成年人参与，等等，它们在适用中具有机械性，调查报告很多千篇一律，合适成年人在场往往对侦查机关唯唯诺诺或协助侦查机关看管未成年人，而合适成年人应发挥的沟通、抚慰、教育功能基本无法体现，完全没有体现这些制度设置的初衷。

（四）制度试点多，规范不成熟

现阶段，我国未成年人相对不起诉制度还具有一个鲜明的特点，那就是制度改革试点遍地开花，但制度规范化成熟度不高。目前，我国未成年人司法制度仅有三十多年的发展历史，与美国、日本等未成年人司法制度发达国家相比仅属于初级发展阶段。而且目前未成年人司法制度的发展在学习和引进域外制度的同时，开展了轰轰烈烈的制度改革实践试点。这些试点是司法机关在学习域外相关制度的基础上，结合中国未成年人司法实践情况有针对性地进行修正而产生的。例如，在附条件不起诉确立前，我国司法实践中对未成年人出现了暂缓起诉、诉中考察等多种实践探索；在附条件不起诉确立后针对考察期的社会帮教问题又出现了观护、社区帮教、检察帮教等多种模式的试点；针对酌定不起诉，一些检察机关开展的诉后追踪帮教、不起诉训诫会等改革试点；又如，未成年人和解不起诉，检察机关对于和解不起诉的适用条件、和解的方式等开展了多种多样的探索活动。② 在网络中随意检索一个与未成年人相对不起诉制度相关的词汇，都可以获得数十万甚至上百万的搜索结果，其中很多都是对各地检察机关进行改革探索的报道。在制度的初创和发展阶段，出现这种局面是正常的，在一定程度反映了司法实务界对未成年人司法制度发展和改革的关注。

与未成年人刑事司法制度特别是相对不起诉制度这种初步发展探索

---

① 最高人民检察院：《未成年人检察工作白皮书（2023）》，最高人民检察院网，spp. gov. cn/spp/xwfbh/wsfbh/2020405/t20240531_655854. shtml，2024 年 5 月。

② 上述这些试点和探索情况详见本书第四至第九章内容。

阶段相伴的是法律规定的简要和具体制度规范的不足。尽管 2012 年刑诉法修正案对未成年人刑事案件诉讼程序在特别程序编中作出了规定，但其附属于主要针对成年人刑事诉讼程序的特点没有变化，该规定对社会调查、犯罪记录封存、不公开审理等能体现未成年人刑事司法特点的制度和程序进行了规定，特别用了三个条文对附条件不起诉的程序进行了规定，进而"两高"司法解释也进一步作出规定。但这些规定仍然较为粗疏，一方面，规定多针对具体程序作出，没有体现未成年人刑事司法制度的核心理念；另一方面，对未成年人相对不起诉的具体制度规定不具体、不能很好地满足实践需要，很多规范内容尚待进一步完善和发展。①

（五）特殊性的产生原因分析

1. 我国特殊的司法模式

在西方"三权分立"理论的语境下，"司法大体上等于诉讼"②，一般指法院运用法律审判案件的诉讼活动，司法机关一般仅指审判机关，而参与诉讼的侦查、检察机构或归属行政或归属法院，其司法体制是以不同层级和不同类型的法院为架构的一元司法模式。在我国"一元分立"的体制下，作为国家权力机关，国家行政机关、审判机关、检察机关都由人民代表大会产生，对其负责，受其监督。司法机关包括人民法院和人民检察院，司法活动包括诉讼活动和诉讼监督活动以及相关的非诉讼活动，从而形成了一种审判职能与检察职能并重的二元司法模式。③ 在这种司法模式下，检察机关除了作为刑事诉讼程序的衔接者，负责对犯罪追诉职责外，在刑事审前程序中，利用其享有的审查批捕、审查起诉和法律监督权，对侦查权形成制约，对审前涉及的重要事项进行审查并作出决定，具有准司法官的地位。

同样，在未成年人相对不起诉程序中，检察机关通过对侦查机关提出追诉要求的未成年人案件进行审查，作出是否起诉的决定对侦查机关

和未成年人形成了制约，双方通过向检察官提出要求并说明原因来影响检察机关的决定。除此之外，法律还赋予检察机关在做出不起诉决定的同时，可以对未成年人附加义务性要求的权力。检察机关在判断未成年人是否需要进一步给予保护的前提下，可以决定是否要求被不起诉的未成年人完成一定的义务性要求，如参加公益劳动、进行心理矫治等。这些可以直接对未成年人的行为产生影响。围绕这些非诉讼决定的作出，未成年人和涉及的社会调查、矫正部门可以对检察机关进行相关情况的说明，影响其决定。未成年人检察官在审前程序中的这种重要地位，决定了以其为中心构建未成年人刑事审前程序的一种可能性和现实基础，加之我国目前正在全面进行的未成年人检察专门化、专业化建设，以及未成年人检察官群体的独立发展，利用这一现实基础来构建未成年人审前程序，比单纯谈未成年人法院的构建具有现实性。

2. 法律文化和法律环境的影响

法律文化是由于不同国家历代的生产方式、社会组织、政治法律的运作、思想意识、地理环境等的不同，以及不同国家在历史与现实的联结及本民族文化与外民族文化的相互融合与冲撞方面的具体情况的差异，逐渐形成的不同国家和民族的有关法和法律生活的群体性认识、心理状态、价值观念和行为模式。[1] 笔者认为，我国未成年人相对不起诉制度的特殊性问题，与我国法律文化的影响密不可分，特别是有关于未成年人的法律文化。

在儒家"矜老恤幼"思想的长期影响下，我国很早就在刑事司法中对未成年人进行特殊处遇，特别是在未成年人犯罪与刑罚的适用方面，对未成年人的刑事责任年龄、刑罚减免等都作出了特殊规定。"恤幼"是指古人在对待未成年人犯罪时，考虑到未成年人特殊的生理特点而采取的一种体恤未成年人的刑事政策，即普遍承认未成年人是一个特殊群体，对他们施以惩罚，有违恻隐之心，与我国传统的"仁政"理论相悖。到了清朝末年，有关未成年人犯罪方面的法律规定，一方面体

---

[1]　宋英辉：《刑事诉讼目的论》，中国人民公安大学出版社 1995 年版，第 23 页。

现了几千年来流传下来的"恤幼"思想，另一方面显示了西方刑法社会防卫主义观念的渗透力量。1908 年，沈家本等向清廷呈上《拟请编定现行刑律以立推行新律基础》的奏折，提出丁年（十六岁）以内乃教育之主体，非刑罚之主体的思想，主张对犯罪未成年人进行惩治教育。① 可以说，从"恤幼"思想到倡导对犯罪未成年人实行教育、矫正，可谓刑罚认识上的一个重大转变。② 而后，我国无论是民国时期还是新中国成立初期，虽然司法制度规定等不尽相同，但将未成年人作为特殊群体，予以特殊保护，注重对未成年人的教育挽救的理念始终得到贯彻。

　　但值得注意的是，尽管我国具有悠久的"恤幼"传统，但现阶段未成年人司法的环境尚不能很好地发扬这种传统。目前，未成年人司法环境仍然没有从根本上实现区别于成年人，特别是理念。对未成年人的处理的出发点仍然是"宽"或"严"，即以未成年人的违法性作为判断的起点，这与成年人并无不同。在司法中的区别仅为比成年人从轻处理。实质上，笔者认为，将未成年人区别于成年人对待，其出发点和落脚点不应是处罚和处罚的轻重，而应是未成年人的需保护性，其行为的违法性、有责性需要转换为受保护性，即未成年人受到矫正帮助的必要和可能。未成年人司法追求的不应是如何恰当地对未成年人定罪量刑，而是寻求对未成年人最佳的保护和矫正方法。这才能实质性区别于成年人，体现出"恤幼"的核心精神，即将未成年人作为与成年人相区别的社会特殊群体。在这种理念下，未成年人检察官的定位和职责必然要与成年人检察官有所区别，不以完成刑事司法程序，实现对犯罪的合理追诉为主要任务，而应以实现未成年人保护和矫正的最大化为目标。

二　我国未成年人相对不起诉制度发展面临的问题与挑战

　　我国未成年人相对不起诉制度的确立和发展其实带有较为鲜明的制

① 张利兆主编：《未成年人犯罪刑事政策研究》，中国检察出版社 2006 年版，第 88 页。
② 沈志先主编：《未成年人审判精要》，法律出版社 2012 年版，第 68—69 页。

度移植或者称之为学习性的特点，如附条件不起诉、社会调查等不少制度都源自域外未成年人司法的探索。尽管这些制度引入我国后出现了一些问题，但总的来说，由于其与我国传统"恤幼"理念的吻合，加之我国未成年人司法实践探索的蓬勃发展，呈现出别样的生命力，甚至用制度试点百花齐放来形容也不为过。但总的来说，我国未成年人相对不起诉制度尚处于初步发展阶段，很多制度处于摸索并逐步接受实践检验的阶段，存在一系列问题。但笔者认为，就问题说问题并不是真正解决问题的方法，只有明确我国未成年人相对不起诉制度在发展中面临的根源性问题，才能找到其发展的最终方向。

（一）未成年人相对不起诉制度的地位问题

未成年人司法诞生至今，由于其特殊的价值理念和制度功能，其一直都在试图摆脱成年人司法的影响，尝试寻求其独立的地位，以更为充分和有效地发挥作用。成年人刑事诉讼强调对被追诉者权利的保障，以使其获得可以与国家追诉对抗的诉讼武装。而未成年人刑事诉讼除了保障未成年人诉讼权利外，还要求国家作为特殊监护者，行使更多对涉罪未成年人进行教育和矫正的职责，承担对未成年人的监护教化权力。这要求我们以一种特殊的视角来看待犯罪未成年人，重视他们与被害人关系、社会关系的恢复，而不是针对其犯罪加害行为来强调对应的惩罚。这种基于未成年人特性而构建的制度体系，必然要求与成年人区别开来，而非在追诉、平衡的摇摆中去寻求特殊保护。目前，我国未成年人相对不起诉制度对成年人相对不起诉制度的附属性仍然较为明显，无论是法律规定还是基本理念，都没有完全摆脱成年人相对不起诉制度的影响。未成年人检察官还是会在追诉与保护、效率与帮教之间摇摆，加之几种相对不起诉适用条件规定不够明确等原因，才会造成实践中附条件不起诉、帮教适用的随意性问题。因而，如何在我国特殊的司法模式和司法传统中，在未成年人司法制度尚处雏形阶段，寻求未成年人相对不起诉制度的明确地位，必然是未成年人相对不起诉制度发展首要解决的问题。

（二）我国未成年人相对不起诉制度特殊的价值理念问题

未成年人相对不起诉制度特殊的理念是其构建的出发点和落脚点。以往，我们对未成年人司法制度特殊的价值理念研究较多，诸如"特殊保护""双重保护"等理念已广为传播，并成为未成年人司法理念的通说①，这些理论深受域外未成年人司法理论的影响。但对于未成年人相对不起诉制度，其除了一脉延续未成年人司法制度理念外，是否存在自身特殊的价值理念？在制度移植和发展中是否产生了一些鲜明的中国特色？除了与未成年人司法制度理念相比外，其与成年人相对不起诉理念存在哪些差别？与未成年人检察制度的基本理念有何不同？这些问题目前无论是理论界还是实务界都没有一个清晰的认识。显然，我国未成年人相对不起诉制度的构建和发展离不开对这些问题的清醒和深刻认识。也正是因为缺乏对此问题深刻的探讨，目前我国的未成年人相对不起诉制度才会出现地位不明晰，制度适用范围不明确，试点多但缺乏明确方向引导等一系列问题。

（三）未成年人相对不起诉制度的发展方向问题

现阶段，我国未成年人相对不起诉制度尚处于初步发展阶段，本身法律规范性尚不成熟。例如，附条件不起诉、社会调查等域外制度在移植中出现了一定的适用性问题，此外，检察机关自身进行了创新性改革和探索性实践，很多制度和规范性问题需要进行认真梳理和研究。② 未成年人相对不起诉制度居于未成年人检察制度的核心，集中体现了未成年人检察制度的价值和特性。未成年人相对不起诉制度的发展可能与发

---

① 于国旦：《少年司法制度研究》，博士学位论文，中国政法大学，2004 年。

② 参见最高人民检察院《未成年人检察工作白皮书（2014—2019）》，最高人民检察院网，https：//www.spp.gov.cn/spp/xwfbh/wsfbt/202006/t20200601_463698.shtml#1，2024 年 12 月 18 日；最高人民检察院《未成年人检察工作白皮书（2020）》，最高人民检察院网，https：//www.spp.gov.cn/xwfbh/wsfbt/202106/t20210601_519930.shtml#1，2024 年 12 月 18 日；最高人民检察院《未成年人检察工作白皮书（2021）》，最高人民检察院网，https：//www.spp.gov.cn/spp/xwfbh/wsfbt/202206/t20220601_558766.shtml#1，2024 年 12 月 18 日；最高人民检察院《未成年人检察工作白皮书（2023）》，最高人民检察院网，https：//www.spp.gov.cn/xwfbh/wsfbh/202405/t20240531_655854.shtml，2024 年 12 月 18 日。

展方向，在一定程度上必然昭示了未成年人检察制度的发展方向。作为一种尚处于发展初级阶段的制度，指明其发展的定位和方向，特别是指明其在中国这种特殊司法体制和司法环境中可能的发展方向，必然对未成年人检察制度的建设和发展大有裨益。目前，针对一些具体相对不起诉制度的实践或改革情况的总结较多，但在未成年人相对不起诉大的理论框架下寻找并明确其未来发展方向的研究较少。一些具体制度的改革探索若没有方向指引，难免容易落入对策主义窠臼。

》第三节　研究现状与研究方法

一　研究现状

1984 年，上海市长宁区法院设立了我国第一个少年法庭。1986 年，上海市长宁区检察院设立了我国第一个少年刑事案件起诉组，以这两个"设立"为标志，真正的未成年人司法制度在我国建立。与此相伴，对以审判为中心的现代未成年人司法制度和未成年人检察制度的研究在我国发端。但正如未成年人起诉组是附随于未成年人法庭设立那样，对于未成年人检察制度的研究同样具有附随于未成年人司法制度以及刑法、刑诉法等部门法研究的特点。此外，未成年人检察理论研究的热度也较逊于以审判为中心的未成年人司法理论研究，有关未成年人检察制度特别是未成年人相对不起诉制度的专著、专业学位论文以及公开发表文章的数量都远远少于研究未成年人审判制度的学术成果数量，并且已有的理论研究也以未成年人检察实务工作者的理论成果占多数。笔者将这些已有的理论成果主要划分为四类。

一是比较法研究成果。研究者多以翻译、介绍域外，特别是未成年人司法较为发达国家的相关制度为研究对象，有的还提出了对我国相关制度的借鉴意义等。但此类研究成果不多，主要原因在于理论方面对未成年人相对不起诉制度关注度不高，而实务部门又缺少获得和消化这些域外最新资料的能力。在此类研究中，例如，刘强编著的《美国犯罪未成年人的矫正制度概要》（中国人民公安大学出版社 2005 年版），尹琳的《日本少年法研究》（中国人民公安大学出版社 2005 年版），宋英辉、吴宏耀的《刑事审判前程序研究》（中国政法大学出版社 2002 年版），何渊的《美国处理未成年人犯罪案件的司法程序》（载《青少年犯罪问题》2002 年第 6 期），樊荣庆的《德国少年司法制度研究》（载《青少年犯罪问题》2007 年第 3 期），张鸿巍的《美国未成年人检察制度》（载《国家检察官学院学报》2011 年第 3 期）以及姚建龙的《福利、惩罚与犯罪控制——美国少年司法的起源与变迁》（华东政法大学 2007 年博士学位论文）等都是较有参考性的著作。

二是对未成年人检察体制问题的研究。这些研究集中于未成年人组织的专门化、未成年人检察与未成年人侦查、审判组织的司法"一条龙"运作关系，未成年人检察"四位一体"检察权行使方式改革探索等内容。此类研究多出自检察实务部门，他们对近年来未成年人检察权行使方式改革的呼吁较多，尝试从理论层面寻求改革的合理性依据。但对于未成年人检察组织的权力来源、权力行使问题以及检察与侦查、社会帮教、未成年人之间的关系研究不多，对于如何防止检察权的不当使用等更是研究不多。特别是已经模式化的"四位一体"的未成年人检察权行使方式是否具有合理性尚未出现深入的研究。例如，姚建龙的《理解未成年人检察制度》（载《青少年犯罪问题》2007 年第 2 期），樊荣庆、吴燕的《完善上海未成年人刑事检察制度的构想》（载《上海市政法管理干部学院学报》2001 年第 4 期），张相军、樊荣庆、吴燕的《未成年人检察制度的改革与立法完善》（载《青少年犯罪问题》2007 年第 4 期），等等。

三是未成年人相对不起诉具体制度探索。近三十年来，未成年人检察具体制度的探索和改革是未成年人司法改革中最具成效的部分之一。与此相适应，对具体检察制度以及检察程序的研究也成为未成年人检察理论研究的热点问题。对于作为改革热点的附条件不起诉、社会调查、社会帮教等可以体现未成年人检察特殊性制度的研究最为引人注目。这些研究同样多出自检察实务部门，很多研究都结合实践中出现的问题展开，具有很强的现实意义。特别是 2012 年刑诉法修正案出台后，以规范法学和注释法学为手段，对这些具体制度的研究出现了小高潮，它们对规范检察实践、促进未成年人检察制度的提炼都发挥了重要作用。例如，曾新华的《论未成年人轻罪犯罪记录封存制度——我国新〈刑事诉讼法〉第 275 条之理解与适用》（载《法学杂志》2012 年第 6 期），王东海的《未成年人犯罪记录封存制度的中国实践：适用与走向》（载《中南大学学报》2013 年第 5 期），宋英辉的《刑事和解实证研究》（北京大学出版社 2010 年版），宋英辉、何挺等的《未成年人刑事司法改革研究》（北京大学出版社 2013 年版），等等。

四是对我国不起诉专项制度研究。此类研究分两种情况，一种是研究的出发点是我国专门的不起诉制度，并非未成年人相对不起诉，但在研究中涉及了被刑诉法所吸收的附条件不起诉制度或者刑事和解，进而研究者对该制度适用于未成年人的情况与不足作出分析。囿于其研究的切入点和角度，对未成年人不起诉问题的研究一般不够深入，缺乏专门性。还有一种是专门就未成年人不起诉制度展开的研究，如附条件不起诉得到法律吸收前的未成年人暂缓起诉制度，未成年人不起诉的实证情况研究等。此类研究多见于法律专业学位的硕士论文，很多研究者结合实际工作情况提出对未成年人不起诉制度发展的意见和建议，现实性较强，但理论性稍显不足。例如，阮丹生的《审前程序检察官自由裁量权研究》（西南政法大学 2004 年博士学位论文），马健的《附条件不起诉制度研究》（吉林大学 2013 年博士学位论文），赵国玲的《未成年人司法制度改革研究》（北京大学出版社 2011 年版），等等。

总体来看，我国未成年人检察制度特别是未成年人相对不起诉制度的理论研究已经取得了一定成果，但具有理论深度和独立性，区别于传统成年人相对不起诉制度的研究在我国尚未真正建立。未成年人相对不起诉的理论研究仍然具有附随性的特点，主要表现在：一是大部分研究出自检察实务部门，很多观点和数据带有一定的主观性，研究较零散，缺乏纵向横向的比较以及宏观的总结；二是这些研究多遵循提出问题，寻找域外做法，进而提出对策的思路进行，对具体问题的研究侧重于制度构建，很容易陷入对策法学的泥潭；三是很多比较法学的研究具有重美国轻大陆的倾向，忽略了我国未成年人司法制度与美国的根本性差异，研究对我国的借鉴性不强；四是缺乏对中国问题和中国经验的提炼和总结，很多研究限于就事论事，缺乏从具体制度中发现普遍问题，从具体经验中提炼出一般原则的能力，真正可以统摄未成年人相对不起诉制度的理论尚待挖掘。

二 研究方法

笔者在本书中尝试使用了多种研究方法。

一方面，现阶段，各学科之间呈现出一种相互交叉、渗透的发展趋势，主要表现之一就是研究方法的相互借鉴。多种研究方法的使用，必然会带来研究角度的多元化和研究结论的科学化。本书在写作过程中，将试图采用多种研究方法，包括价值分析方法、规范研究方法、比较研究方法、实证研究方法、经济学研究方法以及交叉科学的研究方法等。

另一方面，本书特别注重使用社会科学的研究方法。简单地概括这种研究方法就是：从实践中存在的问题和出现的现象出发，然后总结本条经验，将其上升为一般理论。具体而言，这种研究方法在本书的运用体现在以下几个方面。

第一，把经验事实作为展开研究的起点，并从中提出和发现问题。社会科学研究方法强调，研究要从经验事实开始，以实践中出现的问题为研究的基础和起点。因此，笔者在写作中将梳理和总结我国少年检察现有的具体制度及改革成果，反思其合理性及存在的问题，进而寻找其中存在的共通原则以及一般性问题。从研究方法上看，这些制度都是一种经验事实，将它们作为文章研究的起点，能够使文章尽量做到客观化，为下一步的理论分析奠定经验事实基础。

第二，遵循从经验到理论的研究路径，通过对问题的分析提出假设，再把假设上升为理论。那种直接将域外少年司法理论移植到我国少年司法制度研究中的情况较为普遍，虽然这样的研究具有高效明确的优势，但无法提炼出真正的中国问题。另外，很多我国检察实践中特殊的现象无法通过域外的少年司法理论直接进行解释，如对罪错少年的前置矫正，检察机关主导下的社区教育与矫正等。对于这些问题需要通过研究提出一些具有中国特色的理论进行解释。因此，在本书的研究中，笔者将采取从经验到理论的研究路径，从中国立法和司法实践中的经验事实出发，使用中外的现有理论进行解释，在无法给出合理解释的基础上，试图分析、提出中国本土的理论。

》 第四节　研究思路与研究框架

一　研究思路

基于上文的分析，随着域外未成年人司法理论、制度的引进和我国未成年人相对不起诉实践的发展，既有的未成年人相对不起诉理论已经不能很好地说明我国的实践问题，在我国未成年人检察实践的基础上进一步开展研究具有理论和现实的重要意义。我国未成年人相对不起诉制度就是研究我国未成年人检察制度、未成年人审前程序的最佳切入点。未成年人相对不起诉制度通过给予未成年人宽宥的机会避免刑事司法程序的不利影响，并通过检察机关或社会专门机构对未成年人的帮助教育，集中体现了对未成年人的保护理念。未成年人相对不起诉制度也是目前检察机关着力实施改革探索最多、最集中的制度，很多从实践生发的做法具有符合中国司法制度环境的天然优势，可能具有强大的生命力。在对未成年人相对不起诉改革实践情况进行梳理和总结的基础上，寻找那些援引域外理论无法解决的中国问题的答案，必将对我国未成年人检察制度甚至刑事司法制度产生重要影响。因此，笔者在本书中将以以下几个问题作为研究的方向。

（一）未成年人相对不起诉制度的理念问题

这是未成年人相对不起诉制度构建的出发点和落脚点。未成年人相对不起诉制度对既有的主要适用于成年人的相对不起诉制度价值做出了突破，沿用既有的价值理论不能有效解释和说明未成年人相对不起诉制度的发展。此外，正如上文分析，未成年人相对不起诉需要解决的不是未成年人追诉和处理的必要性与恰当性问题，最重要的是未成年人的教育、矫正必要以及需保护性问题。在这种理念的统率下，未成年人检察官在追诉犯罪和保护未成年人选择中出现的"人格分裂"情况应如何解决，这些都是本书需要研究的重点。

（二）未成年人相对不起诉制度和程序中的具体问题

未成年人相对不起诉制度尚处于初步发展阶段，本身法律规范性就不成熟，加之不少域外制度在移植中出现的中国式发展，以及检察机关自身开展的改革和探索性实践，很多制度和规范性问题需要进行认真梳理和研究，以期为该制度未来的发展提供参考。

（三）未成年人相对不起诉和未成年人检察制度的发展方向问题

未成年人相对不起诉制度居于未成年人检察制度的核心，集中体现了未成年人检察制度的价值和特性。未成年人相对不起诉制度的发展方向，在一定程度上必然昭示了未成年人检察制度的发展方向。作为一种尚处于发展初级阶段的制度，指明其发展的定位和方向，特别是指明其在中国这种特殊司法体制和司法环境中可能的发展方向，必然对未成年人检察制度的建设和发展大有裨益。

根据上文分析，未成年人相对不起诉制度较成年人相对不起诉制度具有更为丰富的制度内容，形成了包括未成年人出罪处理制度及出罪处理保障制度两大主干分支的独特制度框架，笔者的研究中也将依据这一制度框架分类展开。首先，逐项研究我国未成年人相对不起诉出罪和出罪保障相关具体制度的实践运行情况。其次，逐一分析研究相关具体制度在上述理论框架中的位置结构及相互关系。最后，在我国未成年人检察制度的理论映照下，初步完成我国未成年人相对不起诉制度基本理论的体系化工作，并对我国未成年人相对不起诉制度及未成年人检察制度后续的发展完善提出有效建议。

二　研究框架

围绕我国未成年人相对不起诉制度的特性及发展方向问题，笔者将本书分为九章，其中第一章到第三章为本书的总论部分，第四章到第九章为本书的分论部分。

本书的总论部分，第一章主要论述了与未成年人相对不起诉制度相关的基本理论问题，在概括研究现状的基础上提出本书的研究重点。第二章重点研究了未成年人相对不起诉制度的三大功能；以未成年人司法制度、成年人相对不起诉制度、未成年人检察制度为维度，分析阐述了未成年人相对不起诉制度的突破与发展。第三章主要围绕我国未成年人相对不起诉制度构造的内涵、基本形态、存在的问题以及发展方向展开论述。

本书的分论部分，第四章至第六章主要论述了我国未成年人相对不起诉制度中未成年人出罪处理制度，包括酌定不起诉、和解不起诉和附条件不起诉三类。第七章至第九章主要论述了我国未成年人相对不起诉中的出罪处理保障制度，包括社会调查、社会帮教以及不起诉污点封存三项具体制度内容。在对具体制度的研究中，笔者全部遵循性质界定、特点概括、域外考察、实践情况总结分析、提出发展方向的思路展开论述。

在整体研究框架下，本书将着重探讨以下几方面问题。

1. 未成年人相对不起诉制度特殊的价值目标

未成年人相对不起诉制度与主要基于诉讼经济考量而产生的成年人相对不起诉制度不同，其根本目的在于通过对未成年人的出罪处理和帮助教育，最终实现涉罪未成年人回归社会。基于未成年人相对不起诉特殊的制度目的，其必然涉及更为宽泛资源的运用，要求社区机构、家庭、被害人等多方资源与检察机关一起运作。因此，与成年人相对不起诉制度相比，未成年人相对不起诉制度在功能、内容、制度运行等方面具有鲜明的特点。

2. 未成年人相对不起诉制度特殊的内容架构

未成年人相对不起诉制度内容相较于成年人相对不起诉制度更为丰富，具有独特的制度架构。根据未成年人相对不起诉具体制度对实现未成年人回归社会目标的不同作用，未成年人相对不起诉制度可以被划分为两个层次，即未成年人出罪处理制度和未成年人回归社会的保障制度。未成年人出罪处理制度是指将涉罪未成年人从刑事司法程序中转处出来，避免其受到刑事司法程序不良影响的制度，主要包括基于罪轻的酌定不起诉、和解不起诉和基于帮教的附条件不起诉制度，它们是涉罪未成年人回归社会的前置程序；而未成年人回归社会的保障制度是指通过对涉罪未成年人的情况调查、教育帮教等，确保其回归社会后不会对社会造成危害的相关制度内容，即目前已具雏形的未成年人的社会调查、帮教矫正和不起诉污点封存制度。出罪处理是未成年人回归社会的前提条件，而调查帮教、污点封存是确保分流效果、最终实现回归的保障。

3. 全面梳理和总结未成年人相对不起诉具体制度的改革试点情况

在未成年人出罪处理制度中，尽管三种相对不起诉制度已初具雏形，但仍然无法摆脱成年人相对不起诉制度、理念的影响，法律规定较为粗疏，在适用中具有随意性、模糊性。本书提出应依据未成年人检察机关实现未成年人出罪化处理的难易程度，以及涉罪未成年人行为和主观恶性程度来构建三种相对不起诉制度的适用原则或适用标准。在未成年人出罪处理的保障制度中，无论是社会调查、社会帮教还是不起诉污点封存，目前都存在制度成熟度不高与规范性不足的问题，应对实践中一些具有借鉴和发展意义的做法进行推广，待条件成熟后将其纳入法律规范。

4. 未成年人审前程序重构的初步设想

可以将公安机关对未成年人的出罪处理纳入未成年人检察审查的范围；构建对涉罪未成年人出罪处理的司法性审查机制；将严重涉罪未成年人的审查起诉职责从现有的未成年人检察职能中分离出去，由一般公诉部门行使；同时，构建与未成年人刑事审前程序配套的出罪化保障制度体系，实现未成年人回归社会的目标。

第二章 ◀

未成年人相对不起诉制度的理论基础

法律的适用无法做到价值无涉或者价值中立，价值理论在各部门法理论研究中都具有重要地位，在法哲学中，本体论、认识论、价值论对程序法具有重要影响，但价值论的影响力始终居于核心地位。[①] 价值选择的偏颇，往往造成发展方向上的根本错误。[②] 未成年人司法制度是一国法治文明的重要标志，但其发展历程尚短，其中很多问题都尚未进行深入的理论探索。特别是在我国，未成年人相对不起诉制度，以附条件不起诉和和解不起诉的确立发展为标志，其从成年人相对不起诉制度中逐渐独立出来，开始呈现自身发展特性也不过十余年。有关未成年人相对不起诉制度理论问题的研究还属于一块尚未开垦的土地。当然，作为未成年人司法制度重要组成部分的未成年人相对不起诉制度，其主要理论依据来源于未成年人司法理论，但在发展中逐渐呈现出自身的特性。

》 第一节 关于未成年人刑事司法制度的重要理论

未成年人相对不起诉作为一项独特的未成年人司法制度，其产生经

[①] 樊崇义：《刑事诉讼法哲理思维》，中国人民公安大学出版社 2019 年版，第 111—113 页。

[②] 锁正杰：《刑事程序的法哲学原理》，中国人民公安大学出版社 2002 年版，第 101—108 页。

历了一个附随于未成年人司法制度发展，逐步独立于成年人相对不起诉制度的过程，同未成年人司法制度一样，深受法学、社会学经典理论的影响。

一　国家亲权理论

随着社会文明的进步，长期以来绝对化的亲权观念，即认为家长对子女拥有绝对权力的理念逐渐为社会难以接受。12、13 世纪以后，英国的监护法部分继承了由罗马法发展而来的"国家亲权"学说。国家亲权被解释为："家长是一家之主，而国王是一国之君，是全体臣民的家长，其有责任也有权利保护他的臣民，特别是保护那些没有能力照管自己财产的儿童。"到了 15 世纪前后，英国将这一理论逐渐发展为"国家是少年儿童的最高监护人，而不是惩办官吏"的衡平法学理论。这一理论后来演变为英国少年法学的指导思想①。美国建国后继受了英国部分法律制度与法律理论。国家亲权理念成为贯穿美国少年司法制度的基本理念。特别是在美国伊利诺伊州的少年法院运动在世界范围内产生巨大影响后，国家亲权理论进而深刻地影响了世界各国的少年司法制度。

国家亲权理论在不断发展中具有了更为深刻的内涵："根据国家是儿童的最高监护人理论，少年司法应当是保护和教育性的，而不是惩罚性的。少年司法程序设计和组织安排应当符合人性化的制度设计，遵循少用监禁、司法人员专业化、特别的审判方式、适应少年身心发育特点，保护隐私等原则；实体上应当体现非刑事化、个别化、轻刑化和特别保护的原则，以利于实现教育和拯救的目的。"② 国家亲权理论还认为未成年人犯罪是社会的一种病态现象，未成年人是这种情况的受害者。因此，家庭、学校以及社会应对未成年人负起更多的责任，正因如此，对涉罪未成年人的处理首先不是惩罚，应是考虑对他们的补偿和救

---

① 康树华主编：《青少年法学概论》，中国政法大学出版社 1987 年版，第 268—269 页。
② 王雪梅：《儿童权利论：一个初步的比较研究》，社会科学文献出版社 2005 年版，第 76—77 页。

助。在这一理论的影响下，未成年人司法呈现出与传统刑事司法不同的外在样态和内在要求。英美法国家一般都明确认可国家亲权理论在少年司法中的指导地位，尽管大陆法系国家没有对此作出确认，但在少年司法设计和运作的方方面面无不体现出国家亲权思想影响的痕迹。

二 教育刑理论

尽管国家亲权理论在世界范围内的未成年人刑事司法领域得到了广泛的认可和接受，但由于其更契合英美自由主义和权利社会的需求，在英美法系国家的未成年人司法领域，相较而言，更加占据主导地位。尽管大陆法系国家也深受该理论的影响，但相较于自由与权利，大陆法系国家更注重秩序和安全价值，因而，在这些国家的未成年人司法领域，占据主导地位的应属教育刑思想。这一理论即"教育优先的原则应贯穿于少年司法程序的始终，少年非行是少年成长过程中的过渡现象，不应以行为的结果施以刑罚，而应以其失教的程度教育惩戒之。因此《少年法院法》规定对犯罪少年应优先适用教育处分"[①]。

在大陆法系国家，19世纪前占据刑罚适用领域主导地位的是主张"有罪必报"的刑事古典学派主张的报应刑理论。该理论强调刑罚是犯罪的对价物，犯罪是适用刑罚唯一的根据和尺度。19世纪后期，这些理论逐渐发生了变化。"在刑法思想方面，随着刑事人类学派的兴起，刑事法学者开始重视对犯罪人的研究。使法学理论的一个重要变化就是将刑事古典学派提倡的'报应刑论'发展成为'社会防卫论'，主张不按罪行轻重，而按犯罪人的类型和犯罪趋势进行审判，强调刑罚的作用不在于对犯罪行为的报应，而在于预防犯罪，这一观点在许多国家风靡一时。"[②] 以李斯特为首的刑事社会学派创立了教育刑理论和刑罚个别化理论。教育刑理论认为："人适应环境生存的同时被生存环境所塑造，罪犯不是天生的犯罪人，往往是由于不良因素的影响才走上犯罪道路

[①] 陈冰、李雅华：《德国少年司法保护简述》，《青少年犯罪问题》2005年第3期。

[②] 陈卫东、张弢：《刑事特别程序的实践与探讨》，人民法院出版社1992年版，第245页。

的，但是人具有很大的可塑性，绝大多数罪犯都可以通过教育感化改造成守法公民。因此，在司法过程中贯彻教育刑理论，帮助罪犯特别是处于弱势的少年罪犯重新找到正确的人生观和社会生活方式。"① 教育刑论者还特别提出，违法犯罪的少年也是一个发展着的动态主体，定罪量刑除了依照条文以外，还应根据其社会生活环境、身心发育状况、所受教育、人格形成过程等多方面的情况综合判断。而在犯罪的研究方法上，实证主义犯罪学兴起，认为未成年人违法犯罪，在生理和心理等方面都和成年人有明显差异，最基本的特点就是他们对外在社会环境有更大的依存关系，因而违法犯罪的未成年人既是害人者，又是受害者。②

这些理论和研究方法的发展可以说对少年司法程序的形成的作用是非常重大的，特别是教育刑和实证主义的研究方法相结合，进而提出了少年司法最重要的特点就在于对违法少年的教育和感化。这一理论深刻影响了大陆法系国家少年司法程序的发展，其强调程序的设置应始终围绕对犯罪少年的教育和改造的目的进行，坚持以"教育为主，惩罚为辅"的方针。尽管刑罚个别化理论自创设以来受到不少质疑，如有观点认为："复归性的矫治未被表明在降低累犯率方面有效；无论在美国还是其他地方，在不同程序中经不同方法矫治的人的累犯率，与未经矫治的人的累犯率并无不同。"③ 这类质疑对少年司法制度的发展曾经产生了很大影响，在美国等国家甚至出现了"少年法院"运动危机。但从长期发展情况来看，这些质疑并没有动摇教育刑以及刑罚个别化理论对各国未成年人司法制度发展的重要作用。④

三 少年宜教不宜罚的特别保护理论

少年宜教不宜罚理论是世界各国未成年人刑事司法遵循的基本理念

---

① 公培华：《刑罚论》，青岛海洋大学出版社1999年版，第88页。

② 曲新久：《刑法的精神与范畴》（2003年修订版），中国政法大学出版社2003年版，第500—505页。

③ 邱兴隆：《关于惩罚的哲学——刑罚根据论》，法律出版社2000年版，第227页。

④ 张鸿巍：《"少年+家事"检察概念的逻辑展开》，《人民检察》2019年第12期。

之一。这一理念可以追溯至古罗马时期，罗马法时期的《尤斯丁尼安法典》中确立了"儿童不可预谋犯罪"原则，"认为不存在天生的坏儿童，也没有不可挽救的儿童"①。公元前 529 年颁布的《查士丁尼法典》中把刑事责任的年龄规定为男 14 岁，女 12 岁。美国伊利诺伊州的《少年法院法》接受了这一理论，把少年儿童的年龄规定为 16 岁以下，并要求贯彻最有利于少年儿童的理念。少年宜教不宜罚理念要求对于少年的犯罪与不良行为，应尽量采取教育性手段，而不宜先施以惩罚，惩罚只能作为最后不得已而为之的手段。② 少年犯罪案件有其自身的特殊性，案件的特殊性决定了未成年人刑事案件不宜用普通司法程序简单处置，而应该是刑事特殊程序。特别保护的理论不仅受到奉行教育和感化为主的福利主义、矫治主义的青睐，而且在多数国家的少年刑事政策和国际文件中都有所体现。各国的刑法或少年刑法中对未成年人的刑事责任都基于少年儿童的身心发展状况作出了特殊规定。各国少年法也规定少年实施与成年人同样的犯罪行为，但在侦查、起诉、审理上采取有别于成年人的温和灵活的方式，如人格调查制度、缓起诉制度、圆桌审判、社会化处刑，恢复性司法等。儿童宜教不宜罚的特别保护理论精神在世界各国的少年司法程序之中均有所体现。少年宜教不宜罚理论对少年的特殊保护并非完全禁止对少年违法犯罪的惩罚，它强调的是惩罚手段是"最后性"的，适当的程序强制和刑事惩罚并不与现代少年司法程序的保护理念相违背，相反，它是少年司法程序有效运作，达到教育、矫正目的的保证，也是少年宜教不宜罚的特别保护理论的内在要求。

≫ 第二节　未成年人相对不起诉制度的突破与发展

对于刑事诉讼价值的研究在我国经历了一个从纯粹的哲学和法理学

---

① 陈卫东、张弢：《刑事特别程序的实践与探讨》，人民法院出版社 1992 年版，第 244 页。
② 康树华、郭翔等编：《青少年法学参考资料》，中国政法大学出版社 1987 年版，第 703—709 页。

思辨到利用哲学伦理学思想并结合部门法律实践这样一个逐渐深化发展的过程，产生了"工具说"、"内、外在价值说"①、"秩序、公正、效益说"②、"内在价值、工具价值说"③ 等较为丰富和成熟的理论。这些对刑事诉讼价值的研究基本从三个维度展开，一是研究刑事诉讼本身的价值目标；二是研究刑事诉讼的价值构成；三是在价值冲突的情境下研究刑事诉讼价值的评价标准。未成年人相对不起诉制度作为刑事诉讼中的一种程序制度，显然与其上位制度在价值追求上具有一致性。但基于该制度特殊的地位和作用，其在价值主体、价值具体内容和价值实现方式上又具有自身的特点。对该制度价值的研究和探讨应充分比较其与相关制度的异同，摒弃工具论的单一思维模式，深入考察其自身具有的优异"品质"。

一 未成年人相对不起诉制度对未成年人司法制度价值的深化

（一）未成年人司法制度的基本价值

在全球化时代，很多价值观被广泛接受而带有普适性，在未成年人司法领域也是如此。尽管有些国家近年来对较为严重的未成年人犯罪的处理从保护转向报应或者威慑，但从世界主要法治国家情况来看，对未成年人保护的理念仍然占据主导地位。目前，我国对未成年人司法的基本理念以及理论基础的研究较多，对于未成年人司法制度价值论的研究较为匮乏。未成年人司法制度的价值与未成年人司法的基本理念密切相关。司法理念是指导司法制度设计和司法实际运作的理论基础和主导的价值观，也是基于不同的价值观（意识形态或文化传统）对司法的功能、性质和应然模式的系统思考。司法理念是一种价值观，是关于司法的思想和观点。④ 未成年人司法制度的价值就是未成年人司法制度存在

---

① 樊崇义等：《刑事诉讼法修改专题研究报告》，中国人民公安大学出版社 2004 年版，第 6 页。

② 陈光中：《市场经济与刑事诉讼法学的展望》，《中国法学》1993 年第 5 期。

③ 陈瑞华：《刑事诉讼的前沿问题》第四版，中国人民大学出版社 2013 年版，第 46—53 页。

④ 王申：《理念、法的理念——论司法理念的普遍性》，《法学评论》2005 年第 4 期。

的意义，是未成年人刑事司法程序设计和运行过程中体现出的一种基本价值标准，未成年人司法的价值目标与未成年人司法理念应当具有内在契合性。我国未成年人司法显然不能仅仅把保护进入刑事司法程序的未成年人权利作为核心价值追求，因为这无法体现出未成年人司法与成年人司法的显著区别。在刑事诉讼程序中除保护未成年人的合法权利之外，凸显未成年人对社会发展的重要意义，注重其与社会的共同发展；强调保障未成年人福祉，实现对未成年人处理的实质公正才是未成年人司法的价值追求。

1. 强调保障未成年人福祉

这种保障具有两个层面的意义，一方面在刑事诉讼程序中要注重对未成年人权力的特别保护；另一方面则是将保护性的关注延伸至刑事诉讼之外，要注重未成年人未来的发展。保护人的权利不是少年司法独有的价值追求，其价值也体现在传统的司法制度之中，未成年人司法中的权利保护除了具有传统司法制度中权利保障的含义之外，从更特殊的角度和具体的程序中以对未成年人尊严和自由的保护来体现这种含义。未成年人身心状况的特殊性决定了一方面他们尚不具备完全的辨别能力和自我控制能力，容易发生行为上的反传统道德规范和反社会规范；另一方面，未成年人的心理尚未成型，具有较强的可塑性，如果引导得好，则可以使他们如其他正常人一样健康地走向社会。成年人刑事诉讼程序主要解决犯罪嫌疑人和被告人是否构成犯罪，是否应当承担刑事责任和承担什么样的责任等问题；而未成年人刑事诉讼需要解决被指控少年为什么违法犯罪，国家、社会、少年谁应该负更多的责任等问题。绝大多数未成年人在司法过程中要面临一个如何重返社会，恢复健康成长的问题。未成年人司法应是一个治疗的过程，这种对罪错少年的回归、对未成年人未来生活的关注是国际社会共同的价值追求。联合国《儿童权利公约》申明"被指称、指控或认为触犯刑法的儿童有权得到促进其尊严和价值感"的待遇。这种待遇应考虑到其年龄和促进其重返社会并在社会中发挥积极作用的愿望。《北京规则》在"少年司法的目的"一节中提出："少年司法制度应强调少年的幸福。"第14条还称："诉讼程序应按照最有利于少年的方式和在谅解的气氛下进行，应允许少年参与诉讼程序，并且自由地表达自己的意见。"未成年人司法本质上所注重的是预防性和保护性，而非单纯的惩罚。

2. 追求实质公正

公正是一项法律制度的首要价值所在，未成年人司法程序同样以公正为其基本价值追求和生命体征。但未成年人司法在追求公正的方式上更加注重司法对未成年人的实质公正。实质公正是与形式公正对应的概念，形式公正主要指司法活动的程序及结果完全符合法律的规定，是"同样情况同样对待"；而实质公正则是指"司法行为、活动、结果完全符合正义的要求"①。形式公正主要说明司法活动的合法性问题，而实质公正解决的则是司法活动正当性、合理性问题，要求对司法适用对象体现出司法处遇的专门化和个别化。在未成年人司法中，这种实质公正应主要体现在：其一，未成年人法律制度化，将未成年人适用的法律与成年人予以区别；其二，未成年人处遇的个别化，法律适用的要求是平等，但这种平等不意味着排斥或否定区别，恰恰是这种针对不同对象的差别化对待，才有助于实现平等，体现公正。

3. 追求未成年人和社会的共同发展

刑事司法程序的功能在于通过惩治犯罪来保障、维护社会的安全与秩序，预防和控制犯罪。未成年人犯罪与成年人一样具有社会危害性，但未成年人司法同时又具有对未成年人特殊保护的职责。在保护罪错未成年人与保护社会安全秩序之间进行价值选择成为各国少年司法制度共同的难题。未成年人司法的这一价值选择也经历了福利模式下侧重保护、弱化惩罚，正当程序模式下的对少年责任的回归等发展历程。20世纪60—80年代，国际社会开始重新审视未成年人和社会的关系，认识到未成年人除因为其身心尚未发育完全而与儿童具有相同的脆弱性以外，其在刑事程序中还要受到国家司法权的强大压力，处于一种双重不

---

① 王利民：《司法改革研究》，法律出版社 2001 年版，第 56 页。

利地位，应当受到特殊的保护。与此同时，对少年犯罪的一味打击只能加剧他们仇视乃至对抗社会的程度，这是对整个社会保护的损害。为了未成年人和社会的全面发展，对于进入司法程序的未成年人，应当尽早让其脱离刑事司法程序的不良影响，回归社会生活。因此，未成年人重返社会是对其不良违法行为的矫正和被破坏的社会的修复，是一种未成年人和社会的双向保护。对社会和少年的双向保护成为现代少年司法的重要价值，并被 20 世纪 80 年代国际人权法运动所吸收为《北京规则》的重要原则。

（二）未成年人相对不起诉制度深化和扩展了未成年人司法制度的价值内涵

作为未成年人刑事司法重要组成部分的未成年人相对不起诉制度，其价值目标与未成年人司法制度具有内在一致性，但该制度对深化和扩展未成年人司法制度的内涵发挥了特殊作用。

1. 未成年人相对不起诉制度有助于实现实质公正

该制度通过不同的不起诉适用条件的设置，涉罪未成年人成长经历及帮教条件的考察，实现了涉罪未成年人处遇的个别化。此外，对于社会而言，"当规范使各种对社会生活利益的冲突要求之间有一个恰当的平衡时，这些制度就是正义的"。传统的刑事司法仅剥夺加害人因犯罪获得的不当利益，很少关注受害方和社会的损失。适用刑罚实现的是加害方、被害方和社会三方利益减损下的暂时性平衡状态。刑事和解寻求的是三方利益的恢复和平衡。因而，以和解不起诉为代表的未成年人相对不起诉制度体现了与传统刑法理念不同的价值取向，是在强调未成年人案件各方利益的基础上，从整体上实现公正。①

2. 未成年人相对不起诉制度有助于实现未成年人和社会的共同发展

与强调以审判为中心的未成年人司法制度不同，未成年人司法制度

---

① 何挺：《〈刑事诉讼法〉第四次修改与中国特色未成年人司法的发展完善》，《南京师大学报》（社会科学版）2024 年第 2 期。

强调通过少管所、监狱等专门的未成年人矫正、监管部门对经过刑事司法审判的未成年人进行矫治和挽救，以实现对社会秩序的维护，可以视为一种事后预防和事后矫正。但未成年人相对不起诉制度更注重减小未成年人受到刑事司法的不良影响，以回归社区的方式对未成年人进行矫正教育，是一种关注社会发展的特殊预防和矫正。

3. 未成年人相对不起诉制度更关注对未成年人权利的特殊保护

相较于刑事起诉和审判程序，未成年人相对不起诉程序的设置更为灵活，但该程序依然体现了对未成年人权利的特殊保障。除了保护基本的诉讼权利外，相对不起诉程序中的亲情会见、合适成年人参与、社会调查、心理评估等特殊程序设置更有利于关照未成年人特殊的身心发育特点，确保其诉讼权利的有效行使。

二 未成年人相对不起诉制度对传统相对不起诉制度价值的突破

（一）传统相对不起诉制度的基本价值

"随着刑法领域关于刑罚目的理论的发展，刑事政策领域也在悄悄地发生一场革命：由强调刑罚的报应性转向对刑罚预防功能的关注。与非犯罪化和轻刑化的刑事政策以及刑罚个别化的刑事政策相适应，起诉便宜思想悄然出现。"① 此外，成年人相对不起诉制度②还是为了解决实践中司法资源和犯罪数量的紧张关系而出现的。③ 根据检察官对侦查终结的、认为符合起诉条件的案件是否拥有起诉与否的自由裁量权，刑事起诉原则可分为起诉法定主义（原则）和起诉便宜主义（原则）。起诉便宜原则与起诉法定原则相对应，起诉法定主义是指公诉机关对符合法定起诉条件的犯罪嫌疑人，不具有对其是否起诉的裁量权，必须依照法

---

① 刘兰秋：《刑事不起诉制度研究》，博士学位论文，中国政法大学，2006 年。

② 我国传统的刑事司法制度主要是基于成年人犯罪而设置的，我国从 1986 年 6 月才真正开创未成年人刑事司法制度，直至今日，未成年人刑事司法制度仍然处于初步发展阶段，规范远未完善成熟，因此，在本书中笔者将传统的法律规定指称为成年司法制度，以与新确立的未成年人相关司法制度作出区别。

③ 谢识：《不起诉制度论——以相对合理主义为视角》，博士学位论文，吉林大学，2009 年。

律提起公诉的原则。曾经大陆法系国家曾一度实行严格的起诉法定主义，否认检察官对起诉与否的裁量权。① 起诉便宜主义又称为起诉便宜原则、起诉裁量主义，等等，"谓追诉机关对犯罪事实已明，而予追诉条件亦相符合时，仍得自由参酌情形决定是否提起公诉之主义也"②。在英美法系国家的检察官拥有受限程度极低的自由裁量权，英美等国在传统上就奉行起诉便宜主义③；而大陆法系国家起初奉行的是严格的起诉法定主义，而后出于多方面的考虑也采用了起诉裁量主义。④ 不起诉处分意味着犯罪嫌疑人从刑事诉讼程序中解脱，不再承受因诉讼程序继续进行而带来的负担，避免了随之而来的审判甚至定罪和服刑的可能，因而，蕴含于刑事起诉处分不同的价值，特别是相对不起诉处分，其是起诉便宜原则在不起诉制度中充分运用的体现，对于相对不起诉制度价值的研究讨论正逐渐成为理论界关注的热点。

1. 相对不起诉制度的正义价值

"正义要求我们将每个人都视为自治的、负责任的道德主体和权利主体，即视为一个目的，而不是用以实现他人或社会目的的手段，同时应对每个人的人格尊严、自由意志等给予充分的尊重。同时，正义还要求我们根据每个人的具体情况给予其相应的待遇。"⑤ 刑事司法是以对犯人的适当处罚所产生的一般预防和特殊预防效果来达到维护社会秩序的目的的，因此，现实中即便发生了犯罪，但从上述目标来看，只要不值得处罚，便应迅速地将其从刑事诉讼程序中退出，仅将真正值得处罚的犯罪纳入刑事程序。⑥ 在刑事诉讼中，相对不起诉的适用使得涉嫌犯罪的人可以接受与其自身情况、主观恶性等相适用的刑事处遇，使部分

---

① 宋英辉：《刑事诉讼原理导读》，法律出版社 2003 年版，第 24—25 页。
② 郑競毅：《法律大辞书》上卷，商务印书馆 2012 年版，第 847 页。
③ ［英］麦高伟等主编：《英国刑事司法程序》，姚永吉等译，法律出版社 2003 年版，第 4、40、43 页。
④ 刘兰秋：《刑事不起诉制度研究》，博士学位论文，中国政法大学，2006 年。
⑤ 陈瑞华：《刑事审判原理论》（第二版），北京大学出版社 2003 年版，第 47 页。
⑥ ［日］大谷实：《刑事政策学》，黎宏译，中国人民大学出版社 2009 年版，第 173 页。

微罪者可以通过一些替代性措施免受刑事处罚，这不仅是刑罚适用宽缓化的表现，更有助于实现个别预防。从这种层面来说，相对不起诉制度的适用有利于实体公正和社会正义的实现。

2. 相对不起诉的经济价值

诉讼经济，是指在国家对司法体制、诉讼程序及案件处遇机制的设置和运作中，能够以最少的社会成本和司法资源来实现社会正义或司法公正价值的基本理念与原则。① 在犯罪形态、手段不断发展的今天，司法资源和社会成本的稀缺性问题日益凸显，如何提高国家刑事程序的经济效益和诉讼效率，如何以最小的成本换取最大的社会收益，成为刑事司法发展的重要问题。"没有正当的理由，人们不能使程序在运作过程中的经济耗费增大，在其他条件相同的情况下，任何一位关心公共福利的人都有理由选择其经济耗费较低的程序。"② 可以说"正义的第二种意义简单说来就是效益"③。相对不起诉制度就属于一种典型的刑事诉讼过滤机制。其对一些犯罪手段、主观恶性较轻，即便放置于社会也不会发生危险的犯罪人，通过其他更为经济的途径达到对他们和社会来说更为合理的处遇。这种相对不起诉处理能够有效地缩短诉讼周期、分流转处案件，可以有效减轻国家刑事司法程序以及社会负担。近年来，我国为贯彻宽严相济刑事政策，节约诉讼资源，实现诉讼经济的目标，逐步修改了一些不起诉案件的适用标准，吸纳了诸如司法实践中创设的附条件不起诉、和解不起诉制度等。

(二) 未成年人相对不起诉制度价值的突破

1. 特殊的正义价值

未成年人相较于成年人来说，在生理和心理方面都较为脆弱不成熟，其处于少年向成年人过渡时期，在这一时期，未成年人生理和心理

---

① 周立平：《略论刑事诉讼经济原则》，《法学》1993 年第 2 期。

② Michael Bayles, "Principles for Legal Procedure", *Law and Philosophy*5 (1986), D. Reidel Publishing Company, 1986, p. 60.

③ [美] 理查德·A. 波斯纳：《法律的经济分析》，蒋兆康译，中国大百科全书出版社1997 年版，第 35 页。

的特点决定了其会面临各种矛盾和困惑，较易受到外界环境的影响和伤害，进而做出犯罪行为。同时，由于其身体的发育逐渐接近成人，未成年人也具备了一定的伤害社会的能力。从古罗马法发展而来的"国家亲权理论"强调国家、社会对未成年人的健康成长负有一定的责任，未成年人的健康成长对社会、国家的稳定具有重要意义。因而，基于这些原因，各国都充分强调国家、社会对未成年人成长的高度关注，强调在刑事司法中对未成年人的"特殊保护"。成年人刑事诉讼强调对被追诉者权利的保障，以使其获得可以与国家追诉对抗的诉讼武装。而未成年人刑事诉讼除了保障未成年人诉讼权利外，还要求国家行使更多对涉罪未成年人进行教育和矫正的职责，承担对未成年人的监护教化权力。显然，对未成年人的特殊保护是相较于刑事诉讼中的成年人来说的，保护的特殊性主要体现在教育矫正为主、追诉为辅，以及特殊的未成年人相对不起诉程序设置上。

因此，未成年人相对不起诉程序与正常的刑事司法程序相比，涉及更为宽泛资源的运用，社区机构、家庭、被害人等多方资源与国家机构一起运作，为犯罪未成年人提供一个修复伤痕的机会。这种不起诉的处理将尽量避免给未成年人施加如刑事司法程序对抗一般的程序上的痛苦。以一种特殊的视角来看待犯罪未成年人，重视他们与被害人关系、社会关系的恢复，而不是针对其犯罪加害行为来强调对应的惩罚。

2. 特殊的诉讼经济价值

未成年人相对不起诉与成年人相对不起诉适用原因和适用目的存在较大差别。如上文所述，成年人相对不起诉制度主要是基于诉讼经济的现实考量而产生的，而未成年人相对不起诉处分虽然也存在一定的诉讼经济价值，但该制度设置的出发点显然与成年人相对不起诉不同，其更关注通过制度运行实现对未成年人的特殊保护。正因如此，很多国家未成年人相对不起诉制度中都设置了对未成年人的教育、检察机关主持下的和解协商等特殊程序，把最大限度地将未成年人从刑事司法程序中转处出来作为首要追求目标，进而关注未成年人行为的矫正和社会关系的恢复等，诉讼经济显然已经不是未成年人相对不起诉制度的主要价值目标。但未成年人相对不起诉程序中，诉讼经济以一种特殊的价值目标出现。一方面，它强调诉讼的快速有效，以实现刑事程序对未成年人最小限度的影响；另一方面，基于未成年人相对不起诉特殊的社会参与要求，其强调通过充分调动社会专业力量的参与来展开对未成年人的帮助教育和协助社会关系的修复等，而非司法资源的全面参与。

三　未成年人相对不起诉制度集中体现了未成年人检察制度的核心价值

（一）未成年人检察制度的核心价值——未成年人的出罪化处理

这里所说的"出罪化"处理不同于刑法概念中的"除罪化"，而与源自英美法系国家的"司法转处"概念较为类似。"司法转处"这一概念最早起源于 20 世纪 60 年代的美国，减少或者消除司法程序成为矫正改革者的一个主要目标，他们认为正式的惩罚和违法行为的宣判只能作为最后手段。转处这一概念或者做法在美国之外也获得广泛接受。未成年人刑事司法改革的目的就是尽可能地将未成年被告人越来越少地交付审判和置于羁押状态，最大限度地将其区别于成年人进行对待。[①] 通常认为，狭义的司法转处是指将未成年人从刑事司法系统中分离转移，在不同阶段交由非刑事司法部门加以处理。[②] 司法转处经常意味着传统上的少年司法程序被暂缓或者终止。[③] 在我国未成年人审前程序的实践中更为强调狭义的司法转处，基于我国刑事诉讼的程序设置，除了法定的撤销案件外，我国公安机关不享有行使裁量权终结刑事诉讼程序的权力。因而，我国审前转处适用的范围较狭义的司法转处还要狭窄，主要指通过检察裁量权的行使，将未成年人转处到社区矫正或其他处理方案，而非诉诸刑事司法程序，以实现对轻微犯罪的未成年人的出罪化处

---

① Nicholas Bala, "Young Offenders Law", *Bureau of Justice Statistics*, 1997.

② 路琦：《青少年犯罪预防干预之政府应对策略研究——以美国为例》，《中国青年研究》2022 年第 12 期。

③ Malene Fress Jensen, *Alternative Approaches to Juvenile Delinquency*, DJF Publishing House, 1996, p. 101.

理结果。为了与狭义的司法转处的概念相区别，也为了突出这一制度设计的目标，笔者将其界定为未成年人的出罪化处理程序。

（二）未成年人出罪化处理的主要实现方式——相对不起诉

检察机关对于轻微犯罪未成年人出罪化处理的主要措施就是不起诉，一种是不附条件的不起诉，即罪轻不起诉；另一种是附有一定先决条件的不起诉措施，主要指和解不起诉和附条件不起诉。附条件不起诉措施对于未成年人的轻微罪行的矫正尤其具有积极效果，特别是与取保候审结合适用，可以在一定期限内，由司法机关将未成年人置于一个开放的、更为日常化的环境中来考察其改过和矫正的情况。未成年人相对不起诉的适用还有助于实现未成年人犯罪的特殊预防。未成年人尚处于身心发展期，心理、情绪都不稳定，容易受到外界的影响，但正是由于这样的特质，未成年人容易受到教育进而改正其原有的错误行为。相对不起诉的适用目的，就是通过非惩罚性手段或者在适度惩罚的过程中结合帮教措施，实现未成年人回归社会的目标。相对不起诉的适用可以根本性地减少未成年罪犯回归社会的障碍，即未成年人因受到刑事处罚而具有的"犯罪人"标签。此外，这一身份尤其是羁押带来的社会隔离，可能造成未成年人负面身份和负面心理的自我强化，进而大大降低了其被社会再次接受的可能性，加大了他们的再犯概率。而以相对不起诉为手段的出罪化处理则可以避免未成年人经历刑事诉讼程序的过程，使之尽早从诉讼程序中分流，或者使未成年人可以在社会环境中获得矫正帮教，避免其与社会的不正常隔绝。同时，以相对不起诉为手段的出罪化处理有助于实现司法的恢复性功能，无论是对未成年人的不起诉处理还是对其的矫正帮教，都允许包括被害人、被告人家庭、社区在内的多方角色参与，可以提供弥补或修复由于犯罪给社会带来的损害的机会。

（三）未成年人相对不起诉制度对未成年人检察制度核心价值的体现

未成年人相对不起诉制度居于未成年人检察制度的核心，一是从未成年人检察制度的价值来说，未成年人相对不起诉对实现未成年人出罪化处理发挥重要作用，检察机关通过裁量权的充分行使，最大限度地给予轻罪未成年人离开刑事司法程序的机会，减少其人生因受到刑事程序污染产生不良影响。在这一层面，未成年人相对不起诉制度集中体现了未成年人检察制度的核心价值。二是我国目前已初步形成了以未成年人相对不起诉制度为核心的未成年人检察制度。未成年人检察制度主要有两大功能，一是对较为严重的未成年人犯罪进行追诉，二是轻微未成年人犯罪出罪化处理，促进其回归社会。① 对严重未成年人犯罪的追诉程序与追诉普通成年人犯罪不存在本质上的差异。对于这部分进入刑事诉讼程序的未成年人，国家对其的特别保护除了体现在审前程序中对这部分未成年人诉讼权利的保障以及相对温和的程序设计外，更体现于法院判决后国家对未成年人的挽救性的教育治疗措施上，这不是检察制度关注的重点。未成年人检察制度的特殊价值集中体现于对微罪未成年人的出罪化处理程序中。

如上文所述，我国未成年人检察制度主要包括未成年人的审查逮捕、起诉、不起诉、矫正帮教、未成年人权利保护制度。未成年人检察制度相较于成年人检察制度，其职能更为复合化。未成年人案件的特殊性也要求检察机关将关注重点延伸至刑事诉讼程序之外，即将未成年人犯罪的解决和预防视为一个未来性问题，将之扩大到法律之外的社会生活之中。因而，未成年人行为的矫正和向社会的回归正成为未成年人检察部门关注的焦点。未成年人检察同未成年人司法制度一样，深受域外少年司法理论的影响。国家亲权、刑罚个别化、少年宜教不宜罚已经成为世界少年司法制度的核心理念，我国未成年人检察制度充分吸纳了这些理论，在制度设计中将实现未成年人最佳利益作为未成年人检察制度构建的核心并贯穿制度始终。这些理念体现于未成年人检察程序之中，要求检察机关要将未成年人从成年犯罪中区分出来，将其当作需要呵护的"孩子"进行关爱，以未成年人回归社会而非惩治其涉罪行为作为

---

① 陈海锋、许蔓莉：《未成年人检察机构的完善及面临的课题》，《青少年犯罪问题》2019 年第 4 期。

程序运行的目标。在这样的理念下，我国未成年人检察实践中萌发了附条件不起诉、社会调查、观护帮教等新做法，一些创新已经实现了法律层面的规范化。目前，我国未成年人检察制度已经发展出严重犯罪追诉、轻微犯罪出罪处理、教育矫正三大功能。未成年人检察制度初步形成了独立于未成年人司法制度的特殊价值，即未成年人的出罪化处理，当然，这一价值也是以未成年人回归社会为最终目标的。

在上文中，笔者通过未成年人相对不起诉制度与相关制度的对比，从不同的维度分析了其与未成年人司法、未成年人检察以及成年人相对不起诉制度价值的异同。作为未成年人司法和未成年人检察制度的下位概念，在价值理念和价值目标上未成年人相对不起诉与两者具有高度一致性，都体现了对未成年人的特殊保护，强调未成年人福祉、司法的实质公正，追求未成年人和社会的共同发展。基于我国"流水线"式的刑事诉讼的诉讼构造，未成年人刑事诉讼的审前程序具有和审判程序同样重要的地位。特别是在审前程序中，未成年人检察机构同时具有刑事追诉、出罪化处理、教育矫正等复合性职能，对于实现未成年人脱离刑事司法程序的不良影响，回归社会发挥了重要作用。未成年人检察制度逐渐独立于以审判为核心的未成年人司法制度，呈现出独特的价值。未成年人检察部门具有两项重要职能，即对严重未成年人犯罪的追诉与轻微未成年人犯罪的出罪化处理。以相对不起诉为手段的未成年人出罪化处理制度正逐步成为未成年人检察制度的核心。围绕这几种相对不起诉处理机制，未成年人检察机构建立了社会调查、矫正帮教、权利特殊保障等一系列工作机制，形成了未成年人出罪化处理的制度链条，为实现未成年人检察制度的核心价值发挥了重要作用。未成年人相对不起诉是以关注未成年人回归社会为核心的重要制度，其价值与未成年人检察制度具有内在一致性。

》 第三节 未成年人相对不起诉制度的三大功能

我国未成年人司法制度建设仍处于轮廓初现的发展阶段，很多理论、制度都是从域外引进而来，还需要不断与中国实践磨合、探索。特别是未成年人检察制度，基于我国特殊的司法体制和程序设置，与其他法治国家存在鲜明差异。作为未成年人检察制度核心组成部分的未成年人相对不起诉制度，它具有何种功能，在我国未成年人司法中发挥哪些作用，处于什么样的发展趋势之中，对这些问题的理解和认识都要从未成年人相对不起诉价值的研究开始，这必将有助于这一制度在我国的不断发展和完善。

一 未成年人相对不起诉制度功能的提出

功能，即功效、效能、效用，是指事物或方法所能发挥的有利作用，也有解释为事物或方法所蕴藏的有利的作用。① 功能也即指事物的功效和作用。② 英国社会学家斯宾塞将社会学与生物学相类比，首次提出社会是一个有机体，社会上人与人的关系就像生物体和细胞的关系一样。由此出发，开始把人或事物引起的社会后果称为功能。③ 在社会学上，功能被认为是一事物或者社会事实存在的根据。"社会事实之所以存在，是由于它们以某种方式维持着社会的存在，或者说，它们之所以存在是因为它们具有功能。"④ 而在法学领域，这种功能性研究一直受到重视。19 世纪末 20 世纪初，作为法学和社会学的交叉学科，"法律社会学"（sociology of law）逐渐兴起。法学与社会性领域中对于"功能"的理解是基本一致的，即强调的是主体与客体需要这两者间关系的一致性，是指一定时期主体与客体需要相符合的一种状态。⑤ 笔者同意这样的观点："功能这一概念主要包括两层意思，即部分对整体的维持所发挥的作用及其活动后果，以及为此所必须满足的必要条件。"⑥

---

① 中国社会科学院语言研究所词典编辑室编：《现代汉语词典》，商务印书馆 1985 年版，第 382 页。
② 夏征农主编：《辞海》，上海辞书出版社 1989 年版，第 580 页。
③ 赵震江主编：《法律社会学》，北京大学出版社 1998 年版，第 203 页。
④ 赵震江主编：《法律社会学》，北京大学出版社 1998 年版，第 204 页。
⑤ 李蓉：《刑事诉讼分权制衡基本理论研究》，中国法制出版社 2006 年版，第 216 页。
⑥ 季卫东：《法治秩序的建构》，中国政法大学出版社 1999 年版，第 36 页。

　　我们可以说，某一对象的功能，就是其所起的作用，或者所发生作用的能力，它是事物性质的实现。换句话说，事物是通过其功能来体现价值的。刑事诉讼的功能就是指国家规范刑事诉讼程序、进行刑事诉讼活动可能产生的作用。从根本上讲，刑事诉讼的功能是刑事诉讼自身所固有的，并由其内在属性规定的，它是刑事诉讼内在属性在其实现过程中的外在表现。要研究制度的功能，就要分析它对社会所起的作用。① 此外，刑事诉讼的功能是在刑事诉讼过程中实现的，是国家进行刑事诉讼活动的作用。因而，作为一个动态的过程，刑事诉讼总是在动态中体现自身的功能，并且主要通过其与其他事物的关系来展现。因此，刑事诉讼能否将可能的功能转化为实然的作用，与其诉讼环境、相配套的规则等因素密切相关。② 因此，要研究未成年人相对不起诉制度的功能，就要分析其对社会所起的作用。要将其作为未成年人司法、未成年人检察的一项重要制度，通过其在未成年人相对不起诉活动中的表现来进行探寻。且未成年人相对不起诉制度的功能应当从这一制度与未成年人司法总体功能和目标之间的关系中加以把握。

　　近年来，我国学者对未成年人司法的理念、目的等问题进行了较为详细的研究，但对于未成年人司法的功能的研究较少。法律的目的与法律的功能既有联系，又存在一定区别。法律的目的是指立法者创制法律期望达到的社会理想，属于一种应然性范畴。而法律的功能则是指法律对人的行为和社会生活发展的实际影响作用，属于实然性范畴，两者内涵不同。但两者也非截然相对，法律的目的是法律功能的根据和基础，法律目的的设定制约法律功能的发挥；法律功能的发挥过程也是法律目的的实现过程，法律目的实现的程度，是衡量法律功能的标准。③ 未成年人司法的价值目标揭示出未成年人司法的理想目标在于未成年人特殊保护与未成年人责任追究的融合与平衡。在此基础上实现涉罪未成年人

① ［英］安东尼·吉登斯：《社会学》（第四版），赵旭东等译，北京大学出版社 2003 年版，第 22 页。

② 张中：《刑事诉讼关系的社会学分析》，博士学位论文，中国政法大学，2005 年。

③ 公丕祥：《法制现代化的理论逻辑》，中国政法大学出版社 1999 年版，第 135—136 页。

回归社会这一终极目标。未成年人司法中任何一项原则、制度和程序的制定，都会受到这一目标的指引；反过来，这些原则、制度和程序运行的效果即未成年人刑事司法制度的实际功能，又制约着这一核心目标的实现。未成年人相对不起诉制度也不例外，其与未成年人刑事司法目的之间的关系显然应当成为学者研究该制度功能问题的着眼点。在保障未成年人刑事法律实施，实现未成年人回归社会等方面，未成年人相对不起诉制度与未成年人刑事司法的作用具有一致性。但与未成年人司法有所区别的是，未成年人相对不起诉制度不强调未成年人犯罪行为的责任承担，而是关注如何将微罪未成年人转出刑事诉讼法程序，使其获得出罪化处理，以实现对未成年人的特殊保护。这一目标与未成年人司法惩治犯罪维护社会秩序的功能并不相悖，实现未成年人出罪化处理实则是一种未成年人犯罪的特殊预防，是基于未成年人生理、心理的特殊性而产生的，是通过对未成年人行为的矫正和能力的发展，最终维护社会秩序的安全。因此，未成年人相对不起诉制度本身对未成年人司法的功能发挥独特的作用，其对于实现未成年人回归社会，保障未成年人权利具有与未成年人刑事司法制度一样的目标追求，但在其作用的具体内容和实现途径上具有特别之处。未成年人相对不起诉制度主要通过柔性的相对不起诉程序设置、温情的不起诉工作机制等实现未成年人权利的特殊保障；通过多种不起诉方式设置给予未成年人获得出罪化处理的机会；通过社会调查、观护等矫正帮教机制追求未成年人实现回归社会。正是这些特殊的程序和制度设计，使得相对不起诉制度具有比其他未成年人司法制度更为特殊的功能。

二　对未成年人的特殊关爱与保护

（一）未成年人刑事司法的特殊保护功能

与刑事司法程序中对成年人权利的保护相比，对未成年人权利保护的特殊性主要体现在三个方面：一是未成年人刑事司法的目的不同于成年人，其不以惩罚和打击犯罪为首要目的，也不仅仅为了保障犯罪嫌疑人的权利，实现正当程序；未成年人刑事司法程序的主要目的在于帮助和矫正未成年人的错误行为，实现对未成年人的特殊保护。因此，对涉罪未成年人的审判过程就不是简单地寻求对未成年人定罪量刑的过程，而是一个包含了明确未成年人犯罪原因，社会家庭对未成年人行为引导是否存在缺位，未成年人的责任承担，未成年人矫正回归社会等一系列问题的复杂过程。而普通刑事诉讼主要围绕的则是犯罪嫌疑人和被告人是否构成犯罪，是否应当承担刑事责任以及应当承担什么样的责任等问题。因而，未成年人司法具有与成年人司法不同的目标，更体现出国家对未成年人犯罪的特殊重视和对未成年人的特殊保护。二是未成年人司法中更强调国家和社会的责任，由于未成年人身心发育尚不成熟，无法达到成年人的认知程度，他们是国家、社会未来建设的主导力量，因此各国在处理未成年人犯罪时都十分重视对未成年罪犯的教育、矫正，以确保涉罪未成年人可以再次被社会所接纳。在成年人司法中，对犯罪行为人责任的追究，强调其责任的承担才是刑事诉讼的重点。三是未成年人刑事司法的特殊程序在我国已初步设立，为了实现对未成年人的特殊保护，很多法治国家都实现了未成年人司法的专门化，设立了专门的少年警察、少年检察官和少年法官，有的还颁布了专门的少年法。我国未成年人司法起步较晚，但一直没有停止对未成年人司法专门化的探索，自 20 世纪 80 年代以来，逐渐在法院、检察院设立了专门的未成年人刑事案件办理部门，出台了一系列相关的法规、司法解释，特别是 2012 年《刑事诉讼法》修正案设立专章规定了未成年人刑事诉讼的特别程序。尽管法律的规定尚不完善，远未达到完全独立于成年人刑事诉讼法律规定的程度，但可以说，我国未成年人刑事诉讼程序的专门化、独立化已经迈出了坚实的一步。[①]

（二）未成年人相对不起诉对未成年人特殊关爱与保护功能的实现

作为未成年人刑事司法重要组成部分的未成年人相对不起诉制度，

[①] 何挺：《〈刑事诉讼法〉第四次修改与中国特色未成年人司法的发展完善》，《南京师大学报》（社会科学版）2024 年第 2 期。

基于其特殊的不起诉方式设置，对未成年人特别保护的程序设置，其在实现未成年人特殊关爱与保护方面发挥了其他制度无法替代的作用。

（1）未成年人相对不起诉中附条件不起诉制度是基于对未成年人特殊保护而产生的一种特殊的不起诉制度，至今这一制度仅在我国未成年人刑事案件中适用。附条件不起诉，很多人称之为"暂缓起诉"，也有人称之为"暂缓不起诉""起诉犹豫""起诉保留""缓起诉"，这一制度在很多国家都有规定，但在我国，附条件不起诉一般是指检察机关对于那些符合起诉条件但情节较轻的未成年犯罪嫌疑人，通过必要的考察，认为其主观恶性不大、具有悔罪表现且不起诉更有利于维护社会整体利益，在作出不起诉决定的同时附加一定条件，当被不起诉人满足这些条件并履行完毕时，就不再进行追诉的一种刑事不起诉制度。这一制度在合理配置司法资源、贯彻宽严相济的刑事政策方面具有积极意义。但作为我国未成年人刑事司法的一项特色制度，附条件不起诉还通过督促未成年人认真悔过，矫正违法行为，最终实现未成年人的出罪化处理，使其顺利回归社会，这一制度正是对未成年人特别保护的典型体现。

（2）未成年人相对不起诉制度中一些特殊的保障机制有利于实现对未成年人的特殊保护。为了最大限度地减少未成年人受到刑事司法程序的不良影响，确保相对不起诉的实现，该制度本身也逐步建立了一些保障机制。例如，在不起诉审查前的社会调查，以确定未成年人是否具有帮教条件；再如，在不起诉审查中的检察机关对未成年人的考察和帮教，以确认未成年人是否具有最轻情节及其悔过态度；此外，还有附条件不起诉中检察机关对未成年人改过悔过情况的考察帮教，等等。这些保障程序发挥了两个层面的作用，一是通过程序的运行检察机关代表国家对未成年人的行为发挥矫正、帮教的职能，实现对未成年人特殊的帮助和保护。二是通过程序的运行积极发现未成年人可能存在的相对起诉情节，或者尽量通过检察机关的帮教促成不起诉情节的实现，以期最大限度地帮助未成年人实现出罪化处理。

（3）未成年人相对不起诉制度同样关注未成年人权利的保障。虽然未成年人相对不起诉制度以实现对未成年人的"不起诉"为重心，但与犯罪追诉程序相同，其同样重视对未成年人权利的特殊保护，并提供有别于成年人的程序保障。对成年人来说，程序的正当性是通过充分参与、有效抗辩、公正听审等程序获得的。在未成年人相对不起诉程序中，除了保障未成年嫌疑人基本的诉讼权利外，还设置了更为温情的容易让未成年人理解和有效参与的权利保障制度，如合适成年人、亲情会见、心理评估等，体现了对未成年人权利的特殊关爱和保护。

三　涉罪未成年人的出罪化处理

著名法学家庞德曾说"少年司法制度是自英国大宪章以来，司法史上最伟大的发明"[①]，但未成年人司法的发展历史可以说明，它不能单纯地被界定为一种发明创造，其更多的是根植于实践而产生的带有历史性意义的司法成果。例如，植根于美国本土少年司法改革，而后逐渐在很多国家得到广泛适用的未成年人的司法转处制度，就可以被称为一种历史性成果。其对于未成年人获得出罪化处理，回归社会具有重要意义。

（一）对涉罪未成年人进行出罪化处理的必要性

随着社会与经济的不断发展，世界法治国家少年司法的主流发展样态也历经多次转型，经过了少年法院运动时期、福利控制时期、惩罚控制时期，至今逐步走向一种福利和惩罚控制的融合时期。随着社会的发展，现阶段，家庭与社区等区别于司法环境的社会资源日渐成熟丰富，社会资源在控制犯罪方面表现出来的作用日益强大。将未成年人在司法审判前，转由依托社会机构或依托司法机构和社会机构配合处理的方式正在兴起。近年来，正在探索的恢复性司法模式，更是推波助澜地促进了司法转处制度的发展。严刑化，使那些犯有严重罪行的未成年人受到

---

① 参见岳慧青《司法改革背景下的未成年人检察体制改革》，《青少年犯罪问题》2015年第1期。

更重的处罚；而司法转处，则使那些轻微犯罪的未成年人受到更为宽松的对待，不用背负罪犯的"标签"，最大限度地免受刑事诉讼程序的不良影响。除此之外，司法转处对未成年人司法还具有一些积极意义。

（1）司法转处有利于正义的恢复。司法转处与正常的刑事司法程序相比，涉及更为宽泛资源的运用，社区机构、家庭、被害人等多方资源与国家机构一起运作，为犯罪未成年人提供一个修复伤痕的机会。正常的司法程序无法避免与传统的对抗，法庭的权威在于控辩双方激烈对抗后作出判决适用刑罚，而司法转处无须这样一个对抗的程序，它在协商同意的基础上进行，尽量避免给未成年人施加程序上的痛苦。以一种特殊的视角来看待犯罪未成年人，重视他们与被害人关系、社会关系的恢复，而不是针对其犯罪加害行为来强调对应的惩罚。司法转处的恢复性主要表现在适用转处的未成年人对被害人作出赔偿、为社会提供无偿的服务等。

（2）司法转处可以实现对未成年人再犯的特殊预防。随着社会的发展，未成年人犯罪问题日益突出，主要表现为犯罪数量急剧上升，其中很大一部分就来自未成年犯的再犯。研究统计数字表明："有60%至80%的刑事罪犯都是再犯，美国加利福尼亚州的再犯率最高达70%，主要的成年犯都是在青少年时期就开始了他们的犯罪生涯。"这也证明正式的司法程序无法避免经过刑罚处罚的未成年人再度犯罪的可能。减少再犯通常可以从两方面入手：一是一定的惩罚威慑性；二是培养犯罪未成年人的社会性，帮助其回归社会。传统的程序过多地关注惩罚或者只单一地适用修复方式。"而未成年人司法转处程序则提供了一个修复与惩罚结合的契机，这种结合比单一的惩罚与单一的修复，更成功地减少了再犯。"① 虽然有的学者对转处减少再犯提出了质疑，但是"司法转处虽然不是治疗犯罪行为的万能药（panacea），至少它有效地通过司法体系的旋转门（revolvingdoor）将未成年人转移出去"。如果转处不成

---

① 参见李琴《美国青少年犯刑罚替代措施》，《中国刑事法杂志》2012年第5期。

功，案件仍将被提交正式的审判程序。因此在减少再犯这个问题上，转处只有可能比正式的司法程序更有效，而不会较其带来更高的再犯率。对未成年人犯罪问题，从司法与社会两个层面入手比单纯的司法途径更能合理有效地解决问题。

（二）相对不起诉制度对实现涉罪未成年人出罪化处理的作用

相对不起诉制度是实现涉罪未成年人获得出罪化处理的重要手段，此外，未成年人相对不起诉的"前展"与"延伸"配套工作机制进一步确保未成年人出罪化处理的实现。

（1）多种相对不起诉种类设置给予涉罪未成年人获得更多出罪化处理的机会。在美国，目前司法转处项目主要包括警察转处和审前转处。前者指警察在刑事司法过程中采取的处置活动与措施，后者主要指法官在审理案件之初，将符合一定条件的未成年被告人交给缓刑部门监管，如果被告人在监督期内履行了所要求的条件，就撤销犯罪记录，同时也包括辩诉交易和审前释放。[①] 在我国，公安机关根据法律规定不享有终结诉讼程序的权利。而检察机关在未成年人刑事司法中所采取的转处措施的主要途径就是相对不起诉。与成年人相对不起诉相比，我国对于未成年人的相对不起诉的设置更为多元化，除罪轻不起诉和和解不起诉外，法律积极吸纳已得到我国司法实践初步检验的附条件不起诉制度。尽管罪轻不起诉和附条件不起诉在适用条件上存在一定重合，给司法实践带来了一些适用选择上的问题，但总的来说，这几种相对不起诉给检察机关提供了更多考察和帮教未成年人的机会，进一步丰富了相对不起诉的适用条件。

（2）"前展"与"延伸"的相对不起诉配套工作机制有利于涉罪未成年人"出罪"的实现。未成年人相对不起诉中存在两种出罪化处理的方式，一种是不附条件，如罪轻不起诉，检察官在明确未成年人罪行情况后即根据法律规定作出不起诉处理。但更多的是附条件不起诉。在

---

① 吴宗宪等：《非监禁刑研究》，中国人民公安大学出版社 2003 年版，第 56 页。

和解不起诉中，检察官需要考察案件双方的和解情况、未成年嫌疑人的悔罪态度，在一些地区的试点中还出现了检察官积极促成和解的情况。在附条件不起诉中，检察机关将对未成年人嫌疑人设置一定的考察期，将考察期间未成年人改过的表现作为是否作出不起诉处理的条件。为了有效审查未成年嫌疑人是否具备出罪处理条件，考察未成年人的悔罪与改过情况，检察机关对相对不起诉设置了以学校、社区为基础的"前展"和"延伸"工作机制。在相对不起诉审查开始前检察机关通过侦查部门调查、委托社工调查或自行调查的方式，了解未成年人的成长背景、生活学习情况，以寻找未成年人涉罪的社会因素及其可能具有的帮教条件。这种举措有利于有针对性地选择对未成年人的司法处遇及帮教矫正措施。而在相对不起诉作出过程中，检察机关通过联合未成年人所在社区、学校、某些职业机构，通过将未成年人置于社区进行矫正和考察的方式促进未成年人涉罪行为的矫正以及不起诉条件的达成。这些工作机制大大巩固了未成年人相对不起诉处理的效果，有助于实现未成年人轻微犯罪的及时矫正和去"标签化"。

四　涉罪未成年人的回归社会

（一）为什么要强调未成年人回归社会

与成年人犯罪相比，未成年人的主观恶性相对较弱，且未成年人相对不够成熟，容易受到环境的左右。有学者指出："少年违法犯罪案件的发生，往往与其生存权、生命权、受教育权、人格受到伤害存在密切的关系，从这一观念出发，对少年权利的保护比处罚少年犯更能显示出应有的社会效果。"① 近年来，代表着一种新兴司法理念的恢复性司法理论勃然兴起，对未成年人司法产生了深刻影响。英国犯罪学家 Tony F. Marchall 提出了对恢复性司法具有代表性的定义，即恢复

---

① 朱恒义：《我国罪错未成年人发展权平等保障研究》，硕士学位论文，兰州理工大学，2024 年。

性司法是与某一犯罪行为相关的所有利害关系人共同聚在一起，处理犯罪结果的一种过程。① 澳大利亚学者 John Braithwaite 则认为，恢复性司法是在同一程序中恢复被害人的自尊，同时恢复犯罪人和社区损失的过程。② 这两种对恢复性司法的界定都共同关注犯罪人对其所破坏的社会关系以及被害人的损失，有责任、有义务加以补偿。恢复性司法理论在未成年人司法中产生了重要影响，促进了很多法治国家建立未成年人的社区矫正、与被害人的和解等促使未成年人可以真诚地悔罪，从而获得被害人的谅解，最终回归正常的社会生活。我国也深受这一理论的影响，探索了很多具有恢复性质的司法制度，未成年人相对不起诉及其保障机制就是代表。从本质上看，对未成年人的恢复性司法，强调的是通过未成年人的悔过与获得谅解，实现对涉罪未成年人的去犯罪化目标，强调未成年人回归社会有利于社会和未成年人自身的双重必要性。

（1）强调未成年人回归社会有利于解决未成年人身心发展与司法程序的矛盾。刑事司法程序本身具有一定的追诉性与严谨的程序性特点，成年人身处其中常常感到压抑和紧张。未成年人心理生理尚未成熟，更容易因为缺乏自我保护能力而受到感染，对其未来自我判断和自我认识的发展产生不良影响。根据著名的"标签"理论，未成年人被贴上"犯罪者"的标签，将加大其自我否定性认知，容易走上被否定的道路。通过给予未成年人悔过、获得被害方谅解的机会，促进未成年人出罪和"去标签化"，显然对未成年人免除刑事司法程序的不良影响，拥有自新的未来具有积极意义。

（2）强调未成年人回归社会有利于实现未成年人和社会的共同发展。20世纪90年代，应用于美国少年司法中的平衡与恢复性司法模式包含这一内容：恢复是相对于报应的一种观念，这种观念认为少年司法的目的不在于惩罚少年的触法行为，而在于恢复该行为对被害人、少年

---

① Mart Susi, Ian D. Marder, "Conceptualising and Assessing a Human Right to Access Restorative Justice in European Criminal Law", *New Journal of European Criminal law*, Vol. 16, Issue 1, 2025.

② 马明亮：《恢复性司法的程序化》，《国家检察官学院学报》2005年第6期。

及社会所造成的创伤。平衡是达到恢复目的的基本路径，它要求少年司法的运作应兼顾加害人补偿被害人、发展少年的能力和社会防卫三项功能。发展少年的能力是少年司法介入的康复性目标，即要求进入少年司法系统的少年在脱离少年司法系统的时候，能够更加对所在社区有责任能力和贡献能力。社会保护是指少年司法必须同样强调促进公众的安全，而且以尽可能少的付出达到这一目的。平衡是建立在这样一种信念基础之上：只有当被害人、社区和少年被平等地对待、平等地获得公平和平衡的注意、同样积极地涉入少年司法程序，并且在和少年司法系统的互动中获得切实的利益时，正义才能得到最好的实现。① 这种模式所要求的平衡与恢复其实可以作为我们帮助未成年人回归社会的最高目标，尽管我国现阶段仍然在更多地促进未成年人与被害人达成谅解，真诚悔过，但长远来看，这些努力必将收到促进未成年人能力和社会共同发展的良好效果。

（二）相对不起诉制度对未成年人回归社会的重要作用

近年来，随着国际未成年人司法改革的发展，我国未成年人司法制度也在吸收域外经验的基础上，开始探索新的未成年人司法制度和工作机制。其中相对不起诉制度及其保障机制如附条件不起诉、未成年人和解不起诉、观护、社会调查等就是这些创新机制的代表，它们对于促进未成年人回归社会具有积极作用。

（1）多方参与的矫正模式有利于实现未成年人心理的"回归"。犯罪心理学者倾向于认为发生犯罪行为时犯罪人心理结构的外化，而犯罪心理结构是主体社会化过程失败的产物。如果想消除犯罪人的人身危险性，促使其向正常人转变，就要消除其犯罪心理结构，重建正常心理。② 对于因罪错心理而做出罪错行为的未成年人，这一理论同样适

---

① Maureen S. Hopbell，"Balancing the Protection of Children Against the Protection of Constitutional Rights：The Past，Present and Future of Megan's Law"，*Duquesne Law Review*，Vol. 42，Issue 2（Winter 2004），p. 331.

② 钟勇、高维俭主编：《少年司法制度新探》，中国人民公安大学出版社 2011 年版，第 183—186 页。

用。在多方参与的对未成年人的帮教中，未成年人可以通过聆听各方对其犯罪原因的分析、改过的建议，通过在社区的劳动等充分认识到自身行为的错误，自觉地改过，且不会受到异于常人的对待。而不像在看守所和监狱接受强制性的教育和改造，避免其监禁人格的形成，防止机构化矫正对未成年人回归社会过程的阻断，有利于实现未成年人心理的回归。

（2）多方参与的未成年人出罪化处理模式，有助于司法资源的合理使用。未成年人相对不起诉制度提供了司法处理的多种替代方案，在对未成年人的社会调查、观护教育、社区矫正过程中能够充分地利用社区、教育机构、家庭等各种社会资源，并且通过对罪轻未成年人的出罪化处理，实现了资源的多元整合和有效利用。在未成年人出罪化处理过程中允许包括被害人、被告人家庭、社区在内的多方角色参与，共同弥补和恢复由于犯罪给社会带来的损害。

（3）对涉罪未成年人恢复性的处遇模式，有助于实现对未成年人和社会的双向保护。传统的刑事司法在报应正义观和功利正义观的平衡中寻求价值目标，报应正义旨在满足被害人的情感，功利正义旨在实现最多数的利益最大化。因此，传统刑事司法更强调通过严格的程序、形式的公正对侵害人处以相应的刑罚，但对于被害人因犯罪产生的物质和精神的补偿需要以及恢复社区因犯罪侵害而产生的信任危机这些需要置于次要地位，甚至不寻求积极的解决。但未成年人是一个社会未来发展的支柱，因其犯罪行为造成的被害人心理伤害和物质损失以及社区的信任危机必须加以解决，否则，这些都会成为未来社会发展的安全隐患。未成年人相对不起诉特别是和解不起诉和附条件不起诉，将未成年人的罪错视为对具体被害人和社区的侵害，以恢复这些伤害、实现未成年人的出罪化处理、促使未成年人回归社会为目标，既可以避免未成年人受到刑事司法程序的伤害，预防其二次犯罪，又可以舒缓社区的紧张关系，实现对两者的双保护。

》 第四节   小结

未成年人相对不起诉制度通过对未成年人出罪化处理，实现未成年人回归社会这一特殊的目标。未成年人相对不起诉制度本身的设置和发展也应围绕实现未成年人回归社会这一目标进行。因此，根据未成年人相对不起诉具体制度对实现未成年人回归社会目标的不同作用，笔者将未成年人相对不起诉制度划分为两个层次：未成年人出罪处理制度和未成年人回归社会的保障制度。未成年人出罪处理制度是指将涉罪未成年人从刑事司法程序中转处出来，避免其受到刑事司法程序不良影响的制度，主要包括基于罪轻的不起诉、基于和解的不起诉和附条件不起诉制度，它们是涉罪未成年人回归社会的前置程序；而未成年人回归社会的保障制度是指确保涉罪未成年人得到教育矫正，其回归社会不会对社会造成危害，即保障出罪处理具有实际效果的制度，也就是目前已具雏形的未成年人的社会调查、帮教矫正和不起诉污点封存制度。

未成年人相对不起诉制度具有三大功能：对未成年人的特殊关爱与保护，涉罪未成年人的出罪化处理及涉罪未成年人的回归社会。未成年人相对不起诉制度对未成年人司法强调的实质公正、未成年人与社会共同发展以及未成年人特殊保护的价值目标具有内在一致性，但其又通过审前分流帮教、特殊的审前程序设置等途径深化了未成年人司法的价值目标。与传统相对不起诉制度相比，未成年人相对不起诉制度具有自己独特的正义和诉讼经济价值，发展了这些价值的内涵和外延。与未成年人检察制度相比，未成年人相对不起诉制度是实现未成年人出罪化处理的最主要途径，集中体现了未成年人检察制度的核心价值。

第三章 ◀

未成年人相对不起诉制度的构造

》 第一节　未成年人相对不起诉制度构造的 几个理论问题

一　未成年人相对不起诉制度构造的界定

未成年人相对不起诉制度构造的说法来源于诉讼构造理论。陈光中先生曾经提出与之类似的"刑事诉讼形式"概念，并将其作为对中外刑事诉讼制度开展比较研究的工具。之后我国相关理论研究中又出现了如"刑事诉讼结构""刑事诉讼模式"等提法，但归根结底都是指代"刑事诉讼构造"这个概念。① 1992 年，中国政法大学李心鉴博士在《刑事诉讼构造论》一书中，系统地阐述了刑事诉讼构造这一概念。李心鉴博士认为："刑事诉讼构造是由一定的诉讼目的所决定的，并由主要诉讼程序和证据规则中的诉讼基本方式所体现的控诉、辩护、裁判三方的法律地位和相互关系。包括五个方面的内容：第一，刑诉构造是由一定的诉讼目的所决定的；第二，刑诉构造存在于主要诉讼程序和证据规则之中；第三，刑诉构造的主体是控诉、辩护、裁判三方；第四，刑诉构造的内容是控、辩、裁三方的法律地位和相互关系；第五，控、

---

① 陈瑞华：《二十世纪中国之刑事诉讼法学》，《中外法学》1997 年第 6 期。

辩、裁三方的法律地位和相互关系是由一定的诉讼基本方式所体现的。"① 构造的概念是从自然科学领域引入社会科学领域的，"构造是指事物内部各组成要素之间组织和运作的相互关系，体现的是各个组成要素间的动态运作和静态形式的有机统一。构造的含义有两个方面：一方面构造是特定要素的构造，任何构造都是由特定的要素所组成的；另一方面构造表现为各要素的地位及相互关系，即它们之间的排列和组合"。②

综合上述对构造和刑事诉讼构造的初步界定，笔者认为，未成年人相对不起诉制度构造是借用诉讼构造的原理把未成年人相对不起诉程序置于整个刑事程序中、对参与其中的主体及其之间的相互关系加以系统考察的理论。

二　未成年人相对不起诉制度构造的决定因素

刑事诉讼目的与功能、价值、构造等理论一起构成了刑事诉讼的基本理论范畴，并在其中居于核心地位，因为"一个国家的统治阶级以什么目的作为刑事诉讼的最终归宿，将直接影响着一个国家刑事诉讼的基本构造、职能及刑事诉讼主体的权利和义务等相关制度的设计"③。要研究刑事诉讼构造就离不开对刑事诉讼目的的研究。刑事诉讼目的与刑事诉讼构造之间是目的与手段的关系。"刑事诉讼构造是实现刑事诉讼目的的手段和方法，刑事诉讼目的决定刑事诉讼构造。刑事诉讼目的的提出和实现，也必须以刑事诉讼构造本身所具有的功能为前提，又受到刑事诉讼构造的制约。"④

刑事诉讼构造的发展，经过了弹劾式诉讼构造、纠问式诉讼构造，以及现阶段当事人主义与职权主义诉讼构造并行的这几个发展形态。与此相呼应，刑事诉讼目的也经历了一个从缓和至严苛又逐渐走向调和的

① 李心鉴：《刑事诉讼构造论》，中国政法大学出版社 1997 年版，第 68 页。
② 刘善春：《行政诉讼价值论》，法律出版社 1998 年版，第 70 页。
③ 陈卫东主编：《刑事诉讼法资料汇编》，法律出版社 2005 年版，第 1 页。
④ 宋英辉：《刑事诉讼目的论》，中国人民公安大学出版社 1995 年版，第 13 页。

过程，也是随着对刑事诉讼构造及其功能的认识不断深刻，提出更符合刑事诉讼规律的诉讼目的并将其实现的过程。但我们应注意到，刑事诉讼目的只是刑事诉讼构造的重要制约因素之一。李心鉴博士将刑事诉讼目的界定为刑事诉讼构造的制约因素，认为刑事诉讼观的不同往往直接导致刑事诉讼构造的差异。[1] 陈瑞华教授则认为刑事诉讼构造的制约因素不能仅仅是刑事诉讼目的，他进一步提出三个方面的制约因素：刑事诉讼制度在历史上的演变和发展情况；控、辩、审三方在案件实体结局和程序运作方面的控制力的分配情况；主流的诉讼价值观念。[2]

　　同理，未成年人相对不起诉制度的构造要受到未成年人相对不起诉制度目的的影响，未成年人相对不起诉制度构造发展是实现未成年人相对不起诉目的的重要途径，同时未成年人相对不起诉制度的目的又决定了其构造的基本形态。"惩罚犯罪与保障人权辩证统一"被称为"刑事诉讼目的双重论"[3]，是我国刑事诉讼目的理论的通说。其实，未成年人刑事诉讼对成年人刑事诉讼的这一重要目的做出了一定的突破，笔者在本书第二章已展开探讨，即一方面未成年人刑事诉讼不以对犯罪的惩罚作为首要目的，更注重通过对未成年人的教育和矫治来降低其犯罪性；另一方面，未成年人刑事诉讼更强调将未成年人从刑事诉讼中转移出来，通过社会力量的共同作用来展开对其的教育和帮助。这与未成年人域外先进司法理论的传播以及社会特别是司法机关对这些理论的认可和接受具有极大关系，从而超越了对成年人那种传统的"罪与罚"式的刑事司法理念，对于我国的刑事司法现状来说具有一定的先进性。

----

　　① 李心鉴：《刑事诉讼构造论》，中国政法大学出版社 1997 年版，第 99 页。
　　② 陈瑞华：《刑事诉讼的前沿问题》第二版，中国人民大学出版社 2005 年版，第 46—48 页。
　　③ 李心鉴博士把刑事诉讼的目的概括为惩罚犯罪与保障人权，宋英辉教授则提出刑事诉讼目的的双层次理论，认为刑事诉讼的直接目的在于控制犯罪与保障人权，根本目的在于实现宪法所确立的根本秩序。二者虽有不同，却都是一方面强调对罪犯的惩罚或控制，另一方面强调对人权的保障，具有理论上的共通性。所以本书将二者放在一起加以评析。参见李心鉴《刑事诉讼构造论》，中国政法大学出版社 1997 年版；宋英辉《刑事诉讼目的论》，中国人民公安大学出版社 1995 年版。

根据目前未成年人刑事诉讼目的理论的发展，以及我国未成年人相对不起诉的实践探索情况，笔者认为，未成年人相对不起诉的最核心目标应是实现未成年人的回归社会。因此，当起诉无助于降低未成年人的犯罪性时，检察机关将未成年的被追诉人从程序中分离出来是值得提倡的，检察机关还有权警告犯罪人并将其交付社会工作部门，社会工作部门将对成年人提供教育和帮助。这些社会工作部门可以就未成年人的处理向检察机关提出意见和建议，但这些意见和建议也应以教育和帮助为主，而非惩罚性的。具体而言，笔者认为，在这一目的的影响下，未成年人相对不起诉应具有五个特点：一是包含未成年人可能获得教育有关的信息收集、确认程序；二是程序的个别化；三是决定作出者应享有自由裁量权；四是决定作出者和教育人员的专业化；五是未成年人和侦查机关对于检察机关的决策应拥有参与和质疑的权利。

三　未成年人相对不起诉构造的细化

根据对刑事诉讼构造的界定，刑事诉讼特有属性就是控、辩、审三方在刑事诉讼中的法律地位与相互关系。相对不起诉的构造就是相对不起诉主体在刑事诉讼中的法律地位及其相互关系。因此，本书将刑事诉讼构造和相对不起诉构造拆分成两个组成要素进行分析，即讨论程序主体法律地位的主体要素和讨论主体间相互关系的关系要素。

（一）主体要素

有学者认为，"在刑事诉讼职能中，'职'就是指诉讼主体，'能'则是各种诉讼主体所具有的作用与功能"①。在一个横向刑事诉讼构造中，诉讼主体出现与否，决定了该构造中是否具有相应的功能。如上文所分析的，未成年人相对不起诉构造是指由一定诉讼目的所决定的，由行使不同诉讼职能的主体在未成年人相对不起诉程序中所体现出来的法律地位和相互关系。因此，未成年人相对不起诉制度构造中的主体是指

---

① 汪建成：《冲突与平衡——刑事程序理论的新视角》，北京大学出版社2006年版，第65页。

那些参与未成年人相对不起诉程序，并在相对不起诉程序中行使一定诉讼职能的主体。广义上的诉讼职能范围较广，可以说刑事诉讼中所有的诉讼参与人都具有一定的诉讼职能，并行使这一职能。不用说侦查人员与检察官，即使鉴定人、翻译人员也在行使其协助诉讼的职能。虽然未成年人相对不起诉制度构造中的主体与相对不起诉程序主体并无差别，但是控诉、辩护、审判才是刑事诉讼的主要职能，或者说狭义的刑事诉讼职能。如果以狭义的刑事诉讼职能进行划分，未成年人相对不起诉制度构造的主体应当是承担追诉、辩护和居中裁判职能的参与者。

综合上述分析，从未成年人相对不起诉制度构造的意义来确定其主体要素，应当包括三个基本范畴：第一类是追诉主体，即侦查权的行使主体，在未成年人相对不起诉程序中主要指办理未成年人案件的侦查机关；第二类是辩护主体，包括犯罪嫌疑人、其法定代理人及其聘请的辩护人；第三类是居中裁决主体，尽管我国未成年人的审前程序没有法官介入，但目前"四位一体"的未成年人检察权行使方式，使得检察官行使职能的方式逐渐具有居中听审、裁决的意味，而且这种行权方式还在进一步发展中，[①] 对于这一问题，笔者将在下文中进行更为充分的论述。可以说，在未成年人相对不起诉程序中，检察官正逐渐成为居中裁决的主体。

（二）关系要素

诉讼构造中"关系要素"是指控、辩、审三方的相互关系与各自在诉讼中的作用。同样，在未成年人相对不起诉构造中，关系要素是指追诉、辩护、居中裁判三方在刑事诉讼中的作用和相互关系，即侦查机关、检察机关和未成年人及其法定代理人、律师三方的作用和相互关系。

1. 检察官居中裁决的可能性与必要性

在很多国家，检察官的身份是代表国家提起公诉，公诉机关的身份

---

① 陈海锋、许蔓莉：《未成年人检察机构的完善及面临的课题》，《青少年犯罪问题》2019 年第 4 期。

就必然带有追诉的倾向，带有追诉倾向的检察官是否能够合格地履行独立的、中立的法官应当履行的职责一直受到质疑。在我国，人民检察院和人民法院均被视为司法机关，刑事诉讼遵循公、检、法三机关分工负责、互相配合、互相制约原则，相较于很多国家的检察机关，我国检察机关具有更强的"司法"属性。有些学者认为，检察人员在公安机关侦查的案件中因掌握批捕权和对侦查活动的监督权，可以视为裁判方。① 2018 年《刑事诉讼法》要求检察机关在审查起诉中"应当讯问犯罪嫌疑人，听取被害人和犯罪嫌疑人、被害人的委托人的意见"②。这体现出检察机关居中听审、侦查机关、被追诉方平等发表意见的诉讼构造设想。但法律对双方参与的方式、检察机关听审的方法和程序性要求却规定不详。实践中，检察机关审查起诉的方式仍然带有强烈的单方性和封闭性。检察官对犯罪嫌疑人的讯问、对被害人的询问以及与辩护律师和被害方律师的沟通，都采取了单方面接触而非居中听审的方式，带有较强的非正式性。

在未成年人相对不起诉程序中，检察机关掌握三种不起诉的决定权，除此之外，其还可以认定一些程序问题中的实体性事项，如附条件不起诉考察期中未成年人的表现，社会调查事项、刑事和解协议的内容等。检察官对这些事项作出决定的过程中，根据刑诉法及刑诉规则的规定，应当或需要听取涉及此事项双方的意见。在刑事和解协议的审查确认过程中，检察机关在实践中会同时听取和解双方意见，甚至主动促成和解协议的达成，以确认最终和解的自愿性、有效性。在附条件不起诉审查中，法律明确要求检察机关应当听取侦查机关、被害人、未成年人法定代理人及辩护人的意见，并制作笔录附卷。但与一般成年人相对不起诉程序规定相同，检察官听取双方意见的方式以及这些意见对检察官决定的制约作用没有得到法律的进一步规定，这种具有一定司法性特征的听审方式仍然具有很强的非正式性和非制衡性。未成年人及侦查机关

---

① 李心鉴：《刑事诉讼构造论》，中国政法大学出版社 1997 年版，第 12 页。
② 参见《刑事诉讼法》第 173 条。

只能通过事后的申诉、复议等方式获得救济。这种非正式性与未成年人检察官具有的多重权力更容易导致社会公众对未成年人检察官决定的质疑。

2. 分离制约式的检警关系

很多西方国家的刑事诉讼制度中，检察机关的审查起诉都未完全独立于侦查程序，其被视为检察机关的内部职务行为，不具有"诉讼"的形态。[①] 检察机关更多发挥一种引导侦查的作用。在英美也多是如此，警察往往是检察官实施检控职责的协助者。其实不论检察官与警察之间的关系如何，检警对追诉犯罪、维护社会秩序这种职责的一致性，决定了其在审查起诉和提起公诉阶段具有目标、职责甚至命运上的一致性。警察对检察机关继续追诉活动的配合、协助，会通过诸如补充侦查、作为控方证人出庭作证等方式体现出来。

与域外大部分国家不同，我国审查起诉是一项完全独立于侦查的法律程序，呈现出一种"流水线"式作业的特点。[②] 侦查终结后，侦查机关将案件移送至检察机关的审查起诉部门，由后者就侦查活动中证据的收集、事实的认定、法律的适用以及案件是否违反法律程序等问题，进行全面审查。通过这样的全面审查活动，检察机关除了可以将那些不符合起诉条件的案件排除于法庭之外，进行必要的过滤和筛选，还可以对准备提起公诉的案件进行必要的审查和准备。从功能上看，我国的审查起诉程序与西方的预审程序有一定的相似性。但现阶段，在司法实践中，这种审查仍然具有单方性、封闭性特征，控辩双方无法充分参与。2012 年《刑事诉讼法》开始作出改变。

在未成年人相对不起诉程序中，在这种分离性关系下，检警关系的相互制约性表现得更为明显。一方面，检察机关通过对公安机关移送案件的审查起诉活动，特别是通过最终不起诉的决定对侦查机关未成年人犯罪侦查目的的实现进行了限制。检察机关甚至主动通过赋予未成年人

---

① 陈光中、[加] 丹尼尔·普瑞方廷等主编：《联合国刑事司法准则与中国的刑事法制》，法律出版社 1998 年版，第 68 页。

② 陈瑞华：《刑事诉讼的中国模式》（第二版），法律出版社 2010 年版，第 85 页。

获得附条件不起诉、和解不起诉的机会，来限制侦查目的即追诉结果的实现。未成年人检察官还可以在审查批捕过程中，改变公安机关要求适用的强制措施。另一方面，公安机关通过对不起诉决定的复议来制约检察机关。《刑事诉讼法》规定，对于公安机关移送审查起诉而作出不起诉决定的，应将不起诉决定书送达公安机关，公安机关如果认为决定错误可以向上级检察机关申请复议，对复议结果不服的还可以申请复核，上级检察机关会将复核决定告知公安机关和下级检察机关，下级检察机关必须遵守。此外，未成年人检察部门还可以对侦查行为的合法性展开法律监督，发现违法情况，应当提出意见通知公安机关纠正。构成犯罪的，移送有关部门依法追究刑事责任。

3. 强化辩方的充分参与

控辩双方的法律地位和相互关系应当是彼此平等、相互对抗的。"正义不仅是一个善的伦理价值，也是人们的主观感受和判断。而人们只会对自己有权参与和有权发表意见以及其意见被倾听、接受或认可的这样一种决策机制的公正性表示出信任，并在心理上准备服从和接受。"① 但是在未成年人审前起诉程序中，作为提供辩护的律师对程序的参与和诉讼权利的行使仍然不够充分。尽管在未成年人刑事司法程序中，较之成年人已经赋予了讯问时法定代理人在场、合适成年人参与、指定辩护等彰显对未成年人特殊保护的制度，但辩护人仍然不具备讯问中在场权、对检察机关决定进行有效申请和异议等权利。检察机关在听取意见时的单方性和非正式性也切断了律师全面获取案件相关信息的可能。为了进一步保障未成年人的诉讼权利，充分给予未成年人及其法定代理人与控方实现平等对抗的可能，应赋予律师对诉讼程序充分参与和发表意见的权利。特别是在三种相对不起诉决定作出过程中，法定代理人及律师应享有对社会调查结论发表异议，甚至可以自行开展调查的权利；在附条件不起诉中，法定代理人和律师应充分享有对社会帮教考察过程的参与权、知情权，以及对考察结论的异议权。

---

① 季卫东：《法治秩序的建构》，中国政法大学出版社 1999 年版，第 73 页。

》 第二节　我国未成年人相对不起诉制度构造的基本形态

一　我国未成年人相对不起诉制度构造形态的发展

随着未成年人刑事司法理念的逐步引进和我国未成年人检察改革的不断探索，未成年人检察特别是未成年人相对不起诉构造形态也在不断发生变化，笔者认为主要存在三种发展形态。

（一）单向流线型

这种形态主要是在我国未成年人检察尚未从成年人检察中独立出来的状态，未成年人相对不起诉完全按照成年人相对不起诉的法律规定进行。在侦查机关将案件移送给检察机关审查起诉后，检察机关通过查阅卷宗、讯问等单向性的审查，且以书面审查为主，最后经内部层级审批后作出是否起诉的意见。侦查机关与检察机关之间主要体现为一种诉讼职能传递式的关系，除了形式上的法律监督以及侦查机关对不起诉决定的复议权外，两者之间很难说形成了一种制约性关系，侦查机关也不参与检察机关起诉或不起诉决定的作出过程。同样，被害人和未成年人的法定代理人、辩护人对审查起诉过程也没有有效的参与机制，其救济也多为事后性的。整个诉讼构造呈现一种单向流线的形态。

（二）复合单向型

随着未成年人检察改革逐步发展，"捕、诉、监、防"一体化的未成年人检察权行使模式建立，各地检察机关纷纷成立专门的未成年人检察部门，负责合并行使未成年人案件审查批捕、审查起诉、监所检察、犯罪预防职能。在这一模式的初创时期，检察官既要负责审查逮捕，又要负责审查起诉，很多时候同一未成年犯罪嫌疑人的审查批捕和审查起诉由同一未成年人检察官行使。尽管这样做有利于检察官利用熟悉未成年人的情况更好地保障其权利，但同时也可能带来检察官从轻推定或有罪推定的问题，加之法律对其听取意见的方式没有明确规定，尽管

2012 年《刑事诉讼法》规定了检察官在审查逮捕或起诉中要听取未成年人辩护人、法定代理人、被害人的意见，但检察官听取意见的方式仍然具有单向性和随意性。这种复合型的单向审查形态，更容易带来社会对检察官审查未成年人案件是否具有随意性和非客观性的猜测。

（三）准司法形态的萌芽

准司法形态的萌芽是随着我国未成年人相对不起诉听证改革而出现的。这里的不起诉听证，主要是指在未成年人案件的审查起诉阶段，如果存在符合《刑事诉讼法》所规定的不起诉的情形，检察机关组织的由侦辩双方、被害人及其他相关人员参加的听证会，检察官在居中听取各方发表意见后，进而根据法律和案件的具体情况，作出是否不起诉的决定。目前通过网络搜索"未成年人不起诉听证"，可以得到 47800 条搜索结果，很多检察机关开展了针对未成年人相对不起诉案件的实践探索，显示出这一改革探索在实践中强大的生命力。笔者将以两个检察院举办的未成年人不起诉听证为例，来说明这种准司法形态的具体情况。

案例一

2013 年 4 月，上海市青浦区检察院未成年人检察科就未成年犯罪嫌疑人小赵涉嫌盗窃一案举行了附条件不起诉听证。小赵因涉嫌盗窃价值 15000 余元的财物被移送审查起诉。检察机关认为小赵的行为虽然构成盗窃罪，但其主观恶性不深，属于从犯，受害方挽回了全部损失，因此拟决定对其适用附条件不起诉，进而就是否可以适用附条件不起诉召开听证会。

听证会在检察院听证室召开，小赵的法定代理人、辩护人与侦查机关、被害人分坐两侧，办案检察官则居中而坐。三方你来我往就是否应该对小赵进行起诉表达自己的观点，而小赵和其法定代理人则不停向受害方表达歉意，表示愿意赔偿受害方的损失，双方当场达成了和解协议。受害方最终表示了对小赵行为的谅解，希望检察机关给小赵改过的机会。检察机关当场听取了各方的意见和建议，制作了听证笔录。在综合全案情况的基础上作出了对小赵附条件不起诉的决定，并附 6 个月的考察期。此外，检察机关还同时联系了社工对小赵展开定点考察帮教。①

案例二

山东乐陵市检察院通过加强不起诉适用的研判和检察官对听证人员的阐述，来增强不起诉听证的说理性和实效性。该院实施了"一调查、一走访、一报告"的不起诉适用研判机制。检察机关通过社会调查、案件审查认真核实案件适用不起诉的条件，注重涉案双方的心理状态，最终形成一份充分论证适用不起诉原因的调查报告。2013 年 5 月，该院在赵某涉嫌轻伤害案件中，赵某与被害人达成了和解，经过前期研判，该院决定对赵某适用不起诉。公开听证时，该院邀请了人大代表、人民监督员和公益律师共 12 人参加听证。这些参加听证的人员在听取了检察官的报告后，均表示无异议。②

上述两个案件都是检察机关对自己工作进行的报道，在目前检察实践探索中具有一定的典型性。我们可以看出尽管实践中对听证的参与人员、听证内容、听证形式采用不同做法，但通过一定范围的公开，以对检察机关不起诉的裁量权行使进行审查已成为共识。相较于山东这种对第三方公开的方式，上海检察机关居中裁决，使涉案两造充分参与的听证方式显然更佳。其引入了中立裁判者，并让侦辩双方公平对抗、相互辩论，使双方都能充分发表自己的意见和看法，可以凸显检察机关裁量行为的公正性和透明度，有利于消解社会不满，保障未成年人利益。这种听证方式应是我国未成年人相对不起诉听证的发展方向。在未成年人三种相对不起诉适用过程中，检察机关都发挥了一定的裁量权，且这些

---

① 周峰、金磊：《上海青浦检察院积极探索未成年人附条件不起诉听证》，正义网，http：//www.jcrb.com/procuratorate/jckx/201304/t20130409_1084720.html，2014 年 10 月 8 日。

② 贾富彬、韩寿芝：《山东乐陵：推出不起诉案件听证前"一二一"研判机制》，《检察日报》2013 年 9 月 26 日第 2 版。

权力的行使对未成年人和被害人都影响深远。目前，正是因为我国法律尚未对如何控制这一裁量权行使以防止其滥用作出规定，实践中才会出现听证实践改革。因此，有必要进一步将这些改革纳入法律规制，以最大化发挥其作用。

值得注意的是，除了相对不起诉适用决定过程中，检察机关开始具有居中裁决的地位，在相对不起诉涉及的实体问题的认定过程中，检察机关也开始承担居中裁决认定的责任。这与未成年人相对不起诉的特殊诉讼目的有关，如上文所分析的，未成年人回归社会是相对不起诉的最终目的，为确保该目的的实现，教育程序的增设、社会力量的参与必不可少。因此，检察机关需要根据未成年人是否存在教育的可能和对其开展教育的效果等问题进行确认或判断，笔者认为，一种不起诉程序中的小型确认程序正在发展，在未成年人检察实践中已经初露端倪。那就是对于检察机关作出不起诉决定所依据的事实问题，检察机关开始逐步形成居中听审涉及该事实问题的两造所进行的说明。例如在刑事和解协议的确认或调解过程中，检察机关会听取和解双方的意见，最终确认和解是否真实自愿，协议是否具有效力。在此"小听证"的基础上，才会进行和解不起诉的"大听证"。

二　我国未成年人相对不起诉构造的反思

（一）未成年人检察官的中立性不足

笔者在上文提出，我国未成年人相对不起诉构造正在并将逐步向检察机关居中听审裁决、侦查方与辩护方对抗、说明式的准司法形态发展完善。裁决方居中听证，具有独立性和中立性，侦查机关和辩方应建立充分的对话，形成一定的对抗性，以充分发现案件事实，这是司法性的基本要求。但就目前发展状况来看，我国未成年人检察官作为居中裁判者的中立性不足。在未成年人相对不起诉程序中，尽管检察官是作为实现未成年人转出刑事程序，协助其回归社会的角色出现的，但其仍然具有潜在的追诉性。当发现未成年人不符合不起诉适用条件，或者存在追诉必要时，未成年人检察官随即会对其进行起诉，其职能随即转换为刑事程序的追诉方。这种职能上的重合性容易导致未成年人检察官行使权力的身份分裂：如果其更倾向于帮助挽救未成年人，即便不起诉程序复杂，其适用不起诉的意愿更大；相反，可能其会直接对轻罪未成年人进行起诉。从实践情况可以发现，是否适用不起诉与检察官的主观意愿具有极大关系。①

（二）两造关系的不对等

尽管《刑事诉讼法》修改后，对未成年人辩护权有所强化，进一步强调了未成年人辩护人对诉讼的参与和检察机关在不起诉决定前听取未成年人辩护人意见的要求，但实质上，未成年人辩护人与侦查机关相比，其地位仍然具有弱势性。一方面，未成年人辩护律师不具有讯问在场权，无法针对侦查机关的讯问提供充分的辩护帮助；另一方面，在侦查阶段和审查起诉阶段，辩护律师无法有效对侦查和审查起诉提出质疑，那种检察机关对侦查机关和侦查机关自身进行的同质性审查，其效果必然大打折扣。此外，未成年人的律师不享有对未成年人相对不起诉程序中重要事项的参与权，未成年人的律师即便可以展开社会调查，但侦查、检察机关没有听取和审查的法律义务；辩护律师在附条件不起诉观护、帮教等过程中也没有充分的知情权和参与权，更不用说对其结论提出有效质疑。因此，除了赋予辩护方在附条件不起诉听证中充分的参与权外，赋予律师对社会调查、社会帮教充分的参与和知情权更为重要。

（三）社会力量地位不明确

未成年人回归社会的重要目的决定了未成年人相对不起诉程序的社会性，因而，专业的社会调查、帮教力量的参与无论是对未成年人不起诉程序的进行还是不起诉决定的作出都具有重要意义。但是这些社会力量在未成年人相对不起诉程序中的地位不明确。无论是在相对不起诉实

---

① 北京市东城区人民检察院：《对北京市 2006—2007 年相对不起诉案件的调查分析》，首都检察网，http：//10.11.204.98：8911/s？ &q＝%E4%B8%8D%E8%B5%B7%E8%AF%89%E5%90%AC%E8%AF%81，2014 年 11 月 29 日。

体问题的审查确认程序，还是在相对不起诉适用决定程序中，社会专业力量都充分参与，但其究竟是诉讼一造还是仅具有情况说明地位，目前并无一个明确的认定，这不利于社会力量在不起诉程序中的作用发挥，也不利于其职能的进一步完善发展。

》 第三节　未成年人相对不起诉构造的合理化选择与未成年人审前程序重构

一　未成年人相对不起诉构造的合理化发展

（一）未成年人相对不起诉目的再明确

刑事诉讼目的决定刑事诉讼构造的取舍，同时，刑事诉讼构造又制约刑事诉讼目的的提出和实现，二者之间密不可分。诉讼构造的演变发展过程，正是人们对诉讼目的认识发展过程的体现。随着认识的提高，人们提出更符合刑事诉讼规律的诉讼目的并将其实现的过程。对于未成年人相对不起诉来说，人们对其目的的认识逐步突破和发展了传统的刑事诉讼目的理论，其最终目的是使涉罪未成年人回归社会。将未成年人从刑事诉讼程序中分流出去和对未成年人的社会帮教是确保实现未成年人最终回归社会的核心手段，分流是回归社会的前提条件，而社会帮教是确保分流效果，最终实现回归的保障。就未成年人的刑事程序分流和社会帮教而言，检察机关都发挥核心作用。众所周知，相对不起诉是进行刑事程序分流的重要手段，我国相对不起诉的裁量决定权归属于检察机关。而相对不起诉程序中的社会帮教，检察机关通常发挥主导指引和确认帮教效果的职能作用。我国社会帮教体系尚不发达，需要依靠具有社会公信力的司法机关的"加持"才容易获得社会的认可，需要专业性的引领才能有效发展，在相对不起诉阶段这个职责必然需要由检察机关行使。此外，在附条件不起诉中，检察机关还需要确认对未成年人社会帮教的效果，以作出最终决定。因此，在未成年人相对不起诉目的的影响下，未成年人相对不起诉构造必然应以检察机关为核心。

（二）未成年人相对不起诉的构造选择：三角构造

笔者认为，一种线性三角形构造应成为我国未成年人相对不起诉构造的理性选择。这种线性三角形构造中，三角形构造侧重于界定未成年人相对不起诉的横向构造，线性构造则侧重于未成年人相对不起诉的纵向构造。

"三角构造"是指诉讼两造形成一定的诉讼对抗，而裁决者则是居于其间、居于其上的仲裁者，负责公正地裁判并解决纠纷。直观地看，这种诉讼呈现出一种三方组合的态势，并且裁决主体不得兼为裁判官和控诉人，裁决者应居于结构顶端，两造的地位都不能和审判者的地位相抗衡。两造双方通过提出证据、论述自己主张、反驳对方主张等活动将案件的真实情况展现在裁决者面前。这种三角构造是诉讼民主的最重要体现，也是最有利于制约裁决权行使，发现真相的诉讼构造。在未成年人相对不起诉程序中，无论是对不起诉的适用决定，还是对社会帮教效果的认可，甚至一些小的实体性事项的确认，检察机关都应居于裁决的中心，由涉及问题的双方向其充分发表意见，摆脱原有的单向审查方式。这有利于该制度充分发现未成年人是否具有不起诉条件，社会考察效果等对于未成年人获得出罪化处理的重要问题，有利于实现对未成年人的特殊保护。此外，通过这种公开的听审、两造的充分参与，制度可以发挥排除怀疑、吸收不满的功能，确保未成年人回归社会的实现。

这里的"线性"构造，是指未成年人相对不起诉中社会帮教和不起诉的关系，检察机关在不起诉作出前和作出后都会存在对社会帮教情况进行考察和确认的过程，如附条件不起诉中，社会帮教和未成年人的矫正情况是不起诉最终决定的前提；在和解不起诉和基于罪轻的相对不起诉中，检察机关对未成年人是否具有社会帮教条件的考察和确认也会成为不起诉决定作出的前提条件之一。因此，检察机关对未成年人是否具备诸如社会帮教条件等实体性问题的考察和确认程序，将成为启动不起诉听证程序的前提。

（三）未成年人相对不起诉构造主体的合理配置

1. 检察机关居中裁决

《刑事诉讼法》规定，人民检察院审查案件，应当讯问犯罪嫌疑人，听取被害人与犯罪嫌疑人、被害人委托人的意见，人民检察院在作出附条件不起诉决定前，应听取被害人、公安机关的意见。① 虽然法律规定了程序的参与主体与检察机关听取意见的内容，但程序主体究竟如何参与，检察人员如何听取意见，听取意见的具体方式和程序，法律并未作出进一步详细的规定。从诉讼构造的角度来说，在审查起诉阶段，由于检察人员担负着审查公安机关移交审查起诉案件的职责，实质发挥裁判的功能，如决定起诉和不起诉都是检察机关行使这种裁判权的体现，因此，检察官在这些程序中应成为控、辩、裁三方中的裁方。侦查机关将案件提交后需接受检察机关的审查，审查起诉的结果关乎侦查机关的利益，如检察机关决定不起诉则是对侦查结果的否定，所以其实际扮演的是控方的角色。目前，未成年人检察官"四位一体"的权力行使方式既在一定程度奠定了检察官角色转换的基础，又会引发质疑。最主要的就是未成年人检察官作为裁决者不应在决定起诉的同时成为案件的追诉方，其潜在仍然可能成为公诉方，这违反了裁决者不能同时担任追诉者的要求，违反了其应具有的中立性。

2. 追求两造平衡

一直以来，我国侦查方和辩护方在诉讼中地位的不平等性就饱受批评，尽管 2012 年和 2018 年《刑事诉讼法》赋予了律师侦查阶段的辩护人地位，增加了其行使辩护权的途径和方式，特别是在未成年人刑事诉讼程序中对律师介入的加强。但总的来说，律师参与侦查讯问，全面了解案件情况以及对司法机关提出有效质疑的权利仍然有待发展。因此，考虑到未成年犯罪嫌疑人在审前程序中所处的被动、弱势状态，在相对不起诉程序中，即使存在中立的裁判者，如果辩护方不能有效地与控方进行辩论、质证，那么裁判的结局仍将可能不利于

---

① 参见 2018 年《刑事诉讼法》第 173 条，第 282 条第 1 款关于审查起诉程序的规定。

辩护方。因此，除了强调未成年人及其辩护人的充分参与外，更应赋予律师进行社会调查、对社会帮教情况进行调查等权利，应给予律师对检察机关的决定进行实质性质疑的权利，以期实现辩护方与侦查机关真正的对抗。

3. 社会力量充分参与

与其他程序不同，在未成年人相对不起诉程序中，应特别强调社会力量的参与。未成年人的特殊性决定了未成年人刑事程序必须具有个别性和教育性。单纯由司法机关开展对未成年人的教育工作，无法实现教育的专业性和针对性。只有引入社会力量，才能实现对未成年人教育的专业性，并实现司法资源的合理配置。在检察机关对未成年人社会帮教情况的考察确认程序中，社会力量参与一方面可以充分说明未成年人的帮教情况，便于检察机关充分了解情况；另一方面，这些帮教人员应作为此确认程序的一方，接受未成年人及其辩护人对其说明情况的质疑，并可就质疑进行进一步说明。在未成年人相对不起诉审查的听证程序中，社会专门人员可以作为证人，证明未成年人是否具有帮教条件等，还可以就未成年人的社会调查情况等专门性问题进行说明。此外，为了更进一步增强检察裁量权行使的公开性，检察机关还可以邀请如人民监督员等专门的社会力量，参加不对社会公开的未成年人不起诉听证程序，作为制约监督检察机关的第三方社会力量。

二　未成年人审前程序重构的初步设想

在前文分析的基础上，笔者认为可以进一步以我国未成年人相对不起诉程序为基础构建我国的未成年人检察程序，同时建立覆盖全部涉罪未成年人的审前社会帮教体系，在将未成年人转出刑事司法程序的同时有效地开展对未成年人的社会帮教，真正实现未成年人回归社会。笔者对构建未成年人刑事审前程序的初步设想如下。

(一) 将公安机关对未成年人的分流处理纳入检察监督、审查的范围

公安机关对未成年人的分流通过立案、以行待罚、撤销案件的方式进行。这些行政决定具有明显的封闭性和单向性，不利于未成年人诉讼

权利的保障。一旦未成年人被科处行政处罚，可能受到比刑事处罚更为严重的人身限制，造成其人身权利的进一步侵害。因此，有必要加强对这些行政处理决定的制约和监督。检察机关本身对侦查机关的行为就具有法律监督的权力，如果能从保障未成年人权利出发，对其进行进一步程序改造，较之重新建立未成年人法官制度来说更具有现实意义。目前，很多公安机关对于未成年人刑事案件都建立了专人办理制度，因此可以在此基础上规定涉及未成年人立案、行政处罚、撤销案件的决定侦查人员都要将情况报送同级未成年人检察部门，由其进行审查。对于受害人、未成年人及其监护人对公安机关决定存在争议的案件，检察机关可以以召开听证会的方式对案件情况进行一定范围内的公开听证。对检察机关处理决定不服的，双方具有向上级未成年人检察部门复议、申诉的权利。

（二）检察阶段完善现有的分流制度，强化不起诉程序的司法性

在检察机关的审查起诉阶段，对于不起诉决定的作出仍然具有一定的行政性色彩，这与不起诉决定本身的处置上的终局性以及检察官的"准司法官"身份属性不匹配。因此，审查起诉阶段程序改革的主要方向应是增强侦查机关、未成年人及其监护人及受害方对审查起诉程序的参与度，让检察官可以在充分听取双方意见的基础上作出决定。应通过法律进一步确认检察机关在未成年人审前程序中的"准司法官"地位。此外，检察官对不起诉重要依据如社会调查报告、和解协议、帮教考察报告的审查同样可以采取听审方式进行，让利益相关方充分参与程序，发表质疑，增强检察机关不起诉决定的透明度和公正性。

（三）将严重未成年人犯罪的审查起诉权从现有的未成年人检察职能中分离出去，由一般公诉部门行使

显然，在对未成年人审前程序如此改造的情况下，未成年人检察官实际不再适宜同时承担对严重未成年人犯罪的公诉工作。未成年人检察官的主要职能定位于审前分流和主导未成年人教育帮助，主要出发点是关注未成年人的特殊保护。对于严重的未成年人犯罪的追诉更侧重对犯罪的准确打击，两种职能如果混同行使必然带来未成年人检察官身份认知的混乱，造成权能行使的分裂状态。同样基于此种考量，域外一些国家将未成年人重罪的追诉移交到普通刑事司法程序之中，确保对犯罪的有效追诉和未成年人诉讼权利的保障。在未成年人审前程序构建中，笔者认为我国也可借鉴这一做法，未成年人检察官主要负责羁押审查、程序分流和社会帮教主导，重罪的审查起诉可以单独移交给成年人审查起诉部门行使。

（四）构建与刑事审前程序相配套的社会帮教体系，确保未成年人回归社会的实现

　　未成年人审前程序的主要目的就是实现未成年人从刑事司法程序中的有效分流。将公安机关对未成年人的分流也纳入检察机关的审查监督范围，有助于对未成年人处遇决定的公正性。侦查阶段原有的分流制度本身就存在对转出刑事司法程序未成年人处遇不当或者忽视放任其未来发展的问题，国家没有很好地行使监护人的职责对未成年人进行必要的帮助和教育。因而，在进行未成年人审前分流程序改革的同时，改革和完善现有的社会帮教制度，改革对未成年人的行政处罚制度，建立审前社会帮教体系，做到对所有转出刑事司法程序未成年人帮教的全覆盖，才是确保分流制度实际效果的途径。

　　根据上文对我国社会帮教制度的考察和分析，目前，审前社会帮教制度面临的首要问题就是缺乏法律规制，导致实践中帮教主体不明确，适用条件不明确，帮教专业化不足，对帮教结论缺乏有效审查等一系列问题。当然，社会帮教本身就是一种新生事物，在其发展的初期阶段不可能达到完善和全面的程度，而且很多问题已经得到重视，在实践中也展开了各种探索。因此，笔者认为，目前构建审前社会帮教体系最需要明确的问题不是细化各项帮教规定，而是在构建审前分流程序的前提下明确审前社会帮教制度的发展方向，具体的规则可以遵循从实践到认识的规律在大的制度框架内再进行不断探索。笔者认为，目前，构建我国审前社会帮教体系最需要明确的发展方向如下。

1. 明确未成年人检察官在审前帮教体系中的主导地位

本书中，笔者通过对我国未成年人社会帮教的现状进行考察发现，当前我国未成年人社会帮教实施主体多样，参与帮教的社会力量多样，且全国各地帮教的专业化发展极不平衡。尽管检察机关执行帮教权威性较强，但同时存在司法资源不足和帮教专业性不强等问题。而且作为帮教结论的审查者和适用者，由检察机关进行帮教也无法确保对帮教效果认定的客观性，因而，检察机关不宜作为社会帮教的实施者。但基于我国目前帮教的专业化力量发展不足且发展不平衡的现实情况，社会帮教的开展仍然需要借助司法机关的权威和声望。因而，检察机关应充分发挥国家监护人职能，在审前社会帮教的开展中发挥主导作用。一方面，检察机关在社会帮教执行主体的选择上可以结合各地实际情况，以确保现阶段帮教开展的专业性；另一方面，检察机关要发挥居中审查的准司法官职能，通过充分听取帮教机构和未成年人对帮教的意见，对社会帮教效果作出准确评估。此外，现阶段检察机关还要成为专业社会帮教力量发展的助推器，即通过社会帮教力量的选择，对帮教意见的审查，对帮教过程的监督，参与社会帮教机构建设，为其发展提供专业意见等方式，促进社会帮教力量的专业化发展。

2. 社会帮教措施的层次化发展

目前，社会帮教措施和公安机关对未成年人施与的行政处罚和行政性处遇措施存在处遇手段多样、处遇标准把握不一等问题。特别是各类处遇措施之间的适用标准和处遇严重程度的层次性不明确，有的帮教措施在司法实践中对未成年人人身限制的程度甚至超过了刑罚。例如附条件不起诉中的观护措施，有些地方检察机关决定进行观护时将采取取保候审的未成年人安置在观护基地，要求其进行劳动并一定程度地限制其人身自由。① 因而，实践中出现未成年人及其法定代理人"求刑"的怪现象，即未成年人方申请要求检察机关将其移送起诉，而不要对其采取

---

① 宋英辉、上官春光、王贞会：《涉罪未成年人审前非羁押支持体系实证研究》，《政法论坛》2014 年第 1 期。

附条件不起诉，因为缓刑比考验期短且限制较少。① 因而，有必要对现有的帮教处遇措施的种类和适用条件进行明确。此外，在未成年人审前分流程序中应确立社会帮教优先适用原则。公安机关实践中以行代罚的做法应当尽快废止，除了其严重的行政性缺乏制约监督外，该处遇方式实则不是对未成年人的有效分流：它不是以未成年人特殊保护为出发点，追求的实际还是惩罚性而非教育性；这种做法不利于审前未成年人社会帮教的全覆盖。笔者认为，应在审前分流程序中确立帮教优先原则，对所有可能分流出刑事司法程序的未成年人一律进行社会帮教，由检察机关根据未成年人的不同情况和社会帮教的效果来决定如何对未成年人进行处遇。

》 第四节　小结

　　未成年人相对不起诉制度的构造是指在未成年人刑事程序中，各参与主体及其之间的相互关系，主要包括主体要素和关系要素两个方面。主体要素包括三类基本范畴：第一类是追诉主体，即侦查权的行使主体，在未成年人相对不起诉程序中主要指办理未成年人案件的侦查机关；第二类是辩护主体，包括犯罪嫌疑人、其法定代理人及其聘请的辩护人；第三类是居中裁决主体，尽管我国未成年人的审前程序没有法官介入，但目前"四位一体"的未成年人检察权行使方式，使得检察官行使职能的方式逐渐具有居中听审、裁决的意味。关系要素是指追诉、辩护、居中裁判三方在刑事诉讼中的作用和相互关系，即侦查机关、检察机关和未成年人及其法定代理人、律师三方的作用和相互关系。未成年人相对不起诉制度构造的基本形态经过了单向流线型、复合单向型和准司法型的萌芽三个发展阶段。

　　目前，我国未成年人相对不起诉制度构造存在未成年人检察官中立

---

　　① 姚建龙：《司法分流与附条件不起诉——中国语境下的若干思考》，首都检察网，http：//www. bj. pro/deptweb/department_child/weijianchu/third. jsp？ departID＝01001039&DMKID＝1950&ZLMBH＝0&XXBH＝208749，2014 年 9 月 16 日。

性不足、两造关系不对等、社会力量地位不明确等问题，检察官听取双方意见的方式以及这些意见对检察官决定的制约作用尚未得到法律的进一步规定，这种具有一定司法性特征的听审方式仍然具有很强的非正式性和非制衡性。未成年人及侦查机关只能通过事后的申诉、复议等方式获得救济。这种非正式性与未成年人检察官具有的多重权力，更容易导致社会公众对未成年人检察官决定的质疑。相对不起诉是进行刑事程序分流的重要手段，我国相对不起诉的裁量决定权归属于检察机关。而相对不起诉程序中的社会帮教，检察机关通常发挥主导指引和确认帮教效果的职能作用。我国社会帮教体系尚不发达，需要依靠具有社会公信力的司法机关的"加持"才能获得社会的认可，需要专业性的引领才能有效发展，在相对不起诉阶段这个职责必然需要由检察机关行使。此外，在附条件不起诉中，检察机关还需要确认对未成年人社会帮教的效果，以作出最终决定。因此，在未成年人相对不起诉目的的影响下，未成年人相对不起诉构造必然应以检察机关为核心，进而构建一种检察官居中听审式的三角形诉讼构造。此外，在此基础上应进一步构建我国未成年人审前检察制度，即将公安机关对未成年人的出罪处理纳入未成年人检察审查的范围；构建对涉罪未成年人出罪处理的司法性审查机制；将严重涉罪未成年人的审查起诉职责从现有的未成年人检察职能中分离出去，由一般公诉部门行使；同时，构建与未成年人刑事审前程序配套的出罪化保障制度体系，确保未成年人顺利回归社会。

第四章

酌定不起诉

》第一节　未成年人酌定不起诉的性质和功能

一　未成年人酌定不起诉的性质

本章所论述的基于罪轻条件的酌定不起诉，实际是指 2012 年《刑事诉讼法》第 173 条第 2 款规定的 "酌定不起诉"，即对于犯罪情节轻微，依照刑法规定不需要判处刑罚或者免除刑罚的，人民检察院可以作出的那种不起诉决定。从法律规定及其适用本身来说，对于未成年人基于罪轻的酌定不起诉与对成年人的并无不同。根据我国法律规定，我国现阶段存在五种不起诉类型，即法定不起诉（2018 年《刑事诉讼法》第 177 条第 1 款）、酌定不起诉（2018 年《刑事诉讼法》第 177 条第 2 款）、证据不足的不起诉（2018 年《刑事诉讼法》第 175 条第 4 款）、和解不起诉（2018 年《刑事诉讼法》第 288 条）① 以及附条件不起诉（2018 年《刑事诉讼法》第 282 条）。这并不是一个科学的分类方法，笔者支持那种以检察机关对于不起诉有无自由裁量权将不起诉划分为绝

---

① 一般认为，基于刑事和解的不起诉仍然需要援引 2018 年《刑事诉讼法》第 177 条第 2 款（2012 年《刑事诉讼法》第 173 条第 2 款）对酌定不起诉的规定作出，笔者认为新刑诉法对刑事和解适用的条件以及和解的法律后果作出了不同于酌定不起诉的较为明确的规定，虽然两者在适用条件上存在交叉，但刑事和解协议的达成已经成为作出和解不起诉的必要条件，且和解不起诉具有独立于酌定不起诉的重要价值，即追求矛盾的化解和社会关系的修复，因而，应该说和解不起诉已经成为一种独立的相对不起诉制度。

对不起诉和相对不起诉的观点。绝对不起诉是指检察机关在对不起诉的决定中没有自由裁量权的不起诉形式，相对不起诉或者称为裁量不起诉，检察官对是否适用该不起诉具有一定裁量权的不起诉形式。一直以来，理论界对证据不足不起诉中检察机关是否具有裁量权存在一定争议，2012 年刑诉法解决了这一争议性问题，修订了原刑诉法第 140 条第 4 款的规定，直接在第 171 条第 4 款明确规定，对于经过两次补充侦查的案件，人民检察院仍然认为证据不足的，不符合起诉条件的，应当作出不起诉的决定。这种争议自此失去了意义，绝对不起诉应当包括法定不起诉和证据不足不起诉，而相对不起诉则包括基于罪轻的酌定不起诉、和解不起诉和附条件不起诉三种情形。

2012 年《刑事诉讼法》颁布后，酌定不起诉的立法标准仍为：对于犯罪情节轻微，依照刑法规定不需要判处刑罚或者免除刑罚的，人民检察院可以作出不起诉决定。[①] 根据这一规定，酌定不起诉实质上是指犯罪嫌疑人的行为已具有刑事违法性，触犯刑法构成犯罪，但由于犯罪情节轻微，所造成的社会危害性不大，尚未达到需要判处刑罚的程度，由检察机关作出终止刑事诉讼，不提起公诉的法律决定。[②] 尽管在适用上检察机关享有一定的裁量权，但这种"认定"有罪与法院的有罪判决截然不同。我国法律规定，"未经人民法院依法判决，对任何人都不得确定有罪"，只有法院才对是否构成犯罪问题具有实体上的认定权。通常检察机关的这种有罪"认定"被认为仅具有程序意义。这种程序意义是指检察机关通过这一认定，放弃了对犯罪嫌疑人的追诉权，进而产生诉讼程序相对终止的法律效果，行为人在实体上依然是无罪的。对于检察官这种程序上的有罪认定权存在争议，有学者认为，不能将酌定不起诉决定仅仅看作程序性处理，"起诉裁量权是对犯罪嫌疑人是否起诉作出决断的权力，它所作出的决定不限于只具有程序性的效力，在检

---

① 参见 2012 年《刑事诉讼法》第 173 条第 2 款，2018 年《刑事诉讼法》第 177 条第 2 款。

② 陈光中、[德] 汉斯-约格-阿尔布莱希特：《中德不起诉制度比较研究》，中国检察出版社 2002 年版，第 97 页。

察权的范围内，同样具有实体的效力"①。还有学者进一步认为："相对不起诉决定是一种介于确认无犯罪事实因而绝对不起诉和法律有罪判决之间的一种具有'司法'性的处理。用一种也许不甚妥当的说法，相对不起诉具有'准定罪'的效力。"②

目前，在司法实践中，检察机关对于犯罪情节轻微的未成年案件作出酌定不起诉的决定同样依据这一规定，但是法律没有进一步作出可以体现未成年人案件特殊性的酌定不起诉规定，如没有对酌定不起诉中如何体现"教育为主、惩罚为辅"的未成年案件办理原则作出规定，实践中可能出现对适用酌定不起诉未成年人进行帮教矫正没有明确的法律依据等情况。笔者认为，从表面看，对未成年人的酌定不起诉在适用条件、适用的基本程序、适用的效力上和对成年人的酌定不起诉没有太大差异。但作为未成年人检察制度的重要组成部分，对未成年人的酌定不起诉应从未成年人检察制度的目标和价值层面进行重新考察，其应具有与成年人酌定不起诉相比，更为显著的特殊性，那就是除了诉讼经济、人权保障等价值目标外，未成年人酌定不起诉更侧重体现出对实现未成年人的出罪化处理以及促使其回归社会的价值追求。相较于成年人来说，未成年人的身心尚待进一步发展和完善，其不良行为是否能及时得以纠正，其涉罪心理能否最终获得治疗，是关乎社会安宁和发展的重要问题。因而，在未成年人刑事司法中，通过对未成年人的教育和帮助，实现未成年人的治疗和发展，才是犯罪一般预防价值的最终体现。以往我们更多将这种价值目标赋予附条件不起诉制度，未成年人的酌定不起诉没有得到充分关注。作为实践中最为多见的未成年人出罪化处理方式，如果其与成年人酌定不起诉适用方式完全一致的话，涉罪未成年人的行为矫治，对未成年人心理的帮助教育等也就无从着手，既不能实现

---

①　其理由有三：第一，酌定不起诉是以犯罪嫌疑人的行为已构成犯罪为前提。第二，酌定不起诉决定，不仅是依据程序法，而且是依据实体法作出的。第三，酌定不起诉是终局性处分，它不仅具有终止诉讼的程序效力，而且决定本身就是对案件实体问题的一种处分。其实质是在犯罪嫌疑人有犯罪事实的情况下不以犯罪论处，一般会带来作其他非刑罚处分的后果。参见张书铭《论和解不起诉及其制度构建》，《中国刑事法杂志》2009 年第 2 期。

②　龙宗智、左为民：《法理与操作——刑事起诉制度评述》，《现代法学》1997 年第 4 期。

对未成年人犯罪的预防，也不能体现未成年人检察制度的特殊价值追求。近年来，一些检察机关已经认识到了这一问题，在酌定不起诉适用的司法实践中展开了相关探索，如通过全面的社会调查给酌定不起诉的决定提供充分参考，特别是对于未成年人是否具有帮教可能和帮教条件的考察获得重视，也进一步扩大未成年人获得出罪化处理的机会。还有诸如对未成年人进行诉中考察，观察未成年人行为和心理的悔过情况；增加对酌定不起诉未成年人的跟踪帮教等。

二　未成年人酌定不起诉的特点

（一）诉讼经济的特殊实现方式

在不起诉制度中诉讼经济是一项重要的价值目标。诉讼经济，是指在国家对司法体制、诉讼程序及案件处遇机制的设置和运作中，能够以最少的社会成本和司法资源来实现社会正义或司法公正价值的基本理念与原则。[①] 在犯罪形态、手段不断发展的今天，司法资源和社会成本的稀缺性问题日益凸显，如何提高国家刑事程序的经济效益和诉讼效率，如何以最小的成本换取最大的社会收益，成为刑事司法发展的重要问题。"没有正当的理由，人们不能使程序在运作过程中的经济耗费增大，在其他条件相同的情况下，任何一位关心公共福利的人都有理由选择其经济耗费较低的程序。"诉讼经济的需要也是成年人不起诉制度设置的主要考量依据。在未成年人不起诉制度中，特别是基于罪轻的不起诉制度中，诉讼经济同样是重要的价值目标之一，但与成年人不起诉相比，其在实现方式上具有自身鲜明的特点。

一是强调未成年人不起诉的诉讼周期，其首要原因不是诉讼经济的考量，而是为未成年人尽快获得出罪化处理，减少其受到刑事司法程序消极影响的程度。二是诉讼经济的追求不是通过减少司法资源的投入而实现，在未成年人不起诉程序中，更强调通过检察主导社会力量的参与来节约司法资源的投入。对未成年人的教育帮助是未成年人检察制度的

---

① 周立平：《略论刑事诉讼经济原则》，《法学》1993 年第 2 期。

重要原则，应贯穿未成年人检察程序的始终。通过对未成年人的帮助教育促使未成年人尽快修正身心、回归社会，是未成年人检察程序的根本目标。这决定了在未成年人程序中司法资源的投入较成年人不起诉程序要多，对未成年人的不起诉处理诉讼便宜并非首要目的。但这种投入并不代表无限制的司法资源付出，而是强调一种司法购买社会服务的帮教模式①，通过建立健全未成年人考察帮教的社会力量来实现司法资源的节约。

（二）起诉裁量权的特殊表现

当前，各国对于公诉问题基本秉持法定主义或者起诉便宜主义两种观念。在倾向于起诉法定主义的国家，基本上检察官对于案件的处理不享有对于是否提起公诉的自由裁量权力，只能按照法律规定的条件来决定公诉权行使的结果。从另一个角度来看，这种起诉法定主义同时具有"不起诉法定主义"的要求。与此相反，在主张起诉便宜主义理念的国家，虽然检察官对于不具备法定起诉条件的案件同样不享有起诉与否的选择权，但其对已经具备起诉法定条件的案件，拥有依据自身的理解和判断，对是否起诉进行选择的权力。不起诉裁量权是与起诉便宜主义联系在一起的，只有在持有起诉便宜主义理念的国家，检察官才享有该权力。我国刑诉法规定的几种相对不起诉制度，实质上赋予了检察官法定范围内的不起诉裁量权，这种裁量权的行使直接影响案件的诉讼流向和处理结果。

在未成年人审查起诉程序中，从未成年人特殊保护的角度出发，检察机关开展了方方面面的实践探索，在酌定不起诉审查实践中，适用条件较成年人酌定不起诉更多，但适用标准有所放宽。适用条件更多的是指未成年人适用酌定不起诉，检察机关相较于成年人案件更侧重考察未成年人的悔过态度和是否存在帮教条件，这和未成年人案件的特殊性以及未成年人检察的矫正帮教和特殊保护原则密不可分。根据笔者对 BJ 市未成年人酌定不起诉情况的调查发现，实践中检察机关基本将未成年

① 参见本书第四章、第五章分析。

人是否存在悔过态度以及社会帮教条件作为适用酌定不起诉的重要依据。发生在 BJ 市 CP 区、SY 区的两个案件就生动地反映了这一特点：

> CP 区检察院未检处在办理犯罪嫌疑人胡某涉嫌盗窃一案时发现，犯罪嫌疑人胡某作案时刚满 16 周岁，其案发后已将赃物退还，并对被害人进行了赔偿，取得了谅解。该院委托区司法局对胡某进行社会调查，报告显示：胡某父母离异，其本人性格内向，老实本分，社会交往简单，平时无不良表现。同时，其父表示将会全力担负起监护责任，且村委会出具了村内具备监护帮助教育能力的情况说明。结合上述社会调查的结果及本案的事实证据情况，承办人认为胡某犯罪情节轻微，无须判处刑罚，且具备社会帮教条件，后经我院检委会决定，对胡某作相对不起诉处理。
>
> SY 院在办理未成年犯罪嫌疑人田某某、崔某某涉嫌盗窃一案过程中委托该二人户籍所在地的司法所出具报告证实该二人在犯罪前后表现较好，并具有有效的监护条件，且崔某某现系高三在读学生。综合全案证据及社会调查结果，因该二人系初犯，主观恶性较小，符合帮教条件，故经检委会研究决定对该二人作相对不起诉处理。不起诉决定宣读之时，田某某、崔某某及其家长对我们的工作表示衷心感谢，二人决心今后一定努力学习，好好表现，不辜负这宝贵的机会。①

在适用标准上，未成年人酌定不起诉较成年人有所放宽。根据刑诉法第 173 条第 2 款的规定，酌定不起诉的条件为行为人犯罪情节轻微，且依照刑法规定不需要判处刑罚或者免除刑罚，只有这两个条件同时具备，人民检察院才可以作出不起诉决定。"犯罪情节轻微"与"不需要判处刑罚或者免除刑罚"虽然指明了一定的方向，但不能提供一个相对确定的客观标准。正因如此，在司法实践中对酌定不起诉适用标准把握

---

① 这两个案件均来源于某直辖市下属基层检察机关办理过的真实案例。

并不统一，对未成年人相较于对成年人酌定不起诉的适用标准更为宽松。这主要表现在对情节是否轻微的标准掌握相对较为宽松上。尽管目前无法获取全国范围内未检酌定不起诉情况整体数据，但根据 BJ 市相关区县院不起诉情况的调查发现，在对未成年人酌定不起诉适用案件范围把握在可能被判处三年以下有期徒刑的轻罪上，未成年人一般具有法定或酌定的从轻、减轻处罚情节，如自首、立功、初犯、偶犯、退赃退赔、获得谅解、没有造成实际损失等。有些检察院对此的把握更为宽松，甚至对于抢劫、多次盗窃等犯罪，如未成年人具有从犯、赔偿损失等情节也作出酌定不起诉处理。[①]

（三）酌定不起诉程序的特殊设置

基于对未成年人的特殊保护理念，未成年人检察程序作出了较成年人检察程序特殊的设置，彰显对未成年人权利的特别关注，在未成年人酌定不起诉程序中也是如此。为了能给予未成年人更多获得出罪化处理的机会，最终帮助其回归社会，检察机关在未成年人酌定不起诉程序中设置了社会调查、适合成年人参与、不起诉训诫、诉后跟踪考察帮教等一系列特殊的程序。这些特殊的程序设置在彰显对未成年人特殊保护的同时，更体现出酌定不起诉配套机制的逐步完善情况。这些制度特别是如不起诉训诫、诉后跟踪考察帮教制度，可以有效确保不起诉效果的实现，对成年人酌定不起诉制度的完善也具有一定的参考意义。

（四）酌定不起诉程序的特殊社会性

与成年人酌定不起诉制度相比，未成年人酌定不起诉最明显的特点就是其社会性。未成年人酌定不起诉的社会性特点与其价值目标和程序设置紧密相关，对未成年人的考察帮教是实现未成年人行为矫正、促使其顺利回归社会的必要程序和前提条件。但检察机关囿于自身的司法职能和司法资源的限制，不具备全面开展对未成年人教育和考察的条件。

---

① 北京市通州区检察院未检处、北京市昌平区检察院未检处：《加大挽救力度，落实宽严相济政策，通州院对 3 名未成年人做出相对不起诉处理》《昌平区未成年人相对不起诉案件分析》，首都检察网，http：//www.bj.pro/deptweb/department_child/third.jsp？DMKID＝1999 &ZLMBH＝15&XXBH＝198633&departID＝01001039，2014 年 11 月 15 日。

因此，社会力量的参与成为未成年人司法的重要特色，在未成年人酌定不起诉中，无论是诉前的社会调查、诉中的帮助教育，还是诉后的持续跟踪考察帮教，都离不开社区或专业社会力量的协助和积极参与。虽然目前我国尚未形成完善的社会专业力量，但在检察机关的主导下，初步形成了检察主导社会参与的未成年人调查和帮教工作模式。① 在未成年人不起诉程序中出现的这种司法程序的社会性外延，既是域外刑事司法先进理论引入的体现，也是我国未成年人检察实践探索的重要成果，随着这种模式的发展，其必将对成年人不起诉实践产生积极影响。

三 未成年人酌定不起诉的功能

（一）促使未成年人回归社会

对于未成年犯罪嫌疑人来说，适用酌定不起诉可以使其摆脱刑事追诉，解除强制措施，特别是可以免去承担刑事责任的风险，避免被社会贴上"犯罪人"标签，确实有百利而无一害。但在司法实践中，基于检察官的主观认识因素及每一案件的特殊情况，如果检察官更倾向于保障人权，那么在相同的案件情况下，对于未成年犯罪嫌疑人更有可能作出不起诉决定，当检察官更倾向于惩罚犯罪，维护社会秩序，那么该犯罪嫌疑人会被起诉至法院并获得管制或者短期自由刑的判决。对于未成年人来说，其与成年人相比身心尚未成熟，认知能力较弱，如因较轻的犯罪受到刑事追诉，很容易被贴上"犯罪人"标签，甚至会对他的一生产生深远影响。对未成年人来说，酌定不起诉最重要的功能就是提供其获得出罪处理的机会，甚至较成年人更为宽宥的适用条件，以敦促未成年人积极改过。

（二）未成年人犯罪特殊与一般预防的实现

1989 年，澳大利亚学者布雷斯·韦特提出了耻辱的两种类型：烙印型耻辱（stigmatic shaming）与重新融合型耻辱（reintegrative shaming）。他认为烙印型耻辱有三个主要特征：其一，这种耻辱体现出对

---

① 参见本书第四章、第五章论述。

犯罪嫌疑人排斥、孤立、羞辱、贬低的意向；其二，这种耻辱是通过向犯罪人打上烙印而实现的；其三，这种烙印的实现往往通过一些特定的仪式呈现，如逮捕、起诉、审判、监禁等刑事司法程序。[①] 重新融合型耻辱也具有三个特点：一是该耻辱在给犯罪人谴责的同时也蕴含着尊重、爱护与接纳；二是该耻辱的施加正是要避免给犯罪人打上烙印；三是该耻辱必须通过一定仪式来实现，但其仪式却可能是相关组织和个人的谴责性或者规劝性的会面。韦特同时认为，烙印型耻辱的施加过程是一种强烈的标签赋予，会促进犯罪人的标签化和反社会化；而重新融合型耻辱施加过程，则在表示如果你真诚改过，仍然可以得到社区的真诚接纳。[②] 笔者认为，这种因犯罪和被谴责而带来"耻辱感"无论对于未成年人还是成年人的犯罪预防都具有重要作用，但如何培养这种耻辱感进而达到防止再犯的效果则需要分情况进行，对于较为严重的犯罪，刑事司法程序可以激发犯罪人的耻辱感，并通过程序的公开警示发挥一种社会性的教育和一般预防功能。对于未成年人犯罪来说，其大部分为轻罪，那种刑事程序施与的烙印型耻辱对于身心尚未发育完全的未成年人来说显然过于严格。在给予未成年人最大可能获得出罪化处理机会的同时，如果对其施与重新融合型耻辱，即通过训诫、谈话、帮教等方式将激发和培养其羞耻感的手段从刑事追诉替换为不起诉和矫正帮教措施，以对未成年人真诚的帮助和教育来促使未成年人的反思与悔过。这种方式可以对未成年人实现区别化帮教，矫正效果要优于让未成年人进入刑事司法程序；还可以实现未成年人回归社会，从长远来看，有利于未成年人再犯比率的下降，可以实现犯罪从个别预防到一般预防的积极效果。

（三）对未成年人权利的特殊保护

　　酌定不起诉制度在两个层面上有利于实现未成年人权利的特殊保护：一方面，酌定不起诉制度通过将未成年人转出刑事诉讼程序而阻止

　　[①] ［日］小岛武司等：《司法制度的历史与未来》，汪祖兴译，法律出版社 2000 年版，第 39 页。

　　[②] 杜宇：《理解"刑事和解"》，法律出版社 2010 年版，第 185—187 页。

了短期自由刑的施用，可以防止未成年人受到刑事程序的"污染"。未成年人恶性犯罪比例较成年人低，因此多处短期自由刑。已被广泛认可的观点认为，短期自由刑并不是实现未成年人矫正的最佳选择。对于犯罪情节并不算严重的未成年人施以短期自由刑处罚，仍然没有摆脱报应正义的思想，有可能导致未成年人在监狱中受到"交叉感染"，从而无法得到实际矫正，无助于实现保护和教育优先的理念，有悖于未成年人犯罪的刑事政策。酌定不起诉的适用可以直接避免短期自由刑对未成年人的大规模使用，符合未成年人刑事司法理念，也符合刑罚轻缓化的发展潮流，有利于保护犯罪未成年人。① 另一方面，酌定不起诉体现了个别处遇理念，特别是"公诉个别化"原则。"公诉个别化，是指检察机关在公诉时要充分考虑具体案件的各种情节，提出具有针对性的公诉意见。"② 在未成年人刑事案件的审查起诉阶段，贯彻个别化原则，既是实现实质公正的要求，又是结合未成年人特性进行的个别化处遇。因而，在未成年人刑事案件的审查起诉阶段，检察机关应建立对未成年人自身情况以及案件情况进行客观评价的工作机制，针对未成年人的特性，有针对性地考察其涉罪行为社会危害程度的大小、主观恶性的深浅、认罪悔罪情况以及对其教育矫正的难易程度等相关因素，然后在此基础上进一步发挥检察官的自由裁量权，作出是否不起诉的决定。

》 第二节　我国未成年人酌定不起诉的实践探索

一　酌定不起诉在未成年人检察实践中的发展情况

自未成年人检察制度发展以来，与和解不起诉和附条件不起诉相比，未成年人的酌定不起诉似乎一直没有引发理论界和司法实务界的关注，专门针对未成年人酌定不起诉的专题研究、专项改革少之又少。目

---

① 刘艳红、阮晨欣：《新法视角下罪错未成年人司法保护理念的确立与展开》，《云南社会科学》2021 年第 1 期。

② 姜伟：《论公诉的刑事政策》，《中国刑事法杂志》2002 年第 3 期。

前现有的实践和理论关注主要集中于未成年人酌定不起诉的社会调查程序，未成年人酌定不起诉的诉后跟踪帮教以及酌定不起诉权的限制等主要问题，对酌定不起诉的实体、程序规定以及实践情况等具体问题缺乏关注。加之我国酌定不起诉规定自身存在的适用条件不明确等问题，实则未成年人酌定不起诉制度存在一些与成年人酌定不起诉相同的共性问题，同时其又存在基于未成年人司法特性的特殊问题。只有在深入总结研究目前未成年人酌定不起诉法律规范和实践情况的基础上，才能对未成年人酌定不起诉的问题和发展方向作出判断。笔者认为，相较于成年人酌定不起诉制度，目前检察实践中未成年人酌定不起诉制度的发展呈现以下特点。

（一）未成年人酌定不起诉适用条件的从宽化

相较于成年人酌定不起诉制度，实践中，未成年人酌定不起诉给予未成年人获得宽宥处理的机会有所增加，主要表现在适用条件和适用案件范围的变化上。虽然目前关于酌定不起诉适用的规定无论是理论界还是实务界一致认为其不够明确。修订后的刑诉法第 173 条规定："对于犯罪情节轻微，不需要判处刑罚或者免除刑罚的，人民检察院可以作出不起诉决定。"该法条中使用的"可以"一语，根据我国的立法习惯，属于弹性的规定。酌定不起诉可以适用的对象是应当追诉的轻微犯罪，但因为实施犯罪的未成年人不需要判处刑罚或者免除刑罚，人民检察院才决定不予起诉。酌定不起诉适用一般存在两种情况，一是犯罪情节轻微，不需要判处刑罚的，如《刑法》第 32 条规定的情况；二是犯罪情节轻微，可以免除刑罚的情况，包括《刑法》规定的各种免除刑罚的量刑情节，如又聋又哑或者盲人犯罪的（《刑法》第 19 条）；防卫过当（《刑法》第 20 条第 2 款）；避险过当（《刑法》第 21 条第 2 款）；犯罪预备（《刑法》第 22 条第 2 款）；犯罪中止（《刑法》第 24 条第 2款），从犯（《刑法》第 27 条第 2 款）；胁从犯（《刑法》第 28 条）；自首（《刑法》第 67 条）；等等。但应当注意的是，"犯罪情节轻微，不需要判处刑罚或者免除刑罚"只是适用酌定不起诉的选择性条件，不代表所有具有免刑情节的涉罪行为都应当适用不起诉。适用酌定不起诉除还需要考虑其他因素，但这些因素法律和司法解释并没有明确规定，司法实践中基本属于检察官自由裁量的范围。

在现阶段未成年人酌定不起诉实践中，未成年人检察官很多时候会将未成年人是否具有家庭或社会帮教条件作为不起诉处理的重要前提。在此前提下，一些虽然具有如自首、从犯等法定或酌定从轻处罚情节，但不能算是"犯罪情节轻微"的未成年人犯罪，最终也作出了酌定不起诉处理。这种适用条件从宽化的趋势，也是对未成年人的特殊保护以及教育为主、惩罚为辅理念的彰显。

（二）未成年人酌定不起诉适用程序的烦琐化

一般来说，成年人酌定不起诉适用程序基本遵循"检察机关受理案件—案件审查—承办人提出酌定不起诉意见—检委会讨论决定—报上级检察院批准—作出不起诉处理决定—决定的公开宣布"这一程序进行。随着未成年人检察制度的发展，未成年人刑事司法理念的传播，为了进一步突出未成年人的特殊性和加强对未成年人的特殊保护，增加未成年人的出罪化处理，未成年人酌定不起诉程序较成年人增加了相应的设置。一是遵循了全面调查原则，设置了不起诉的社会调查程序；二是设置了诉中考察帮教程序；三是设置了如不起诉决定的不公开宣布以及训诫会程序；四是设置了诉后的跟踪帮教。

对未成年犯罪嫌疑人、被告人进行全面调查是联合国刑事司法准则和世界各国立法普遍要求的原则。虽然我国1996年《刑事诉讼法》没有规定这一原则，但最高人民法院、最高人民检察院的司法解释和规范性文件中对此作出了规定。2012年《刑事诉讼法》第268条明确对未成年人案件的社会调查制度进行了规定，但没有要求社会调查成为未成年人案件的前置程序。但在司法实践中，目前很多未成年人司法改革探索较为发达的省市将社会调查作为未成年人案件审查的前置程序，检察机关不仅可以自行调查，还可以就公安机关移送的社会调查报告进行补充调查。社会调查报告形成的关于未成年人成长经历、性格特点以及是否具有帮教条件等一系列结论，成为未成年人不起诉决定的重要考量依据，对不起诉决定的作出产生重要影响。

关于诉中考察帮教、不起诉的不公开宣布以及训诫会这些程序设置，同样发端于一些地区的未成年人检察实践探索。诉中帮教是指检察机关对未成年人在审查起诉审查程序中开展针对性的帮助教育，以审查未成年人的罪过大小和悔过情况，帮教后未成年人的悔过情况也可以作为对其是否进行不起诉处理的依据。不起诉决定的不公开宣布和训诫会则是针对未成年人案件的特殊性，为了避免其因受过司法机关处理而受到社会舆论的不良影响，对未成年人的不起诉决定在受害人、社区工作人员或者学校老师等范围内进行公开宣告，而不是对社会公开。此外，有些地区检察机关还通过召开训诫会的方式在宣告不起诉决定的同时，对未成年人进一步开展教育。训诫会一般由检察机关主持，邀请社区代表、受害人、教师、法定监护人等相关人员共同参加，未成年人在接受不起诉决定后要恳谈自身存在的错误，取得被害人的谅解，表明未来发展的积极态度等。上述这些实践中出现的针对未成年人的特殊酌定不起诉程序设置，一方面有利于对未成年人帮助教育原则的实现；另一方面也是司法机关为未成年人额外提供的一种获得宽宥处理的机会。未成年人通过积极参与这些程序，诚恳表达悔过态度获得出罪处理的机会。

此外，在未成年人酌定不起诉后，一些地区的检察机关还实施对未成年人诉后的持续跟踪帮教。检察机关对被不起诉未成年人确定为期半年至一年不等的跟踪帮教期，在此期间，原案件承办人通过未成年人撰写思想汇报、进行电话联系，甚至亲自到社区、学校了解其就学就业情况的方式，对未成年人行为矫正和回归社会的情况进行持续跟踪，检察官会通过多种方式鼓励未成年人重拾信心，及时改过。例如，上海市人民检察院于 2005 年曾与共青团上海市委员会等部门联合印发《关于对涉罪在校（非在校）未成年人实行"诉前考察教育"工作的实施细则（试行）》，在该规定中，明确在对未成年人实施的诉前考察中，检察机关、居委会或村委会、监护人、学校或社会工作机构等组织的工作人员可以共同组成帮教小组，协商制订帮教计划，对被不起诉的未成年人开展形式多样的帮助教育，如除了关注未成年人在考察帮教期间遵纪守法、交友范围、人际关系、心理变化等情况外，还可以要求未成年人进行一定的公益服务、家庭沟通以及各项青少年活动等。此外，在不起诉决定最终作出后，帮教小组还要根据实际情况对未成年人开展一定的后续帮教。通过定期或不定期的回访，以考察不起诉的效果。① 在司法实践中，符合不起诉情形的案件绝大多数是可能被判处三年以下有期徒刑、缓刑等的简易程序案件，加之适用不起诉需要附加的检委会汇报、帮教等程序，检察官的工作量相较于提起诉讼更大。因而，在实践中出现这样一种情况，即对符合条件的未成年犯罪嫌疑人的处理方式的选择上，与适用不起诉相比，检察官更倾向于直接提起公诉怠于行使相对不起诉权。此外，往往对适用相对不起诉的案件，未成年人检察官还要应付各种对应的检察机关内部的检查和考核。每一件适用相对不起诉的未成年人案件都需要检察官在实体、程序及文书制作方面花费更多的精力。

这些程序设置都是成年人酌定不起诉程序中没有的，通过这些特殊程序的运行，未成年人可以获得更多宽宥处理的机会，检察机关在一定程度上确保未成年人矫正和回归社会的实现，确实体现了未成年人检察制度的重要价值。但需要注意的是，一方面，这些程序设置目前尚处于生发阶段，发端于实践而尚未得到法律制度的确认，其效果必然具有局限性；另一方面，在现行酌定不起诉制度下，未成年人酌定不起诉适用除了需要经过如成年人一样的逐级审批加上报检委会讨论决定外，如果还需要完全附加这一系列特殊程序，则未成年人酌定不起诉的程序负累将远远超过成年人，何况在我国未成年人社会工作力量尚不发达的现在。因此，这种叠床架屋式的未成年人酌定不起诉程序设置必然容易引发其程序设计的理想性和实施效果的折扣性问题。

二　我国未成年人酌定不起诉面临的共性问题

我国未成年人酌定不起诉制度基本依据成年人酌定不起诉制度的相

---

① 徐日丹、林中明：《上海检察机关 25 年跟踪帮教罪错青少年 1387 名》，最高人民检察院网，https://www.spp.gov.cn/zdgz/201104/t20110421_25740.shtml，2015 年 4 月 22 日。

关规定，因而，其存在与成年人酌定不起诉制度相同的一系列问题。

（一）法律规定不明确

我国现行《刑法》和《刑事诉讼法》对未成年人酌定不起诉适用条款的规定内容不多，总的来说，对未成年人酌定不起诉适用的实体性条件与适用于成年人的相同，条件的内容没有本质性差别。根据《刑事诉讼法》第173条的明确规定，适用相对不起诉需要具备的两个实体条件分别是"犯罪情节轻微"和"依照刑法规定不需要判处刑罚或者免除刑罚"。但在司法实践中，检察机关对这两个条件内涵的理解，却不能算清楚明确。

对"犯罪情节轻微"这一条件内涵的理解，有观点认为其是指犯罪行为的性质与犯罪情节两者都属于轻微程度；也有观点认为应是指犯罪的性质、情节以及危害后果都属轻微；还有观点认为，应该综合全案情况进行全面考察，以全面衡量犯罪的性质、情节、手段、主观恶性以及社会环境等，对犯罪行为危害后果作出判断后，才可以得出犯罪情节是否轻微的最终结论。①

我国现行《刑法》或者《刑事诉讼法》，都没有对"犯罪情节轻微"作出明确的立法界定。如果说犯罪情节轻微应包括犯罪性质和手段轻微两方面内涵，那么，首先，我国立法上没有对犯罪性质轻重的明确划分，即便在实践操作中遵循可能判处三年以下有期徒刑的犯罪属于轻罪，三年以上则为重罪，但这更应属于一种司法认识。其次，对"犯罪情节轻微"与"依法不需要判处刑罚或者免除刑罚"这两个条件之间的关系认定不明。有观点认为，"犯罪情节轻微"是相对不起诉的前提条件，只有先有"犯罪情节轻微"这个情节，才可以适用后者；也有观点认为，两者是并列关系，互为前提，还有观点认为两者是选择适用的关系，只要符合其中一个条件就可以适用酌定不起诉。这种法律规定不明确而造成的认识差异，导致实践中对酌定不起诉的不规范适用，不仅不利于该制度发挥其自身作用，也影响了法律的权威性。

---

① 张穹：《公诉问题研究》，中国人民公安大学出版社2000年版，第160页。

（二）程序设置烦琐

与成年人酌定不起诉程序相同，未成年人酌定不起诉同样需要经过公诉部门审查决定—检察委员会讨论决定—报上级院批准的层层审批程序。很多简单的案件本可以及时作出不起诉处理，但往往承办人的时间和精力都耗费在了案件汇报和公文旅行上。众所周知，检委会召开期间固定、时长固定，承办人除了要耗费时间准备各项汇报材料外，还要精练案情，兼顾其他案件汇报需要的时间，检委会成员获得的信息相对有限，且单方听取公诉部门的意见，很难说作出的不起诉决定是否具有客观性和公正性，上级机关的审批也基本以查阅案件报告和卷宗为主，具有完全的单向性。此外，如上文所述，未成年人检察实践改革中对酌定不起诉未成年人还需要适用社会调查、考察帮教等特殊程序。

因而，在司法实践中，很多检察官在遇到可诉、可不诉的案件时，若办案周期紧张，往往宁愿直接起诉至法院也不愿意呈报检委会进行讨论。在未成年人案件中，何况还要增加社会调查、帮教等程序，针对有限的检察资源来说更为烦琐和不堪重负。未成年人如果因此得到起诉处理，终生被贴上"犯罪人"标签，显然不是未成年人检察制度设置的初衷。

（三）监督、救济不足

1. 被不起诉人、被害人参与程度低

根据刑诉法及刑诉规则相关规定，被不起诉人在整个相对不起诉决定作出过程中基本没有任何参与权。司法实践中，审查起诉部门作出相对不起诉决定的程序一般包括这样几个环节：受理案件；通过多种形式全面审查案件；案件承办人提出相对不起诉意见后按层级报主管检察长批准，经本院检察委员会研究同意，报上一级检察机关公诉部门批准；相对不起诉决定的宣布。整个程序具有单向性的特点，被不起诉人没有发表意见的机会。"人人完全而平等地有权由一个独立而无偏倚的法庭进行公正的和公开的审讯，以确定他的权利和义务并判定对他提出的任

何刑事指控。"① 但是酌定不起诉程序中，被不起诉人在整个处理过程中没有机会通过表达其意见和异议而对决定者产生影响，这是与现代法治精神相背离的。

其实，检察机关设置这种烦琐的不起诉审查批准程序的初衷是防止裁量权的滥用，但实质上这种缺乏参与机制、单向性的层级审批式程序，在我国检察一体的司法体制下，根本无法起到防止裁量权不当使用的作用。从本质来看，这种酌定不起诉审查批准程序只能说是一种带有一定内部制约性的行政程序。这些居于层级式审批程序中的人员，不管是公诉部门负责人，还是主管检察长、各检察委员会委员，甚至上级检察机关公诉部分的相关负责人，他们进行审查的方式基本都是以听取汇报和书面审查为主。在没有充分听取双方特别是辩方意见的情况下，这些审查决定人的意见很容易受到承办人和书面材料的影响。"他们的决定在很大程度上只是承办人员意志的延伸，烦琐的程序只是强化了酌定不起诉在形式上的合理性，并且为被不起诉人的申诉埋下了障碍。"②

2. 被不起诉人、被害人的救济途径有限

根据《刑事诉讼规则》第 472 条的规定，如果被不起诉人对检察机关作出的不起诉决定提出申诉，检察机关在复查后可能作出撤销不起诉决定，提起公诉的处理。被不起诉人可能会面临被提起公诉，再次受到刑事追诉的风险。因而，在实践中，被不起诉人往往会害怕因提出申诉反而受到更严厉的处罚，最终放弃申诉。即便他们提出了申诉，同样根据《刑事诉讼规则》第 421 条的规定，申诉由作出不起诉决定机关的刑事申诉部门负责，作为同级检察机关的同级部门，基于考核等因素的考量，其否定公诉部门意见的可能性也较小。

被害人对检察机关作出的不起诉决定的救济，主要根据 2018 年《刑事诉讼法》第 180 条的规定进行，即"对于有被害人的案件，被害

---

① 参见《世界人权宣言》第 10 条。

② 汪海燕：《我国酌定不起诉制度的困境与出路——论赋予犯罪嫌疑人选择审判权的必要性》，《政治与法律》2004 年第 4 期。

人如果对检察机关的决定不服，可以向上一级人民检察院申诉，请求提起公诉；被害人也可以不经申诉，直接向人民法院起诉"。这就是我们通常所说的公诉转化为自诉的救济方式。与被不起诉人面临的情况相同，作为检察机关同级的人民法院，作为一种相互配合的工作关系以及休戚相关的考核要求，其支持被害人而否定检察机关意见的可能性也较小。

3. 实践中的被害人难题

在实践中，司法机关如果无法满足被害人的要求，引发被害人申诉甚至信访的可能性极大，这种情况涉及地方社会的秩序以及检察机关的考核成绩，这是检察机关绝不愿意发生的情况。因而，被害人是否可以获得经济补偿，以平息可能引发的不息诉不罢访问题，这往往成为检察机关作出不起诉决定时需要考虑的一个重要因素。有的案件，被追诉方愿意作出赔偿，案件也符合不起诉条件，但如果犯罪嫌疑人不具备一次性完成赔偿的能力，这种情况下，检察机关出于害怕因无法约束被不起诉人，导致赔偿协议最后无法执行不得不作出起诉决定。有的案件，检察官可能认为对被追诉方观察一个时期后再作出不起诉处理较为适当；或者在不起诉决定作出时附加一定条件为宜，但可能涉罪人的情况不符合法律规定，为了避免直接作出不起诉决定会带来一定风险，检察官索性直接提起公诉。上述情况下，检察官往往囿于一些客观因素或者为了降低被害人不满意程度而带来的社会风险，人为在适用中限缩了酌定不起诉的条件。

三　我国未成年人酌定不起诉面临的个性问题

随着未成年人检察实践探索的不断深入，如上文所述未成年人酌定不起诉制度相较于成年人酌定不起诉制度也经历了一定程度的发展和改革，虽然对我国设立专门的未成年人刑事法律的呼声由来已久，但需要经历一个漫长的过程。当下最需要的是研究未成年人酌定不起诉制度运行中的特性问题，以期对该制度的发展完善提供建议。

（一）与其他两种不起诉制度存在适用冲突，导致酌定不起诉地位不明确

1. 酌定不起诉与和解不起诉的适用冲突

从适用条件来看，和解不起诉和酌定不起诉存在一定交叉，特别是侵犯人身权利和侵犯财产犯罪在未成年人犯罪中出现频率较高，情节通常不算严重，很多未成年人具有诸如从犯、自首等从轻、减轻情节，从法律适用来看，既可以作酌定不起诉，也可以作和解不起诉，犯罪嫌疑人是否积极进行赔偿并取得被害人谅解似乎成为不同处理的最重要依据。对于未成年人来说，无论是酌定不起诉还是基于和解作出的不起诉，从法律后果来说没有任何区别，未成年人仍然是法律上无罪的人，但对于被害人和社会秩序来说，和解不起诉的效果显然优于酌定不起诉。对于检察机关来说，相较于适用酌定不起诉，检察机关需要更为积极地参与，需要主持或者委托调解，需要确认和解协议的效力，还需要承担双方推翻和解协议可能带来的不利效果，显然负担更重。在司法实践中，当适用条件出现交叉时，是否积极促成和解协议的达成，检察机关往往带有随机性，和解不起诉制度的目标自然没有充分实现。因而，厘清酌定不起诉和和解不起诉的适用冲突，对明确两种不起诉制度的地位，彰显各项制度的价值目标将大有裨益。

2. 酌定不起诉与附条件不起诉的适用冲突

虽然立法者的目的在于对相对不起诉和附条件不起诉进行严格的区分和界定，但和法律规定的附条件不起诉相比，相对不起诉程序相对简单，没有考察期限的规定，没有适用范围、适用对象的死板限制，也没有检察机关对未成年嫌疑人考察、帮教等烦琐程序。这样一来，可能造成实践中犯罪情节并不算轻微的，本应当附条件不起诉的案件仍然沿袭过去的执法习惯按相对不起诉处理，附条件不起诉则可能被搁置。

附条件不起诉实际上是在起诉和不起诉之间做了一个缓冲，看似是不起诉的一种特殊形式，但不同于传统的不起诉，其决定并不具有实质确定力，检察机关作出附条件不起诉并不意味着案件终结，只是附有一定条件的暂时停止起诉程序，规定一定期限的考验期，根据涉罪未成年人在考验期内的表现情况，决定是否最终作出不起诉决定。附条件不起诉制度的引入从关注行为人的角度可以实现对检察机关公诉裁量权的完善与补充，其与相对不起诉二者在功能上存在一定差异，但笔者认为，附条件不起诉制度能对相对不起诉制度形成必要的补充，毕竟相对不起诉更多地考虑的是行为轻重方面的因素，而附条件起诉出于实现帮教、挽救目的，更加侧重对行为人主观认识方面的考虑。二者的区别还在于，在适用条件考量中，相对不起诉应着重审查涉罪行为的轻重，如果主观恶性不大且符合罪轻条件，可作出相对不起诉处理。但如果涉罪未成年人主观恶性较重，检察官基于其再次犯罪的可能性忧虑较大，则更适用附条件不起诉，以通过一定的矫正和帮教来协助未成年人端正改过自新之认识，约束自身行为。

（二）未成年人不起诉制度的特性不足

总的来说，目前，我国未成年人酌定不起诉制度的探索已经开始，也取得了一定的成果，但未成年人酌定不起诉制度规定基本沿用成年人酌定不起诉的相关规定，其对未成年人酌定不起诉的实体和程序规定的探索也是在成年人相关规定上进行叠床架屋式的改良，没有突出未成年人不起诉制度的特殊性，主要表现在以下三个方面：

（1）没有将未成年人酌定不起诉宽宥条件制度化，导致酌定不起诉适用具有随意性。如前文所述，司法实践中对未成年人酌定不起诉的适用较成年人的条件宽松，检察机关在确认未成年人具有社会帮教可能后，可以给予未成年人更多获得出罪化处理的机会。尽管存在这样的现象，但由于其适用条件没有得到明确规定，导致实践中何时对何人进行宽宥处理具有随机性。

（2）没有明晰未成年人酌定不起诉与和解不起诉、附条件不起诉的地位与适用条件，未成年人不起诉制度尚未体系化，导致既有极富未成年人特殊性的附条件不起诉，同时存在与成年人不相区别的和解不起诉和酌定不起诉，三者无论是适用条件还是适用选择都不明确，相互交叉，阻碍了未成年人不起诉制度价值目标的实现。

（3）目前，对于未成年人酌定不起诉中已经出现的程序性改革探索，如社会调查、诉中帮教、诉后跟踪帮教等尚无具体的制度设计，对于这些制度在未成年人酌定不起诉中的地位、作用、实施标准、实施目标都缺乏明确规定。这导致法律法规的指引作用无法发挥，很多承办人员因为缺乏这种明确实施规则的指引，不敢或不愿在实践中尝试对被不起诉人进行训诫、具结悔过、赔礼道歉、赔偿经济损失等非刑罚措施。现行不起诉的后续考察等配套机制尚不健全，导致实践中对未成年人后续帮教乏力，既有的帮教制度也因缺少具体的行为指引而具有形式化色彩，实际效果并不理想。

》 第三节　强化未成年人特性酌定不起诉制度的构建

综合上文论述，实践中未成年人酌定不起诉在适用条件和程序上对法律规定作出了突破，最根本的原因就是法律规定已不适应未成年人检察实践的发展要求，导致检察机关在法律框架以外创设例外。其实，从目前对未成年人刑事法律的发展来看，这种司法机关在实践中尝试并创设的例外，很可能成为未来法律发展的内容。因此，考察这种例外，来判断其是否具有合理性会对未成年人检察制度乃至司法制度的发展产生重要影响。

一　未成年人酌定不起诉适用的"情节化"

从未成年人酌定不起诉的适用条件的规定来看，原有的"犯罪情节轻微，依照刑法规定不需要判处刑罚或免除刑罚的"适用条件受到了挑战。对未成年人酌定不起诉适用的首要考量标准并非犯罪嫌疑人是否不要判处刑罚或者免除刑罚，而是未成年人是否具有"犯罪情节轻微"，即是否具有诸如自首、立功、从犯等法定或者酌定从轻、减轻处罚的情节，对于犯罪是否轻微而达到不需要判处刑罚或免除刑罚的条件考量较少。一个最明显的例子就是检察机关制作的相对不起诉决定书中有意回避了刑事诉讼法对于酌定不起诉的第二个要件的规定，一般只写明"被不起诉人××实施了刑法规定的第××条规定之行为，但犯罪情节轻微，具有××情节（写明法定或酌定情节），依据刑事诉讼法第173条第二款的规定，决定对××不起诉"。对未成年人酌定不起诉适用逐渐演化为通过审查犯罪嫌疑人具有的各种情节进而判断其是否具有追诉必要性。此外，随着未成年人特殊保护和教育理念的引入，对未成年人酌定不起诉的考量因素除法定、酌定处理情节外，还逐渐增加了未成年人的性格、成长经历、年龄、一贯表现、悔罪态度等。这些因素也是一种新的"酌定情节"，未成年人审查起诉程序中，社会调查程序的前置化进一步强化了这种情节因素的考量。可以说，在对未成年人起诉的审查中，检察官的裁量权有扩大趋势，但这种扩大是基于未成年人特殊性而产生的，其与成年人酌定不起诉的根本区别就在于此。

二 未成年人轻微犯罪的出罪化

与成年人酌定不起诉相比，未成年人酌定不起诉同样以人权保障、诉讼经济、程序公平作为追求目标。但相较于成年人酌定不起诉制度，未成年人酌定不起诉设置的最主要目标是实现对未成年人的出罪化处理，并通过如社会帮教、不起诉污点封存等保障机制的作用最终使未成年人顺利回归社会。正因如此，笔者在上文中论述了未成年人酌定不起诉对传统成年人酌定不起诉制度的突破，如特殊的诉讼经济实现方式，对"不起诉法定主义"的突破，等等。如果说未成年人不起诉制度设置的最终目标是实现未成年人回归社会，那么作为未成年人不起诉制度主体的三种不起诉制度，其首要目的应是实现未成年人获得出罪化处理。

（一）对未成年人的出罪化处理有利于正义的恢复

"正义的实现是要让各方当事人都能从冲突事件的后果中解放出来，或者至少可以尽量补偿不良后果。"未成年人酌定不起诉制度与正常的刑事司法程序相比，涉及更为宽泛资源的运用，社区机构、家庭、被害人等多方资源与国家机构一起运作，为犯罪未成年人提供一个修复伤痕的机会。此外，未成年人可以避免受到"犯罪人"标签的消极影响，有利于促使其采取积极的态度修正自身行为，弥补被破坏的社会关系。

（二）未成年人获得出罪化处理可以实现对其再犯的特殊预防

在我国，公安机关根据法律规定不享有终结诉讼程序的权利。而检察机关在未成年人刑事司法中所采取的转处措施的主要途径就是相对不起诉。与成年人相对不起诉相比，我国对于未成年人的相对不起诉的设置更为多元化，酌定不起诉制度作为重要组成部分给未成年人提供了更多获得出罪化处理的机会。在不起诉审查开始前，检察机关通过侦查部门调查、委托社工调查或自行调查的方式，了解未成年人的成长背景、生活学习情况，以寻找未成年人涉罪的社会因素及其可能具有的帮教条件。这种举措可以有针对性地选择对未成年人的司法处遇及帮教矫正措施。而在不起诉决定作出过程中，检察机关通过联合未成年人所在社区、学校、某些职业机构，通过将未成年人置于社区进行矫正和考察的方式促进未成年人涉罪行为的矫正以及不起诉条件的达成。这些工作机制大大巩固了未成年人相对不起诉处理的效果，有助于实现未成年人轻微犯罪的及时矫正和去"标签化"。

三 未成年人相对不起诉的合理适用原则

对于检察机关拟作出相对不起诉的案件，都是在法律上构成犯罪，但检察官基于是否有追诉必要的考量而最终作出不起诉决定的。基于上文分析，实现对未成年人的出罪化处理是三种相对不起诉适用的首要目标。但三种不起诉在实现这一目标的方式上存在差异：附条件不起诉中，检察机关需要经过对未成年人考察期悔过和行为的考察，结合未成年人的特殊情况最终作出不起诉决定；和解不起诉中，检察机关需要确认或积极促成和解协议的达成，以实现被害人对未成年人的谅解而在此基础上给予未成年人宽宥的出罪化处理；相较于上述两种不起诉，酌定不起诉无须强制性前提，当未成年人的犯罪情节较轻，不对其追诉不会伤害公共利益时即可直接对其作出不起诉决定。这种不起诉实现方式的难易程度为检察机关在不起诉适用选择上提供了又一考量的标准。检察官在收到案件后，可以遵循出罪化实现由难至易的顺序审查案件，当未成年人犯罪情节较为严重，通过审前阶段的帮助教育无法修正其行为和心理时，应对其起诉。当未成年人犯罪情节较轻，但主观恶性较强具有教育可能时，应对其附加一定的考察期限，观其言行，判断其矫正可能性，再进一步决定是否作出不起诉处理。当未成年人犯罪情节相对严重，但属于侵犯人身或财产性犯罪，其赔偿对于社会关系修复更加有利时，检察机关应积极促成双方当事人的和解，或对双方和解协议进行确认，给予未成年人宽宥的出罪化处理。当未成年人犯罪情节较轻，主观恶性不大，无须检察机关适用任何程序时，检察机关就可以判定未成年人出罪化处理不会对社会构成危险，则可以直接对未成年人适用酌定不起诉。

四　未成年人酌定不起诉听证程序的完善

尽管酌定不起诉决定适用程序中，检察官自由裁量权的适用仍然存在种种问题，但正如美国学者戴维斯曾经所说的："在世界史上没有任何一个法律制度无自由裁量权。为了实现个别公正；为了实现创设性正义……自由裁量权都是不可缺少的，取消自由裁量权会危害政治秩序，会抑制个别公正。"[1] 因此，通过完善酌定不起诉的相关程序，对检察裁量权的适用施以有效限制，防范其滥用，使得不起诉裁量权可以充分有效发挥。具体来说，在明确酌定不起诉实体条件的基础上，应针对不起诉审查决定程序仍然存在的封闭性、缺乏参与性等问题，从程序设计上提高检察机关酌定不起诉的适用率和权威性，充分发挥酌定不起诉制度的程序价值。[2]

（一）加强案件当事人的程序参与

除了法律对被害人和被不起诉人参与酌定不起诉程序的规定较少

---

① 樊崇义：《诉讼原理》，法律出版社 2003 年版，第 183 页。
② 卞建林、肖峰：《刑事诉讼中的审前程序分流——以轻罪治理为视角》，《法学杂志》2024 年第 2 期。

外，司法实践中，检察机关酌定不起诉决定的作出仍然具有较强的单向性和封闭性色彩，检察官对被害人、被不起诉人意见听取具有随意性。决定作出后，也只是对两方进行简单的告知，缺乏充分说理。这就使得两方，特别是被害人很难接受不起诉决定。基于这些情况，检察机关提供被害人参与酌定不起诉决定过程的机会，加强酌定不起诉的释法说理工作，使得被害人可以理解决定的原因，从情感和道理上接受不起诉决定。2001 年 3 月，最高人民检察院颁布的《人民检察院办理不起诉案件公开审查规则（试行）》中就对检察机关办理不起诉案件应当听取犯罪嫌疑人及被害人的意见作出了规定。①

（二）加强酌定不起诉程序的透明度：构建酌定不起诉听证程序

酌定不起诉决定过程除了缺乏当事人参与外，其他相关人员由于知情度不高，对于酌定不起诉过程存在模糊和误解。应当加强酌定不起诉决定程序的透明度，广泛听取侦查人员、犯罪嫌疑人及其辩护人、被害人及其诉讼代理人和人民监督员对案件是否起诉问题的意见和理由。② 这不仅可以体现一种共同参与、尊重各方诉讼主体地位的理念，更可以充分调动参与各方的积极性，发挥不起诉听证应有的效果，此外，这有利于增强听证程序的准司法性，即消极性和中立性。基于未成年人自身的特点，未成年人案件的听证原则上应不公开进行。但这种不公开听证是指听证参与人员限定范围、程序的不公开，而非不举行听证程序。必须基于保护未成年人隐私，防止其受到不利社会评价的原则限制参加听证的人员范围，一般来说，他们只能包括与未成年人案件密切相关的人员：未成年人犯罪案件侦查机关的代表、未成年犯罪嫌疑人及其法定代理人、未成年犯罪嫌疑人的辩护人、被害人及其法定代理人、被害人及其法定代理人的诉讼代理人、未成年人帮教组织的相关代表等。与该案无关人员不得参加听证会议。参加会议的人员均有权发表意见。

---

① 《人民检察院办理不起诉案件公开审查规则（试行）》第 7 条规定：人民检察院对不起诉案件应当听取侦查机关（部门），犯罪嫌疑人及其法定代理人、辩护人，被害人及法定代理人、诉讼代理人的意见；听取意见可以分别进行，也可以同时进行。

② 马楠：《相对不起诉权的控制与制度延伸》，《中国司法》2009 年第 11 期。

》 第四节　小结

　　未成年人酌定不起诉与成年人酌定不起诉制度相比，具有四个鲜明的特点：一是未成年人酌定不起诉具有其特殊的"诉讼经济"价值，即未成年人不起诉的诉讼周期，其首要原因不是诉讼经济的考量，而是为未成年人尽快获得出罪化处理，减少其受到刑事司法程序消极影响的程度。诉讼经济的追求不是通过减少司法资源的投入而实现，在未成年人不起诉程序中，更强调通过检察主导社会力量的参与来节约司法资源的投入。对未成年人的教育帮助是未成年人检察制度的重要原则，应贯穿未成年人检察程序的始终。通过对未成年人的帮助教育促使未成年人尽快修正身心、回归社会，是未成年人检察程序的根本目标。这决定了在未成年人程序中司法资源的投入较成年人不起诉程序要多，对未成年人的不起诉处理诉讼便宜并非首要目的。但这种投入并不代表无限制的司法资源付出，而是强调一种司法购买社会服务的帮教模式，通过建立健全未成年人考察帮教的社会力量来实现司法资源的节约。二是其具有更为宽松的不起诉裁量适用条件，在未成年人审查起诉程序中，从未成年人特殊保护的角度出发，检察机关开展了方方面面的实践探索，在酌定不起诉审查实践中，适用条件较成年人酌定不起诉更多，但适用标准有所放宽。三是具有未成年人特色的程序设置，检察机关在未成年人酌定不起诉程序中设置了社会调查、合适成年人参与、不起诉训诫、诉后跟踪考察帮教等一系列特殊的程序。这些特殊的程序设置在彰显对未成年人特殊保护的同时，更体现了酌定不起诉配套机制的逐步完善，这些制度特别是如不起诉训诫、诉后跟踪考察帮教制度可以有效确保不起诉效果的实现，对成年人酌定不起诉也具有一定的参考意义。四是具有特殊的社会性，社会力量的参与成为未成年人司法的重要特色，在未成年人酌定不起诉中，无论是诉前的社会调查、诉中的帮助教育，还是诉后的持续跟踪考察帮教，都离不开社区或专业社会力量的协助和积极参与。虽然目前我国尚未形成完善的社会专业力量，但在检察机关的主导下，初步形成了检察主导社会参与的未成年人调查和帮教工作模式。

在未成年人酌定不起诉适用的实践中，存在程序烦琐、适用条件不明确、未成年人特性不足等一系列问题。应构建以未成年人轻微犯罪出罪化为目标，具有鲜明未成年人刑事司法特点的酌定不起诉制度。应按照检察机关适用不起诉种类的难易程度和未成年人的主观恶性程度来明确其与另外两种不起诉进行选择适用的原则。

第五章

和解不起诉

》 第一节 未成年人和解不起诉的性质和功能

一 未成年人和解不起诉的性质

"刑事和解（Victim-Offender Mediation），也称作被害人与加害人和解、被害人与加害人会议、当事人调停或者恢复性司法会商。它的基本内涵是在犯罪发生后，经由调停人的帮助，使被害人与加害人直接商谈解决刑事纠纷，其目的是恢复被加害人所破坏的社会关系、弥补被害人所受到的伤害，以及恢复加害人与被害人之间的和睦关系，并使加害人改过自新、复归社会。"① 还有观点认为，"刑事和解是一种以协商合作形式恢复原有秩序的纠纷解决方式，它是指在刑事诉讼中加害人以认罪、赔偿、道歉等形式与被害人达成谅解后，国家专门机关不再追究加害人的刑事责任，或者对其从轻处罚的一种制度"②。20 世纪中叶以来，在恢复性司法思潮的影响下，刑事和解制度被许多国家接受，并产生了根植于本土的多种实践模式。在我国，刑事和解是理论研究和司法实践中的惯用语，已经得到广泛应用，最终 2012 年《刑事诉讼法》专章规

---

① 刘凌梅：《西方国家刑事和解理论与实践介评》，《现代法学》2001 年第 1 期。
② 黄京平、甄贞、刘凤岭：《和谐社会构建中的刑事和解——"和谐社会语境下的刑事和解"研讨会学术观点综述》，《中国刑事杂志》2006 年第 5 期。

定了当事人和解的公诉案件诉讼程序，正式规定了刑事和解的适用范围和适用程序。尽管这一制度的名称在我国最终统一为刑事和解，但刑事和解显然不能仅理解为属于刑事性质。宋英辉等认为，所谓刑事和解，实质上是当事人对民事部分达成和解，并表达刑事部分如何处理的意见，由办案机关根据具体情况作出处理。与自诉案件的和解不同，公诉案件的和解当事人处理的是民事权益，虽然可能间接影响刑事部分的处理，但不是刑罚权。[1]

1996 年我国重新修订了《刑事诉讼法》，取消了免予起诉制度，2012年《刑事诉讼法》再次修订后新增了和解不起诉以及适用于未成年人的附条件不起诉制度，初步形成了我国不起诉制度的体系。如何界定不起诉制度的含义，学界一直存在多种说法。有学者从不起诉的本质出发，阐释了不起诉范畴："不起诉，是指人民检察院对于侦查终结的刑事案件经过审查起诉，决定不将案件移送人民法院进行审判而终止诉讼的活动。"[2] 人民检察院"决定不将案件移送人民法院进行审判而终止诉讼的活动"的确能够涵盖不起诉的本质，但该含义的不足在于没有明确界定不起诉制度的适用条件。有学者对不起诉作出了较为全面的理解。"不起诉，是指人民检察院对公安机关侦查终结移送起诉的案件和自行侦查终结的案件进行审查后，认为犯罪嫌疑人的行为不符合起诉条件或者没有必要起诉的，依法作出不将犯罪嫌疑人提交人民法院进行审判、追究刑事责任的一种处理决定。"[3] 这也是当前获得较多认可的一种通说，结合上文对刑事和解制度的界定，笔者认为，可以将和解不起诉界定为：检察机关在审查起诉阶段，对于在刑事诉讼中加害人以认罪、赔偿、道歉等形式与被害人达成谅解的案件，依照法律的规定经过审查后，决定不再追究加害人的刑事责任，或者对其从轻处罚的一种制度。对这一含义

---

① 陈卫东、汪建成、宋英辉：《专家访谈：刑事和解的理论探讨》，《中国检察官》2009年第 1 期。

② 姜伟、钱舫、徐鹤喃、卢宇蓉：《公诉制度教程》（第三版），中国检察出版社 2014 年版，第 281 页。

③ 陈光中：《刑事诉讼法》（第二版），北京大学出版社 2005 年版，第 24 页。

可以从三个方面进行理解：一是和解不起诉决定的行使主体是检察机关，和解不起诉是检察机关行使消极公诉权的具体表现形式之一；二是和解不起诉的对象是加害方与被害方自愿达成和解协议的刑事案件；三是在和解不起诉决定的性质上，其属于一种程序上的处分决定，有别于法院对具体案件在实体上的定罪量刑。无罪推定原则是法律理念在诉讼制度中的典型体现，所以，所有被不起诉人均可认定为法律上的无罪之人。

二　未成年人和解不起诉的功能

刑事和解制度追求的被害人权益保障与社会关系修复的目标与未成年人司法对未成年人和社会双向保护目标具有天然的契合度，两者的融合对未成年人的教育与回归社会将产生事半功倍的效果，可以说，和解不起诉制度对于未成年人刑事案件具有特殊的实践价值。

（一）心理抚慰

由于涉罪未成年人身体能力的限制，其犯罪侵害的对象也多为未成年人。由于未成年人的身心发展特点，犯罪行为对其心理造成的影响可能较物质方面的损失更为严重，也更为深远。若这种心理伤害未得到及时的修复，可能对未成年人未来成长和社会发展产生一系列问题，甚至不排除部分被害人还可能转化为加害人角色。即便加害人受到了相应的刑事处理，也无法取代对被害方的心理治疗。而刑事和解制度通过树立被害人在案件处理中的主导地位，为被害人提供了获得心理治疗甚至治愈的机会。"通过双方对犯罪情节的共同分析、重构，在叙说者和被叙说者之间产生共鸣，使得叙说者的恐惧、焦虑感降低。"[1] 一种面对面诉说、分析、讨论犯罪问题，寻求一种互相谅解途径的刑事和解机制，其本身具有的对话性、互动性特质相较于其他制度，更容易使被害人在获得经济补偿的同时，弥补情感心理上的创伤。

---

[1] 黄京平、甄贞主编：《和谐社会语境下的刑事和解》，清华大学出版社 2007 年版，第 409—410 页。

（二）协助自新

未成年人犯罪的特性始终离不开其身心发育的特点，往往属于冲动型犯罪，主观恶性不强。刑事和解可以建立一种被害方与加害方面对面对话的机制，加害未成年人可以认真倾听对方因自己行为受到的伤害，可以切身观察和体会这种伤害的感觉。这对于缓解未成年人对刑事处理的抵触情绪，增强其责任感，实现其真诚悔罪具有重要意义。① 同时，加害未成年人可以在和解过程中充分向被害人说明犯罪实施的前因后果，自己在犯罪后的心理活动情况，甚至听取被害方感受后的心理活动状态。在这种叙述中，加害人实现了心理负疚感的释放，通过对被害人情况的认识反馈也进一步增强了双方的沟通。在此基础上，被害方理解加害方悔过的心理，抵触和怨恨感降低；加害方获得被害方的理解后，心理包袱减轻，增强改过的信心。最后，当刑事和解达成时，未成年人可以获得从轻、减轻或者免除处罚的有利结果，犯罪情节轻微的甚至不被追究刑事责任，避免了刑罚所带来的"标签效应"。被害方在和解过程中，舒缓了心理的抵触抱怨，向加害人发送了再次接纳的信号，自身的心理压力也获得了释放。相较于单纯的教育甚至惩罚，刑事和解以相对宽松、柔和的方式唤起加害人的悔过和补偿的责任感；用预防性、恢复性的刑事政策取代惩罚性、报应性的刑事处置，有利于未成年人尽快获得社会的再次接纳，最终回归社会。

（三）关系修复

刑事和解制度能通过面对面的沟通交流促使未成年人正视其罪错，通过充分的协商和一定程度的补偿修复被犯罪行为伤害的社会关系，最终化解社会矛盾，防范加害方和受害方未成年人因为心理伤害没有得到治疗疏解而再次危害社会。其中，"再犯率"指标就体现了刑事和解对未成年人教育、挽救的成效。"美国刑事和解专家 Nugent，Umbreit，Wiinamaki 和 Paddock 等人在 2001 年所作的一项针对 1298 名少年犯的调查表明，参与过刑事和解的加害人较之未参与刑事和解的加害人再犯

---

① 陈光中：《刑事诉讼法》（第二版），北京大学出版社 2005 年版，第 24 页。

率减少 32%。"① 在我国刑事和解的实践探索中，和解不起诉后涉罪未成年人的再犯率也较低。以 2006 年 1 月至 2007 年 7 月上海检察系统的实践情况为例，其适用刑事和解的 41 名未成年人再犯率为零。② 上述这些实践情况可以证明，刑事和解对修复社会关系、弥合矛盾、防止未成年人再次犯罪具有重要作用。

三　未成年人和解不起诉的适用条件和基本程序

综观各国刑事和解的发展情况可以发现，很多国家的刑事和解制度都生发于未成年人司法实践，再进一步推广至成年人司法。我国的刑事和解制度却呈现出未成年人与成年人共同发展的特点，从最初的轻伤害案件刑事和解开始，未成年人和解就没有形成如附条件不起诉那样具有与成年人显著区别的法律制度，2012 年新刑诉法同样没有作出规定上的区分。

（一）适用条件

和解不起诉的适用条件主要包括案件类型和法定刑。2012 年新刑诉法修订前，除自诉案件外，对于和解不起诉适用的案件类型无论是理论认识还是司法实践中都存在争议。2012 年刑诉法则作出了相对明确的规定，可以适用刑事和解的案件包括：因民间纠纷引起的侵犯公民人身权利、民主权利以及侵犯财产两类故意犯罪，以及除渎职犯罪以外的其他所有过失犯罪。此外，2012 年刑诉法对适用刑事和解案件的法定刑条件作出了规定：对于因民间纠纷引起的侵犯公民人身权利、民主权利和侵犯财产罪，可能判处三年以下有期徒刑的案件，以及对可能判处七年以下有期徒刑的过失犯罪案件，可以适用刑事和解。

关于适用和解的条件刑诉法第 277 条规定，犯罪嫌疑人、被告人真诚悔罪，通过向被害人赔偿损失、赔礼道歉等方式取得被害人的谅解，

---

① 陈晶：《浅析我国未成年人犯罪刑事和解制度的必要性与可行性》，《太原城市职业技术学院学报》2006 年第 4 期。

② 胡峥：《"刑事和解"有待立法破题》，《民主与法制时报》2008 年 8 月 11 日。

被害人自愿和解的，双方当事人可以和解。这表明，适用刑事和解必须同时具备两个条件：一是犯罪嫌疑人、被告人真诚悔罪并取得被害人的谅解。显然，刑事和解更应关注犯罪嫌疑人、被告人的主观心理状态，如果其没有体现出真诚悔过的态度，即便其出于获得从轻处理等原因给予了被害人高额赔偿，被害人出于获得赔偿的心理表示了谅解，双方也不能适用刑事和解，因为这样无法达到和解的目的，不能修复受损的社会关系，且危害仍存在再次受到危害的可能。二是和解的自主性与自愿性。这是指和解意愿必须由双方自主，而不能是基于司法机关施加的压力产生。同时双方当事人对和解的内容和和解结果的达成必须具有自愿性，也不能是基于司法机关或者其他外界压力才做出。这对于保障被害人的利益，实现犯罪嫌疑人、被告人的真诚悔罪以及防止和解的反复甚至双方矛盾的激化具有重要作用。

（二）基本程序

根据法律规定及司法实践情况，以及检察机关和解方式的不同，在审查起诉阶段的刑事和解程序有两种情况。在委托、确认方式和被动确认方式中，检察机关的刑事和解程序主要包括三个步骤：遴选案件—审查和解协议—确认协议并作出处理决定。在被动确认的方式下，检察机关甚至不需要遴选案件，而是直接审查和解协议的自愿性及内容的合法性，最终根据和解适用条件及案件情况作出是否不予起诉的处理决定。而在检察机关主动促成的和解方式下，刑事和解的程序包括四个步骤：遴选案件—组织和解会议—主持和解—审查确认。遴选案件是检察官根据案件情况和适用条件来决定即将适用刑事和解程序的案件；组织和解会议则是检察官对刑事和解控制力的主要体现，其可以了解双方的和解意愿，召集和解双方及相关人员如律师、近亲属、社区成员等参加会议，在该程序中完成一系列和解会议的前期准备工作。第三步就是在和解会议举行过程中检察官负责主持会议，在充分听取各方意见的基础上积极促成和解协议的达成。最终根据和解协议的审查情况作出起诉或者不起诉的决定。

》 第二节　未成年人和解不起诉制度的比较考察

一　域外未成年人刑事和解的模式化分析

20 世纪 70 年代至今，几乎世界上所有的法治国家都在不同程度上建立了具有自身特点的未成年人刑事和解制度或者开展了相关的实验计划，这一独特的争端解决机制跨越了不同的刑事司法体系、语言界限和文化传统，但这些地区刑事和解制度的目标趋于一致，即最大限度地使青少年犯罪者免于适用刑事处罚，关注青少年犯罪案件中当事人的身心物质两方面的损失的全面恢复。这些国家和地区的未成年人刑事和解制度主要存在两种不同的发展路径。在大陆法系国家，这样的争端解决机制以法国的刑事调解、刑事和解和德国的犯罪人—被害人和解制度为代表，他们更侧重于通过国家权力来主导程序的运行；在英美法系和一些欧洲国家如芬兰、挪威等则体现为丰富的恢复性司法实践，且偏好整合社会或者社区的资源主导和解程序的进行。

当前，理论研究中关于刑事和解模式的研究，主要有两种观点：一是根据主持刑事和解的主体将其分为加害方与被害方自行和解模式、司法调解模式、人民调解委员会调解模式；[①] 二是根据公、检、法机关在刑事和解中的作用划分为被动确认模式、主动促成模式和委托确认模式。[②] 根据实践中刑事和解发生阶段不同，还可以将其分为立案阶段的和解、侦查阶段的和解、审查起诉阶段的和解、审判阶段的和解等。笔者认为，相较已有的理论，"国家—社会"分析框架可以为我们更好地认识域外未成年人刑事和解制度提供另一种认识路径。西方未成年人刑事和解制度，可以从制度建构的角度划分为国家主导模式和社区/社会主导模式两种。在国家主导模式下，国家希望通过国家权力的力量主导

---

① 陈瑞华：《刑事诉讼的私力合作模式——刑事和解在中国的兴起》，《中国法学》2006年第 5 期。

② 肖仕卫：《刑事法治的"第三领域"：中国刑事和解制度的结构定位与功能分析》，《中外法学》2007 年第 6 期。

刑事和解程序的进行，进而将刑事和解机制同刑事司法体系紧密结合起来，以帮助未成年人犯罪者尽快回归社会。在社区/社会主导模式下，社区通过整合自身资源来主导和解程序的进程，更强调社区/社会的私人或者志愿组织在刑事和解中协助未成年犯罪者回归社会的作用。①

二 国家主导型刑事和解的域外考察

与世界上其他国家和地区不同，在欧洲地区，刑事和解这种独特的纠纷解决形式远超其他恢复性司法形式，成为欧洲国家解决青少年犯罪的主要途径。"几乎在欧洲任何地方，刑事和解都被看作事实存在的最好的司法实践，没有人对刑事和解和恢复性司法作出区分：恢复性司法即刑事和解，恢复性司法也仅限于刑事和解。尽管我们也知道家庭团体或者社会会议和审判圈，但直到最近才能在欧洲司法实践中看到他们的踪影。"② 虽然欧洲各国未成年人刑事和解开展情况各有不同，但总体呈现出制度目标趋同，适用案件数量与日俱增的态势。下面笔者就分别介绍最具有代表性的德国的未成年人刑事和解制度。

自20世纪80年代起，未成年人刑事和解制度便在德国获得了长足发展，刑事和解恢复性司法的欧洲论坛指出③，在德国，"由于刑事和解计划处理的案件数量从1989年的2100起增加到1995年的9100起，尽管缺乏近年的数据，但估计现在每年大约有20000件案件经过了刑事和解程序"。此外，德国1997年对来自全国71个刑事和解服务机构的调查显示④，服务机构的调停人员1992年是226名，1997年则增加到

---

① 黎莎：《两种模式下的西方未成年人刑事和解制度特征解读》，《公民与法》（法学版）2010年第5期。

② Anna Mestitz, "Chapter1: A Comparative Perspective on Victim-Offender Mediation with Youth Offenders Throughout Europe, Netherland", in *Victim-Offender Mediation with Youth Offenders in Europe: An Overview and Comparison of 15 Countries*, The Press of Springer, 2005, p.5.

③ Simona Ghetti, "Newsletters of European Forum for Victim-Offender", *Mediation and Restorative Justice*, Vol.5, Issue1, April 2004.

④ Weitekamp, E.G.M., "The History of Restorative Justice", in G. Bazemore & L. Walgrave (eds.), *Restorative Juvenile Justice: Repairing the Harm of Youth Crime*, Willow Tree Press, 1999, pp.75-102.

9000 名，其中近 3/4 都和未成年犯调停有关。从这 71 个被调查机构的案件中犯罪人的构成来看，66%的人属于少年或者年轻的成年人（18—20 岁）。下面笔者将以德国为代表性范例，介绍少年司法中的犯罪人—被害人和解制度。

德国刑事和解制度的确立深受被害人权利保护思潮的影响，20 世纪 80 年代以后，德国被害人学开始把关注的焦点放在被害人在刑事程序中的参与及其程序地位的保护。除此之外，开始思索是否有可能将国家刑罚权去中心化，允许被害人成为刑事诉讼程序的共同形成者，允许私人可以通过参与刑事诉讼程序来恢复原有的生活关系，并由此回复原有的法和平性。这样的思想反映在立法实践上，便是德国确立的犯罪人—被害人和解机制（TOA）。该机制最早是在少年司法领域中施行，1990 年，《少年法院法》规定了犯罪人—被害人和解。基于在少年犯罪中刑事和解取得了良好效果，德国立法者在成年人刑事司法中也确立了犯罪人—被害人刑事和解，两者具有五个共同的特点：一是案件范围不限于轻罪案件，《德国刑事诉讼法》第 153 条所规定的轻微案件不必追究刑事责任的情形，仅属于适用被害人—犯罪人刑事和解的情形之一，无论是《少年法院法》《德国刑法典》还是《德国刑事诉讼法》，都没有限制刑事和解适用案件的范围。二是该程序的启动通常是由检察院、法院积极推动而促成的。在少年司法领域，检察官可以主动建议和解程序，也可以建议少年法官促成犯罪行为人与被害人的和解。少年法官可以在判决中主动将修复被害人损失作为判决的内容。在成年人司法领域，法律规定检察官、法院在程序的每一段负有主动促成和解程序的义务。三是犯罪人—被害人和解程序的启动，必须尊重被害人、犯罪行为人的自主意愿，而不能由检察院、法官个人判断取代。少年犯罪行为人可以依据自己或者辩护人、法定代理人等的意见表达进行和解的意思，法官决定是否接受。四是检察官可以自己主持和解，也可以将和解委托给专职从事和解工作的机构或者组织。五是对于成功的刑事和解，检察官可以作出免予起诉的决定，法院可能终止程序或者在量刑时予以减免或者免除刑罚。原则上，终止程序或者减刑只适用于轻刑案件。在严重案件中，法官对于少年犯罪行为人宣告缓刑时，少年履行修复被害人损失的情况可以被列为缓刑的考核计划。

三　社区/社会主导型刑事和解的域外考察

如上文所介绍的，社区/社会主导模式下的未成年人刑事和解呈现出较为灵活的自治性力量，国家权力的介入程度通常不深，案件在移交社区调解组织后国家公权力便不再进一步插手后续的调解事务。当事人及调解服务组织可以对调解过程进行控制，并且基于调解机构的社会化，调解协议的效力通常不再由国家司法机关进行确认，而是由各 VOM 机构自行确认，调解协议达成后的跟踪也依托社区的力量进行考察，而后由社区和解服务机构出具报告，再提交原决定移交机关。

（一）新西兰的未成年人刑事和解

例如新西兰，作为一个具有深厚恢复性司法传统的国家，早在数百年前毛利人就已经开始在日常处理犯罪过程中大量使用召开家庭群组会议的方法，如今这一古老的司法传统被运用于新西兰未成年司法体系中。1989 年，《儿童、青少年以及家庭法》明确规定：家庭群组会议适用于处理 17 岁以下的未成年人刑事案件。[①] 家庭群组会议与刑事和解都闪烁着恢复性司法的光芒，都强调面对面的交流与进行损害赔偿，两者不同的仅是家庭群组会议的参与者更多，还包括双方家庭成员和其他社区成员的参与。从某种意义上说，家庭群组会议是一场规模更大的刑事和解。

[①] 该法的目标包括：强调未成年犯罪人通过适当的方式为他们的错误行为负责；家庭和犯罪人一道参与犯罪引发的有关问题的处理决定形成过程；被害人参与问题解决过程；共同形成问题协议。参见许晨夕《青少年社区矫正与恢复性少年司法：澳大利亚和新西兰经验及启示》，《预防青少年犯罪研究》2018 年第 2 期。

（二）美国的恢复性司法项目

按照项目组织者的不同，美国的恢复性司法项目可以分为社区组织的恢复性司法项目、教会组织的恢复性司法项目和制度内的恢复性司法项目。社区组织的约占43%，教会组织的约占23%，制度内的恢复性司法项目主要是由警察局（2%）、检察官办公室（5%）和矫正机构（27%）主持运行。① 恢复性司法项目的案件来源主要是法官、检察官、警察和缓刑官从自己受理的案件中移送出去的案件。案件转入恢复性司法项目的途径主要有两类：一类是通过案件分流转入，一些案件中加害人承认罪行并承诺遵守规定的条件，则警察、检察官可以决定将其转入恢复性司法项目，将完成该项目作为条件之一，而不对其继续追诉。法官可能判处被告人一定刑罚，但附有包括完成恢复性司法项目的一些条件，如果被告人履行了这些条件，该刑罚便会撤销。还有法官可以附条件暂缓量刑等。这些情况中恢复性司法项目实际起到了程序分流的作用。另一类是恢复性司法项目被用于在正式的刑事司法程序中提出解决方案。例如，在量刑开始前，法官可以决定适用刑事和解、量刑圈等恢复性司法模式，让双方及亲友会面并提出量刑建议。

四 简要评价

尽管上述制度和实践存在很多相似之处，但它们诞生于不同的社会文化环境，因而具有自身的特点可供我们参考。

（一）注重心灵层面的和解甚于物质金钱和解

法国的未成年人刑事和解除了要实现赔偿被害人损失，促进犯罪人复归社会外，还要基于诉讼经济的考量。在刑事和解设立之前，共和国

---

① Grebo E., Stracuzzi N. F. Hurst v., "Juvenile Justice Reform and the Courtroom Workgroup: Issues of Perception and Workload", *Journal of Criminal Justice*, Vol. 34, No. 2, 2006, pp. 425-433.

检察官就已经开始尝试在一些案件中进行调解，目的是减轻轻罪法院的负担。检察官还可以将案件委托给调解机构进行调解，达到迅速处理案件的目的。德国的犯罪嫌疑人—被害人和解、英美法系的恢复性司法实践都将修复加害人与被害人之间的关系及犯罪所侵害的社区秩序作为自己的目标。这些目标要通过加害人与被害人充分参与和解、会谈的过程来实现。在这些制度中国家刑罚权不再居于优先地位，而是从协助加害人、被害人的角度出发给予其自我修复的机会，显然，他们更加注重一种心灵层面的和解。而在我国的刑事和解实践产生于构建和谐社会的大背景下，刑事和解被视为化解矛盾冲突，实现社会和谐的有效途径。因此，我国刑事和解将"妥善化解矛盾、修复受损的社会关系"作为主要目标。看似我们与域外在修复社会关系，关注未成年人回归方面没有明显差异，但在我国司法实践中和解的真诚性和和解的效果往往便捷地通过金钱进行衡量，被害人能否通过和解过程获得治愈，进而真诚地谅解被告人，被告人是否真诚悔过进而实现回归社会，显然没有获得持续关注，特别是司法机关很少将双方是否形成了心灵层面的和解作为和解成功的标准进行考虑。

（二）和解的手段和方式较我国更为多样化

制度目标的设定会对和解方式产生重要影响，将修复关系作为制度重要目标的国家，被害人是否获得经济上的赔偿并不是和解是否成功的必然条件，这在恢复性司法项目中特别明显。德国的犯罪人—被害人和解将加害人修复犯罪所引起的损害作为和解成功的重要标准，但若加害人为赔偿做出诚挚努力也可作为减轻或者免除处罚的条件。在我国未成年人刑事和解实践中，经济赔偿仍然是和解的最主要方式，一直以来受到很多诟病。但我们也应看到，检察机关开始对其他和解方式展开了积极探索，如赔礼道歉、公益劳动等非经济性的赔偿手段也可能成为和解的内容，这有助于逐渐消除社会上对于刑事和解等同于"花钱买刑"的误解。

（三）适用未成年人刑事案件的范围与我国类似

德国的犯罪人—被害人和解机制并没有设立特别的案件适用范围，英美法系恢复性司法项目涉及事项广泛，不仅包括刑事案件，而且还涉及社区纠纷、学校违纪行为、家庭纠纷等案件。在刑事司法领域，恢复性司法项目主要吸收轻罪案件和青少年犯罪案件，这与我国司法实践的情况相类似。有关恢复性司法的研究表明，和解在治愈严重的暴力犯罪被害人方面有积极效果。和解也能令被害人感到案件的终结，从而开始新的生活。[①] 目前，很多国家也在开展刑事和解适用于未成年人重罪案件的探索。

（四）和解、调解、会谈程序的主持者和决定者不同

法国、德国、英美法系的恢复性司法项目包括我国的刑事和解都需要有权国家机关作出相关决定。法国是由共和国检察官在公诉前决定适用，德国则可以在任何一个诉讼阶段进行，但决定主体只能是检察官或者法官。英美法系恢复性司法项目应用较为广泛，不仅警察、检察官、法官可能作出刑事和解的决定，缓刑官等矫正机构的官员也可以决定被告参加。就和解、调解、会谈的主持者而言，法国刑事调解的主持者可以是决定调解的共和国检察官、司法警察或检察官委派的代表或者调解人，调解人可以是专业人员，也可以是志愿者，但都需要获得检察官的授权。德国与法国相似，既可以由检察官自己主持进行，也可以由他授权的从事和解或者损害修复的国家机构或者私人组织进行。英美法系则因具体项目不同，主持者也存在较大差异。总体来说，恢复性司法项目主要由社会机构或者调解组织主持，法院通常只决定是否适用而不亲自主持。有些地方警察、检察机构和矫正机构内部有自己的恢复性司法项目，因而，这些官员可能也会承担调解的主持、会谈工作，但更多的时候，他们会将案件移送到与之合作的社会机构或者调解组织进行。

---

① Catherine de Boer and Nick Coady, "Good Helping Relationships in Child Welfare: Learning from Stories of Success", *Child and Family Social Work*, Vol. 12, No. 1 (July 2006), pp. 32–42.

≫ 第三节 我国未成年人刑事和解的实践探索

一 我国未成年人刑事和解制度的实践发展情况

自 2002 年北京市朝阳区检察院出台了《轻伤害案件处理程序实施规则（试行）》后，以及最高人民检察院自 2007 年提出《关于在检察工作中贯彻宽严相济刑事司法政策的若干意见》以来，全国多地都相继开展了未成年人刑事和解的试行实践，如湖南、江苏、北京、上海等地的检察机关开始试用刑事和解的方法处理轻微案件，以化解加害人与被加害人的矛盾，在探索被害人、加害人合法权益的双向保护方面做了有益的尝试，取得了良好的社会效果。刑事和解制度在我国确立之初就已经在未成年人刑事司法中进行适用，全国各地检察机关做出了很多创新和尝试。2012 年新刑诉法将这一优秀的实践创新予以吸收，对审查起诉阶段刑事和解的适用条件、基本程序等内容作出了框架性规定，但没有将成年人与未成年人和解不起诉进行区别。未成年人不起诉制度与成年人相比，其价值、目标都存在一定差别。例如，同样是在追求社会和谐的大语境下，成年人刑事和解更为侧重实现被害人赔偿、诉讼经济之目标，从而实现未成年人行为的矫治和回归社会，它必然在目标位阶上要优于诉讼经济，因此，未成年人案件中被害人的谅解不应该简单地量化为经济补偿，我国的未成年人和解不起诉制度显然尚未步入凸显其独立性的成熟阶段，还有待进一步发展。

二 我国未成年人刑事和解的三种主要模式

从网络搜索我国审查起诉阶段有关未成年人刑事和解的新闻、案例以及检察官调研文章来看，2003 年至今就有近 2400 篇文章。特别是通过梳理其中有关各地检察机关开展未成年人刑事和解工作模式的报道，可以总结出目前我国未成年人检察实践中，检察机关进行和解不起诉的三种工作模式，即被动确认式、主动促成式以及委托加确认式。

（一）被动确认式

被动确认式是指检察机关被动确认的和解方式，即被害人与犯罪嫌疑人自行达成刑事和解协议，再由检察机关进行确认并作出是否不起诉处理的决定。根据《人民检察院刑事诉讼规则（试行）》规定，除了需要司法机关进行认定的法律问题外，双方当事人可以就赔偿损失、赔礼道歉等民事责任事项以及是否同意检察机关对被告人依法从宽处理进行协商。人民检察院应当对和解的自愿性、合法性问题进行审查，特别是被告人是否真诚悔罪、是否向被害人赔礼道歉，经济赔偿的数额是否与所造成的损害和赔偿能力相适应等问题进行审查。从理论上来说，这种工作模式应该是未成年人案件中常见的，因为未成年人及其法定代理人相较于处于同种情况的成年人，为了避免受到前科的影响，其追求和解的意愿更为强烈。但实践中自行和解而达成协议的比例却不高，这与被害方不愿轻易和解，或其基于加害方迫切心理而要求过多赔偿等现实因素紧密相关。

被动确认式具有三个鲜明的特点：一是这类案件往往社会危害性不算严重，但与受害方的人身伤害、经济损失密切相关，争议的焦点也都围绕这些问题；二是协商的过程完全由当事人及其法定代理人双方主导，检察机关完全不介入协商的过程；三是检察机关最终对和解协议的确认，令和解协议最终具备了实质上的法律效力，一方面检察机关接受双方和解协议的约束，另一方面检察机关依此决定是否终止追诉程序。

（二）主动促成式

主动促成式是指检察机关通过与加害方、被害方的沟通、交流、教育、劝解工作，说服双方就经济赔偿标准、赔礼道歉等事项达成协议，从而促使被害方同意放弃追究加害方刑事责任或者同意对加害人从轻处理的纠纷解决方式。而这也是我国检察机关广泛使用的一种刑事和解的工作方式。同样以正义网的报道作为参照系，在涉及未成年人刑事和解案件的23篇报道中，关于这种检察机关主动促成型的和解案件报道就有 22 篇。很多对检察官积极主动促成和解的工作进行了浓墨重彩的报道，例如，《陕西黄龙县检察院"三顾茅庐"耐心说服、化解矛盾促成和解》《庐山市人民检察院探索人性化的和解办案方式》等，主要突出检察机关在促成和解问题上的积极态度以及以保护未成年人利益为先的价值取向。此外，一些检察机关走得更远，他们通过自身的专门化建设来适用刑事和解。例如，青岛南区检察院设立了刑事和解工作办公室，负责对公诉部门建议的符合刑事和解条件的案件进行独立调解，促成双方当事人自愿就刑事和解达成一致意见。公诉部门根据刑事和解工作办公室反馈的调解结果对案件作出相应处理。刑事和解工作办公室工作人员直接向检察长报告工作，并接受纪检监察部门的监督。① 《刑事诉讼规则（试行）》规定，"检察机关可以建议当事人进行和解，并告知其相应的权利、义务，必要时还可以提供法律咨询"。显然，实践中检察官作出了比法律规定更为积极的尝试，有些检察官为了涉案民事赔偿协议达成而做出的调解工作已经和法官进行的调解工作十分接近。下面这个案例就生动地反映了检察机关主动促成和解的工作方式：

2012 年 12 月，犯罪嫌疑人孙某某在石景山区金顶街某网吧包间内趁事主睡觉之机，盗窃其 iPhone4S 16G 手机一部（经鉴定，价值人民币三千零六十元）、三星牌 GT—B7722 型手机一部（经鉴定，价值人民币二百元），并将两部手机放在厕所水箱内。民警经查看监控录像，将孙某某查获。案件进入审查起诉阶段后，在讯问中检察官了解到犯罪嫌疑人孙某某没有经济来源，父母离异，生活又比较困难的实际情况，遂向区法律援助中心及时送达了指定法律援助函。

未成年人案件检察处的检察官在得知犯罪嫌疑人孙某某及其监护人表示愿意赔偿被害人经济损失，希望获得谅解的情况后，安排

---

① 秦宗川：《论检察官客观义务在刑事和解中的坚守与落实》，《重庆理工大学学报》（社会科学）2014 年第 10 期。

和主持了双方当事人、监护人及法援律师在未成年人谈话室进行和解。在主持这项工作中，检察官首先对双方是否自愿和解、嫌疑人是否能够及时赔付、被害人能否谅解等情况一一进行了核实。其次，重点让孙某某谈谈内心感受。孙某某站起身，真诚地对自己一时冲动的犯罪行为表示后悔、自责，并向被害人鞠躬道歉，被害人亦表示谅解。检察官对孙某某进行了教育，同时充分听取了法援律师的意见，并接收了其提交的法律意见书。最后，在检察人员的见证下，双方现场交付了赔偿的经济损失三千八百元人民币，并签署了和解协议。①

这个真实案例在未成年人刑事和解制度运行中极具代表性，从其获得的广泛宣传报道也可以看出检察机关对未成年检察官在刑事和解中的工作要求。此外，笔者通过查阅北京市人民检察院未成年人检察工作页面中出现的案例、工作宣传信息、经验交流等材料，发现这种检察官主动促成和解的工作模式已经被各地检察机关主推。这种模式具有两个特点：一是这种模式下检察机关主导性最强，和解的启动、调解会议的召集、调解、协议的确认，甚至协议履行后未成年人矫正情况的跟踪都在检察机关的主导和控制下进行，检察机关的这种积极的主导性与其作为犯罪追诉方和和解协议的确认审查者的身份存在一定冲突，其公正性很容易受到质疑。笔者认为，检察机关对于刑事和解应秉持有限参与的原则，其作用可以界定为：为双方提供沟通的契机和渠道；正确、公正地开示有关预测处理决定的信息；提示和解的方案并做适当的说服工作；确认和解的成果。二是和解的协商程序与确认程序没有明确界分，由于检察官在和解程序中绝对的控制力，其对和解的自愿性、和解内容的合法性以及未成年加害方的悔过态度等问题已经了然于胸，通常双方和解

---

① 石景山团委：《法援保权利　和解现真情——石景山区检察院对一未成年犯罪嫌疑人作出相对不起诉处理》，北京检察网，http：//www.bjjc.gov.cn/bjweb/syxw/35093.jhtml，2014 年 11 月 11 日。

协议达成的同时检察官已经完成了对协议的确认程序。但是也应看到，主动促成模式是对检察官工作施加负担最多的一种和解工作模式。检察官的工作职责已经从单纯的法律延伸至社会范畴。需要注意的是，尽管在和解会议中检察官只是简单地让加害方进行了口头悔过和道歉，却在一定程度上显示出在未成年人案件中，检察官对其和解诚意的考察标准已经从单纯的金钱赔偿扩大到未成年人的悔过态度上。但这与恢复性司法那种强调通过双方真诚的交流、对话进行恢复和治疗的理念仍然存在一定差距。

（三）委托加确认式

委托加确认式是指检察机关对于那些加害方与被害方具有和解意愿的未成年人刑事案件，委托基层人民调解组织进行调解，对于经过调解达成协议的，经检察机关的审查确认并最终作出是否不起诉的决定。与前两种方式相比，委托加确认式显然更为复杂，和解的参与者变成检察机关、调解机构、加害人、被害人四方。和解的过程包括三步：第一步是检察机关选择案件并委托调解机构进行调解；第二步是调解机构组织当事人双方及相关人员进行调解；第三步就是调解达成后，调解协议要交检察机关进行审查并确认。目前，委托加确认式还没有成为检察机关工作的主流，从正义网检索的未成年人和解不起诉报道共 23 篇，其中仅有 1 篇新闻对委托加确认的和解工作模式进行了介绍，而从网络搜索相关报道 181 篇，其中关于委托加确认模式的报道寥寥无几。笔者认为，这和我国社区专业化力量尚不发达，民间组织缺乏社会公信力有很大关系。针对我国这种民间力量尚不发达的现状，司法实践中检察机关转而依托如村民委员会、人民调解委员会、共青团组织等带有"准官方"性质的结构展开调解及和解工作，取得了良好的实践效果。例如，山东烟台市检察机关探索的委托第三方机构主持调解的"平和司法"模式，其主要特点是当检察机关决定启动和解程序后，委托辖区内的综合治理办公室召集并主持和解会议，由侦查人员、检察人员、加害人及负有赔偿责任的人、被害人以及双方法定代理人、诉讼代理人和负有帮教责任的社区代表参加。① 其中，正义网 2011 年报道了广西检察院"检调对接"开展未成年人和解不起诉的案件，通过这篇报道我们可以清楚地了解到检察机关采取委托加确认的方式进行刑事和解的基本程序。

2010 年 9 月被害人阿伟（化名）和朋友在本县峙浪乡峙浪街一烧烤摊喝酒，阿水（化名）乘坐摩托车路过该处时与阿伟的朋友发生争吵。阿伟看到双方争吵即上前查看，当走到阿水身边时被阿水用随身携带的杀猪刀砍中头部一刀。阿水砍人后逃离现场。阿伟被朋友送到医院医治，经鉴定构成轻伤。犯案时，阿水未满 17 岁，后因故意伤害被公安局刑事拘留和被人民检察院批准逮捕。

在审查起诉过程中，检察机关告知双方刑事和解的方式、内容及后果后，本案双方当事人同意通过人民调解组织调解，并向本院提交了书面的人民调解申请书。案件承办人草拟《宁明县人民检察院移送调解函》《轻微刑事案件移交和解审批表》报经部门领导、主管检察长审批同意后，将调解申请书及案件有关材料移交给了峙浪乡人民调解委员会，同时将《宁明县人民检察院移送调解函》抄送宁明县司法局。经峙浪乡人民调解委员会调解，双方自愿达成和解，并签署了和解协议书、谅解书。犯罪嫌疑人阿水系未满 18 周岁的未成年人，无犯罪前科，且与被害人达成了和解，赔偿被害人损失共计 1.3 万元，被害人表示不再追究阿水的刑事责任和民事责任。检察官经审查和复核，认为双方的和解合法、真实、有效，且符合法律相关规定，拟对犯罪嫌疑人阿水作出不起诉处理，随后阿水被宁明县检察院工作人员从看守所带到了县检察院，当面向阿伟赔礼道歉并支付赔偿款。在当事双方确认调解情况属实后，县检

---

① 宋聚荣、王鹏：《试论检察机关在刑事和解中的职能定位——以山东省检察机关的实践探索为基础》，《中国司法》2009 年第 12 期。

察院工作人员当场宣读了不起诉决定书。①

这个案例在和解不起诉程序上具有一定的代表性，无论是由检察机关作为委托和解启动的主体、和解机构的选任主体，还是对和解协议的确认，都与域外未成年人刑事和解的情况相似。这一模式主要有两个特点：一是有明显的程序转换机制，第一次转换是检察机关将已进入司法程序，事实基本查清的案件委托给调解机构。第二次转换则是调解组织将调解结果反馈给检察机关，由检察机关结合案件情况和条件结果等最终作出处理决定。被委托的条件组织作出的和解协议，其效力有待委托机关确认。二是此种模式具有广泛的社会参与性，在调解过程中，调解组织可以深入社区，邀请双方当事人相关的社区、学校人员参与促成调解。这种方式的社会性更为突出，这种参与度广泛的调解更有助于化解纠纷、削减作用的实现，也增加了群众和公权力在对待犯罪问题上的互动，增强了群众对犯罪处理情况的监督，有利于促进社会矛盾的化解，减少对司法的不满和质疑。这种工作模式下，检察机关的工作负担可以得到有效减轻，但值得注意的是，检察机关对和解协议的确认不是如域外很多国家那样进行形式上的审查备案，而是将双方带到检察院面对面又进行了一次对和解自愿性及和解内容的确认工作。这可以理解为由检察机关对这种非"官方"组织公信力的"补强"，具有鲜明的特色和实践指导意义。

三　我国未成年人和解不起诉制度面临的问题

2012年《刑事诉讼法》修订后，未成年人和解不起诉制度在实践中获得了更多的适用和发展，但其实践的真实情况似乎并不完全如制度设计时的预想，存在一些值得进一步思考和解决的问题。

BJ市未成年检察部门经过近十年的发展，已经形成了市院、分院、

---

① 梁洪、唐钊平：《广西：办结首例"检调对接"刑事和解办理不起诉案》，正义网，http://news.jcrb.com/jxsw/201105/t20110531_549818.html，2014年5月21日。

基层三级架构的专业化未成年人检察工作部门，其工作的专业化和创新性获得广泛认可。在最高人民检察院评选的 2013 年十大未检工作典型中有四件都发生在 BJ 市。而该市 XC 和 HD 两区都是在未成年检察领域作出改革创新较多的区域，这两区的未成年检察部门也是 BJ 市未成年检察的主打品牌，可以说，这两个区域未成年人检察工作情况代表了全市的最高水平。在对和解不起诉制度存在问题的分析中，笔者将以这两个区域的办案数据和情况为例，以期更为充分地说明问题。

（一）多方因素导致和解不起诉适用比例不高

2014 年 1—5 月，BJ 市未成年人检察部门共受理审查起诉案件 278 件，371 人；决定起诉 215 件，283 人；作出法定及证据不足不起诉 11 人；作出相对不起诉 60 人，其中，基于和解的相对不起诉 18 人。在此时间段内，XC 区适用刑事和解的未成年仅为 1 人，HD 区相对较多，也仅为 16 人。通过这些数据，我们可以看到，和解不起诉在司法实践中适用比例并不高，这是由以下因素共同造成的。

（1）程序适用成本过高导致案件承办人促成和解意识不强。《人民检察院刑事诉讼规则（试行）》第 514 条规定，"对于符合当事人和解条件的公诉案件，可以建议当事人和解"。表达了一定推进和解制度适用的意愿。虽然案件承办人不向当事人提供和解建议也是符合相关规定的。特别是检察官要承担较为繁重的办案任务，同时了解双方的和解意愿，还要负责召开调解会议或者审查和解协议、内部报告等种种工作，这种工作要求提升了其适用成本，导致检察官缺乏主动选择适用和解不起诉的意愿。

（2）部分案件当事人滥用权利导致和解难以达成。部分案件中存在被害人漫天要价或者犯罪嫌疑人态度较为恶劣的情形，甚至案件承办人为了尽快实现结案目标而协助被害方向犯罪嫌疑人施加不当压力要求赔偿的情况，反而加剧当事人之间的矛盾，导致和解协议无法达成。

（3）检察机关与人民调解委员会等第三方协调机构缺乏明确的合作机制。目前，检察机关委托加确认的和解工作模式尚未成熟和完善。虽然实践中一些地区的基层检察机关通过试点改革等工作项目与本区域的司法局、人民调解委员会、团委等达成了委托调解工作协议，但尚未出现省市级乃至全国范围内的检调衔接工作机制，检察机关缺乏调动这些机构参与促成当事人之间达成和解的依据，加之未成年检察部门自身工作资源的限制，导致刑事和解在未成年人案件中适用比例较低。

（二）未成年人检察官在刑事和解中的地位尚待厘清

2012 年《刑事诉讼法》第 278 条规定："双方当事人和解的，公安机关、人民检察院、人民法院应当听取当事人和其他有关人员的意见，对和解的自愿性、合法性进行审查，并主持制作和解协议书。"依照这一规定，与成年人案件检察官相类似，未成年检察官在刑事和解中的身份和职责存在矛盾性：一方面，根据刑事诉讼法及相关司法解释规定，其负有促成当事人和解、推动矛盾纠纷化解的责任，有义务为当事人提出的和解要求提供法律咨询；另一方面，作为起诉方，检察官还要承担积极的犯罪追诉之责，刑事和解追求的"息诉"与传统追诉主义的"追责"要求之间存在矛盾。这种矛盾性在未成年人案件刑事和解程序中表现得尤为明显和复杂：作为和解的居中主持者，检察官应中立不偏倚；作为犯罪的追诉者，检察官要尽力实现犯罪受到惩罚；但在未成年人刑事程序中，其作为国家权力的代表，在某种意义上代替国家行使对未成年人的监护权，与追诉犯罪相比，更侧重对未成年人的特殊保护。当这些矛盾的身份集于一身时，未成年人案件的检察官恐怕经常性地会面临身份和角色选择的困惑，在和解程序中其过于注重保护未成年人时会积极选择适用和解，甚至主动充当和解的调解人和主持者；如果其更倾向于追诉犯罪，可能不会积极选择适用调解；如果其重视中立的主持者身份，可能更倾向于选择被动等待确认双方自行和解的协议，或者委托其他部门进行调解。这种身份选择的困惑在一定层面可以解释目前司法实践中出现的各类刑事和解模式，以及一些较为积极主动的和解工作改革。但更大的可能就是检察官因为这些困惑而无从选择，导致刑事和解适用比例较低，无法发挥其应有的作用。

（三）和解手段单一、标准不明，和解效果饱受质疑

自当事人和解引入刑事诉讼之始，就一直存在"花钱买刑"的质疑。社会舆论不乏"对刑事和解案件中的犯罪嫌疑人从轻处理是对犯罪分子的放纵""刑事和解易导致有钱人可以花钱换来轻判，穷人则只能把牢底坐穿"等误解。此外，刑事和解的过程缺乏透明度和公开性，和解后对犯罪嫌疑人往往获得不起诉或从轻判决，极易使人对司法机关刑事和解的公正性产生怀疑。之所以会存在这些误解，很大原因在于无论是司法机关还是社会公众对刑事和解的认识大多停留在"刑事和解就是金钱赔偿"的层面。司法机关出于办案效率、司法资源配置等因素的考量，多以赔偿数额作为衡量加害方和解的诚意；双方当事人和解的过程也往往是就赔偿数额进行讨价还价的过程，没有那种加害方与受害方的感情交流以及加害方诚意的忏悔、悔过的过程。这些情况很容易给社会公众留下"赔得越多、处理越轻"的不良印象，这种中国式的和解背离了刑事和解制度设计的初衷。其制度适用的目标不在于赔偿，而在于通过和解的过程加害人通过真诚的悔过而获得被害人的谅解，进一步修复被伤害的社会关系。因此，除赔偿损失外，赔礼道歉、恢复原状等有助于加害人获得被害人谅解的方式也应当作为刑事和解的有效途径。

（四）刑事和解缺乏明确的标准造成和解效果不佳

目前，我国并未就刑事和解出台统一的可供参考的赔偿标准，刑诉法及刑诉规则较为概括地将和解的标准界定为："被告人、犯罪嫌疑人真诚悔罪，通过赔偿损失、赔礼道歉等方式获得被害人的谅解。"因此，司法实践中被害人借机"漫天要价"现象屡见不鲜，特别是在未成年人案件中，其法定代理人出于避免未成年人被贴上"犯罪人"标签的目的，会尽力尝试与受害方达成和解，受害方也存在基于这种心理而漫天要价的情况。例如，XC 检察院曾经就办理了一起轻伤害犯罪最终通过赔偿三十五万元人民币达成和解的案件。尽管这种和解具有一定的"自愿性"，但弊端也显而易见：一方面，赔偿由未成年人的法定代理人作出，未成年人是否能够通过这种赔偿获得教育或者悔过的心理值得

研究；另一方面，虽然一时双方达成了金钱赔偿的协议，但被害方仍然可以利用未成年人家长的急切心情而反悔，进一步提高赔偿的金额，导致和解协议的稳定性不强。这正是司法实践中很多检察官不愿主动开展刑事和解的原因之一。

（五）和解协议效力缺乏强制性致使刑事和解制度实效不佳

当事人达成刑事和解后，和解协议内容在无法立即执行完毕的情况下，司法机关依照法律作出从宽处理后，此时如果出现一方当事人反悔或者不积极履行协议内容的情况，对方当事人则缺乏有效的权利救济途径，刑事和解协议的效力难以得到有效执行，这使得检察机关处于比较尴尬的境地，极大地损害了检察机关的公信力。在这种情况下，如果和解协议达成，被告方获得从轻处理后不继续履行协议，限于和解协议的民事效力，受害方也只能另行向法院提起民事诉讼。

》 第四节　我国未成年人刑事和解的发展方向：从物质到精神层面的和解

综合上文分析，我国未成年人刑事和解制度在运行中主要存在手段单一、定位不准、配套机制欠缺等问题，笔者认为，应结合我国目前的未成年人法制资源现状来进一步寻找该制度的发展方向。

一　未成年人刑事和解的目标追求：精神层面的谅解和恢复

（一）刑事和解单一标准的弊端

无论是学界还是实务界都认可恢复性司法理念对于刑事和解制度的深刻影响，但与域外和解制度发端于"重新发现被害人"运动的兴起及其主要着眼于解决刑事司法对受害人、加害人、社会的平衡保护不同，我国的刑事和解更具有现实意味。该制度直接发端于我国司法实践，着眼于解决长期以来刑事附带民事诉讼执行难、受害方由此引发的信访压力较大、司法资源紧张等现实问题；兴起于构建社会主义和谐社会和实行宽严相济形势政策的政治语境之下。这些情况以及我国特有的社区体系不发达、民间机构公信力不足、司法机关办案时限较短等因素的共同作用，造成了目前这种以赔偿金额为单一衡量标准和导向的刑事和解模式。但不可否认的是，这种和解模式在节约司法资源、保障被害人及时获得赔偿方面确实发挥了一定作用，从一些实证研究也可以看出其较为有效的实施结果。① 这种单一标准的和解从长远来看却具有一些弊端。

1. 以金钱为标准的和解不稳定性较强

案件双方就赔偿金额达成一致，一方可以及时获赔，另一方可以获得从轻处理，办案机关可以省却后续的程序和实体性工作，"案结事了"，似乎是一个皆大欢喜的结果。但和解协议的履行缺乏机制保障，如果出现诸如受害方对赔偿金额反悔，加害方没有按时履行和解协议的情况，双方可以轻松推翻原协议，继续将这种纠纷推回司法机关，现实中这种情况时有发生，特别是那种自行和解和通过民间机构调解而达成协议的案件。②

2. 以金钱为标准的和解实质上不利于矛盾的化解和社会关系的修复

当和解达成的考察标准主要落实于金钱上时，双方和解的主观诚意必然会受到忽视。这种和解异化为一种功利行为，案件当事人双方以及司法机关都关注即时可见的利益性结果，如金钱、出罪化处理、效率等，而非恢复性司法所提倡的真诚的悔过以及社会关系的修复，而且这种功利性行为随时可以因为更大的利益而瓦解。至于通过对话、沟通而实现的加害人的忏悔，受害方的谅解，都在金钱赔偿的目标下异化为一种形式上的简单表达。在这种和解中，目标和手段完全出现了倒错，本应是表达悔过手段的金钱赔偿，异化为和解所追求的目标，而真正的和解目标——犯罪嫌疑人的悔过和社会关系的恢复反而成为为了实现赔偿和效率的手段。

（二）未成年人刑事和解的复合化标准

在未成年人案件中，刑事和解不能以金钱作为标准或者目标，原因

---

① 宋英辉主编：《刑事和解实证研究》，北京大学出版社 2010 年版，第 17—24 页。
② 宋英辉主编：《刑事和解实证研究》，北京大学出版社 2010 年版，第 17—24 页。

有以下几点。

1. 未成年人刑事程序的目标相对于成年人来说，注重恢复、预防胜于惩罚

基于未成年人与成年人在身心方面的显著弱点和劣势，相对于成年人刑事司法程序来说，未成年人司法程序更注重对未成年人的特殊保护。这也是世界上主要法治国家所采取的通行做法，"非行少年是缺少保护的少年，国家应当替代父母保护这些少年"①。但同时，未成年人刑事诉讼作为刑事诉讼的特别程序，其仍然要服从刑事诉讼惩罚犯罪的初始目的，而对犯罪嫌疑人、被告人权利的保障是在追求惩罚犯罪、维护社会公共安全的同时来实现的。如此一来，未成年人刑事诉讼程序似乎就面临一种尴尬的局面，一方面要惩罚犯罪，另一方面要体现出对未成年人的特殊保护，应该如何取舍呢？根据刑事诉讼理论，惩罚犯罪和保障人权必然处于一种此消彼长的对立地位，显然在未成年人刑事诉讼中也是如此，而过分强调对未成年人权利的保障可能会伤害社会安全。在这种困境中，未成年人刑事诉讼是否存在一种特殊的目标？我们应该从未成年人发展的角度出发，提出其应关注的更为重要的目标，即注重对未成年人的教育和社会关系的恢复，通过未成年人刑事诉讼程序帮助其回归社会。也就是注重未成年人和社会的共同发展，从长远来看，有利于实现犯罪预防。当然，这种对未成年人的保护和社会关系的恢复并不是以牺牲惩罚犯罪为代价的，对未成年人的保护力度要以未成年人犯罪的实际情况为参照，要以能够控制未成年人犯罪为限度，在可控范围内，对未成年人的特殊保护，实现未成年人回归社会的恢复性目标，要优于惩罚犯罪。

2. 未成年人案件的刑事和解不应以效率为首要考量因素

正如上文分析的，未成年人刑事诉讼程序更关注对未成年人的特殊保护并实现其回归社会，这决定了未成年人刑事诉讼程序要比成年人更

---

① ［日］田口守一：《少年审判》，载［日］西原春夫主编《日本刑事法的重要问题》第二卷，金光旭等译，法律出版社 2000 年版，第 168 页。

为复杂，司法机关承担的职能除了传统的惩罚犯罪外，还需要更为社会性的矫正、帮教等。众所周知，未成年人之所以需要特殊保护，就是因为其生理和心理尚未发育成熟，要实现矫正其行为，特别是矫正其罪错心理，恢复被犯罪行为破坏的社会关系，必然要经过较正常诉讼程序更长的时间，司法人员需要实施对未成年人的帮助和教育，观察其回归社会的言行，以确认该程序的实施效果。未成年人的刑事和解更是如此，其不同于成年人刑事和解，在和解案件的适用选择上，要尽量体现对未成年人的特殊保护，即通过较为广泛的社会调查，将更多具有和解可能的案件纳入程序之中；在和解过程中，检察机关要认真评估和解协议以及未成年人的主观悔过情况，并根据情况对其施以帮教；在和解协议达成后，检察官还要关注协议履行情况、未成年人的回归效果等。这些因素都决定了未成年人的刑事和解不能以效率为首要考量因素，更多的是确保通过和解实现未成年人的矫正和回归社会，只有这样才能真正实现未成年人刑事诉讼程序目标。

3. 未成年人悔过及和解的诚意不宜用金钱作为衡量标准

刑事和解制度受到恢复性司法理念的影响，目的是修复被破坏的社会关系、消弭矛盾，将惩戒寓于教化之中。未成年人刑事和解同样如此，但更加注重刑事和解中以及和解后罪错未成年人的教育矫正，促使其真诚改过，回归社会。如上文所述，基于我国司法现状等现实原因，我国的成年人刑事和解在实践中出现了异化，形成了一种以金钱为标准和追求的单一和解模式，长远来看存在不少弊端。在我国未成年人刑事和解实践中，目前同样存在和解手段单一、目标异化的情况，其带来的弊端可能甚于成年人那种单一化和解模式。首先，未成年人一般不具有刑事赔偿能力，作出赔偿的基本为其法定代理人，和解赔偿数额的大小很难对未成年人的心理产生深远影响，金钱赔偿无法与未成年人罪错行为产生直接关联，自然其教育和警示价值就会大打折扣。其次，以金钱为单一手段的和解无法体现未成年人悔过的真诚性与主动性。最后，在未成年人刑事案件中，为了罪错未成年人不被贴上"犯罪人"标签，未成年人的法定代理人大多积极地寻求与受害方的和解，并接受较高额度的赔偿。但这些心理和行为往往与罪错未成年人没有很大关系，曾经发生的轰动一时的李某某等人涉嫌强奸案就是一个例证，涉案的几个少年的家长积极要求和解并进行赔偿，在受害方不同意和解的情况下，直接将赔偿金交到法院，以期能达到对未成年人从轻处理的结果。[①] 但在刑事和解程序中，罪错未成年人需要做的仅仅是口头向受害方赔礼道歉，其悔罪和和解的真诚性与主动性无从考察。

（三）未成年人和解应追求精神层面的谅解和恢复

未成年人的刑事和解显然需要设置一种全新的目标，特别是要有别于单一性模式下的金钱和解。笔者认为，我国的未成年人刑事和解需要从原来的金钱或者说物质和解走向一种精神层面的和解，即更关注和解加害方的真诚性以及受害方的宽宥性，金钱或者物质性赔偿只能作为这种目标下的一种和解的手段，而且是非唯一性手段。这种精神层面的和解应有如下含义：一方面，和解达成的标准应是加害方的真诚悔过获得了受害方的谅解，而非金钱赔偿协议的达成；另一方面，通过加害方采取实际行动对被害方进行道歉或者赔偿，通过和解程序中双方真诚的沟通、交流，被犯罪伤害的社会关系得到了恢复，此外，罪错未成年人基于案件的和解获得了免除或者减轻刑事处罚的处理，通过悔过和行为的矫正实现回归社会。这种注重精神层面和解的模式相对于单一性的金钱和解模式在未成年人刑事司法中具有明显优势：可以避免未成年人家长替代赔偿的情况，有助于拓展适合未成年人特点的和解手段，有助于提升未成年人和解的真诚性和主动性，从而提高受害方的宽容、谅解程度，更有益于罪错未成年人回归社会以及社会关系的修复。这种精神层面的和解才是符合恢复性司法理念精髓的和解模式，从长远来看，是实现未成年人犯罪预防和社会安全的最佳选择。

---

① 参见陈晓《李某某的罪与罚》，《三联生活周刊》2013 年第 37 期。

二 未成年人刑事和解中检察官的定位：未成年人的保护者

根据上文分析，未成年人检察官在刑事和解过程中存在犯罪追诉者、未成年人监护者、保护人以及和解促成者等多重身份，这些身份与其带来的职责集于未成年人检察官一身，必然会带来和解适用及和解模式选择中的矛盾冲突。

（一）确定刑事和解中未成年人检察官定位的标准

1. 把握国家监护人与追诉机关的双重定位

来源于古罗马法，后逐渐被英国普通法所继承，由美国将之发扬光大，并深刻影响世界各国少年司法的国家亲权理论，是现代少年司法的理论基础，其主张国家是未成年人的最高监护权人。从某种意义上来说，在未成年人刑事案件的审查起诉阶段，检察官实质上就是国家监护权的替代行使者。因此，检察机关在未成年人审查起诉程序中的主要目的就从定罪惩罚转而强调尽可能地对未成年人进行教育、挽救，促使其成为对社会有益的公民上来。作为未成年人的"家长"，这种目标的变化并不意味着对涉罪未成年人全部从宽处理。对未成年人应当承担的责任，仍然坚持宽严有度，区别对待，不能随意放任原则。

2. 在双向保护中寻求平衡

"双向保护"是《联合国少年司法最低限度标准规则》（以下简称《北京规则》）确立的一项重要原则。《北京规则》强调"少年司法应视为在对所有少年实行社会正义的全面范围内的各国发展进程的一个组成部分，同时还应视为有助于保护青少年和维护社会的安宁秩序"[①]。2012年刑诉法虽然没有明确规定"恢复性司法"理念，但是未成年人刑事和解的公诉案件诉讼程序要求司法机关在办理案件过程中及时化解矛盾、修复社会关系，这也要求检察机关在办理未成年人刑事案件过程

---

① 林文肯：《〈联合国少年司法最低限度标准规则〉在中国的贯彻》，《中外法学》1991年第2期。

中既要关注涉罪未成年人的权益保护，也要加强与被害人的联系，听取其意见，通过多方力量、多种途径，努力促成受损社会关系的有效修复。

（二）未成年人检察官身份定位：未成年人的保护者

未成年人检察官在行使犯罪追诉、刑事和解或者矫正帮教的职能时，贯穿其始终的无论是涉罪未成年人还是未成年被害人的特殊保护理念，即对重罪的追诉要特别关注未成年人权益，对和解中的修复和矫正也要通过一种能最大限度地保障未成年人权利的方式进行。在未成年人刑事和解过程中，追诉犯罪与促成和解和社会关系修复的职能本质上并不矛盾，当宽则宽、当严则严才是对未成年人和社会真正的负责，也是检察官在办理未成年人案件中必须遵循的准则。因而，笔者认为，未成年人的保护者，最能准确体现犯罪追诉或者和解不起诉这种宽严相济的处理方式中未成年人检察官的身份定位。

三　和解模式的选择：委托加确认模式

（一）主动促成模式不是最佳选择

根据上文分析，目前审查起诉阶段我国未成年人刑事和解主要存在三种模式，即被动确认模式、委托加确认模式以及主动促成模式，当前检察机关针对主动促成模式所作的创新和探索最多。被动确认模式是审查起诉阶段较为常见的一种和解工作方式，即检察机关待案件当事人双方达成和解协议后，对和解的自愿性及和解内容的合法性等问题进行审查后，决定是否对犯罪嫌疑人或者被告人作出不起诉处理的决定。但也是最不能体现未成年人检察工作特点的一种模式，其具有的被动性、不确定性和事后性与成年人案件的刑事和解没有显著区别，因此，笔者将主要探讨适应未成年人检察工作特点，可以充分体现未成年人检察特殊性的刑事和解模式。笔者认为，目前，检察机关着力最多的主动促成模式并不是审查起诉阶段未成年人刑事和解模式的最佳选择。一方面，采取此种刑事和解模式将面临司法资源紧张的现实问题。目前，正在全国推行的未成年人检察专业化建设中，如北京、上海、江苏等很多省市都建立了三级未成年人检察专门处室，由该部门行使"捕、诉、监、防"一体化职责，但未成年人检察处的人员配备并不充裕，一般都是十人以下。如果采取主动促成型和解模式，从案件选择、和解准备到调解会议召开以及和解协议确认都需要检察官投入更多的精力，必然会造成与原有工作的冲突。另一方面，主动促成型和解模式中检察官的中立性和和解结果的公允性更容易受到质疑。本身刑事和解在中国自产生之日起就伴随着诸如"花钱买刑"这样不中立、不公允的质疑，如果检察官再以一种较为积极的态度参与到和解之中，不仅从中调解，甚至走出检察机关到某一方家中进行劝解、说服来促成刑事和解，[①] 这种带有倾向性的工作方式过分强调了检察官的社会功能，偏离了其"准司法官"的中立性要求，更容易让社会对刑事和解的效力产生质疑。而且检察官不是社会工作者，没有受过专门的学习和训练，其类似社工开展的调查、调解等工作是否能产生预期效果也会受到质疑。

（二）委托确认模式是未成年人刑事和解的发展方向

相较于主动促成型和解模式，委托加确认型和解模式显然更符合未成年人检察工作的特点，更能反映未成年检察工作的特殊性要求。首先，检察机关将具有和解可能性的案件委托给社会专门机构进行调解，由受过专业训练的社工针对未成年人的身心特点及社会特点开展相关工作，可以避免检察官对社会工作的专业性不足之问题。其次，委托加确认型和解中检察官主要负责和解案件的筛选以及和解协议的审查确认，避免了将过多精力投入调解调查和调解会议召开等工作中，可以避免司法资源的紧张。最后，检察官不参与调解的过程，只是对调解协议进行审查和确认，更符合司法官员应具有的中立地位，也会增强调解协议的公信力。

---

① 赵国栋：《"三顾茅庐"耐心说服 化解矛盾促成刑事和解》，新华网，http://www.
sn.xinhuanet.com/2013-10/11/c_117672592.htm，2014年6月18日。

当然，目前，我国未成年人司法实践中面临着和解配套机制欠缺，即刑事和解与社会调解、社会调查等机制的衔接机制没有建立；社会调解的专业化机构与专业化人员缺乏；社会调解的公信力尚未建立等一系列问题。这些问题可能成为构建未成年人刑事和解委托加确认模式的阻碍。对于由专门的社会机构开展调解合理所需的规范化、专业化以及社会化条件，则需要一个长期的过程，属于我国刑事和解制度发展的远期目标。但不能因为一时无法达到这一目标就放弃对我国刑事和解制度发展的要求，在委托加确认模式的核心目标下，可以选择适当的辅助性途径来推动刑事和解制度的逐步发展运行。笔者认为，结合我国未成年人刑事司法实际情况，最有效的辅助性途径就是先发展司法机关主导下的委托加确认和解模式，并逐步向核心目标过渡。虽然在和解的中立性方面，司法机关主导下的委托加确认和解模式难免存在瑕疵，但我们可以将其视为制度发展中的过程性问题。因此，在这个发展过程中，司法机关除了主持和解之外，最重要的是要承担开拓者的重任，为现有的民间调解机构参与调解创造条件。通过逐步引入社会调解机构成员参与司法机关主导的刑事和解，来协助这些调解机构的规范化运作程度，协助其构建和完善相关调解规则，借助社会调解力量的发展进而培育人民调解的社会化环境。通过这样一种过程，检察机关在主导刑事和解的同时，引导社会调解制度向良性的方向发展，直至其摆脱主导者的角色，仅仅成为一个对刑事和解进行监督、审查的机构，培育专业、独立的社会调解机构，实现从辅助性途径向核心目标的发展。我们可以看到，一些地区的检察机关已经在这方面开展了卓有成效的工作，如在北京市海淀区人民检察院主导下集合了首都师范大学等高校专业力量成立的"超越青少年社工事务所"，在开创初期，海淀区未检部门通过邀请社工介入未成年人案件的和解、帮教等工作，协同高校师资对其进行专门化培训等手段，逐步提升这支社工队伍的专业化水平，目前，这家社工事务所已经形成了介入未成年人刑事案件公、检、法工作的协调配套机制，与北京市多家公、检、法部门建立了社工服务协作机制。[1] 此外，北京市朝阳区成立了专门的刑事和解办公室，由检察官、法律援助律师、人民调解员共同主持刑事和解案件调解工作。[2]

四 和解手段的多元化发展

基于上文分析，未成年人刑事和解应追求目标为精神层面的谅解，单一的金钱赔偿方式不利于实现这种精神层面的悔过及宽宥，因此应逐渐发展更为多样化的和解手段。在域外恢复性司法理念的促动下，刑事和解实践中已经发展出不少颇富创造性的方法，如向被害人提供无偿劳动、服务，或参加某种治疗恢复性的团体、组织，从而有避免导致某种犯罪产生的环境。这些方式对于犯罪人的行为矫正、社会关系的修复，在心理、社会以及道德层面的效果远超单一的金钱赔偿方式。我国刑事和解特别是未成年人的刑事和解完全可以从上述恢复手段的运用中汲取营养。在刑事和解过程中，从社会关系修复、双方取得心理谅解的目标出发，和解手段除了单一的金钱损害赔偿外，完全可以对加害方施加其他种类的负担。具体而言，可以考虑对那些经济条件好的加害人，不仅承担经济赔偿，同时可以设定一些行为负担性要求，如向被害人提供劳务、撰写道歉信，还可以要求未成年人加入一些社会公益服务组织并为这些组织提供免费服务或善款等。多样化的和解手段可以丰富受害方除经济补偿外获得心理安慰的方式，也有利于培养加害人的悔罪意识，从而达到特殊预防的效果。从未成年人未来发展的方面考虑，其必须获得社区的谅解和重新接纳。如果要求未成年人对社区进行义务服务和参加一些公益性组织、公益性活动，让社区成员可以了解未成年人悔过的态度，这比仅要求其进行金钱赔偿效果更好。此外，多样化的和解手段对

---

① 海淀区团委：《海淀看守所举行全国首家驻所"青少年司法社工站"正式揭牌仪式》，北京共青团网，http://www.bjyouth.gov.cn/jcxx/sq/498712.shtml，2014年月18日。

② 赵晓星、孙莉婷、贾晓文：《北京朝阳检察院加强监督确保和解自愿性合法性》，正义网，http://news.jcrb.com/jxsw/201210/t20121008_958947.html，2014年6月18日。

经济状况不佳的未成年人更为有利，可以在社会上营造一种公平、正义的氛围，从而起到一般预防的作用。

》 第五节 小结

未成年人刑事和解有利于被害人获得心理抚慰，修复被破坏的社会关系以及未成年人的改过自新。目前，在我国未成年人相对不起诉实践中，存在被动确认、委托加确认以及主动促成三种刑事和解模式，检察机关的角色和做法存在诸多不同。被动确认模式是指检察机关被动确认的和解方式，即被害人与犯罪嫌疑人自行达成刑事和解协议，再由检察机关进行确认并作出是否不起诉处理的决定。委托加确认模式是指检察机关对于那些加害方与被害方具有和解意愿的未成年人刑事案件，委托基层人民调解组织进行调解，对于经过调解达成协议的，经检察机关的审查确认并最终作出是否不起诉的决定。主动促成模式是指检察机关通过与加害方、被害方的沟通、交流、教育、劝解工作，说服双方就经济赔偿标准、赔礼道歉等事项达成协议，从而促使被害方同意放弃追究加害方刑事责任或者同意对加害人从轻处理的纠纷解决方式。

我国刑事和解实践中存在如和解比例适用不高，和解手段单一、标准不明确，和解效果不佳等一系列问题。特别是未成年检察官在刑事和解中的身份和职责存在矛盾性：一方面，根据刑事诉讼法及相关司法解释规定，其负有促成当事人和解、推动矛盾纠纷化解的责任，有义务对当事人提出的和解要求提供法律咨询；另一方面，作为起诉方，检察官还要承担积极的犯罪追诉之责，刑事和解追求的"息诉"与传统追诉主义的"追责"要求之间存在矛盾。这种矛盾性在未成年人案件刑事和解程序中表现得尤为明显和复杂：作为和解的居中主持者，检察官应中立不偏倚；作为犯罪的追诉者，检察官要尽力实现犯罪受到惩罚；但在未成年人刑事程序中，其作为国家权力的代表，在某种意义上代替国家行使对未成年人的监护权，与追诉犯罪相比更侧重对未成年人的特殊保护。当这些矛盾的身份集于一身之时，未成年人案件的检察官恐怕经常性地会面临身份和角色选择的困惑。此外，以金钱为手段和追求目标的刑事和解不具有稳定性，实质上并不利于社会关系的修复。这种和解异化为一种功利行为，案件当事人双方以及司法机关都关注即时可见的利益性结果，如金钱、出罪化处理、效率等，而非恢复性司法所提倡的真诚的悔过以及社会关系的修复，而且这种功利性行为随时可以因为更大的利益而瓦解。至于通过对话、沟通而实现的加害人的忏悔，受害方的谅解，都在金钱赔偿的目标下异化为一种形式上的简单表达。在这种和解中，目标和手段完全出现了倒错，本应是表达悔过手段的金钱赔偿，异化为和解所追求的目标，而真正的和解目标——犯罪嫌疑人的悔过和社会关系的恢复反而成为为了实现赔偿和效率的手段。

我国未成年人刑事和解需要从原来的金钱或者说物质和解走向一种精神层面的和解，即更关注和解加害方的真诚性以及受害方的宽宥性，金钱或者物质性赔偿只能作为这种目标下的一种和解手段，而且是非唯一性手段。我国未成年人刑事和解中，检察官应作为未成年人的保护者，通过委托加确认方式开展和解，通过多元化的和解手段和方式，最终实现未成年人和被害方精神层面的实质性谅解和关系修复。这种注重精神层面和解的模式相对于单一性的金钱和解模式在未成年人刑事司法中具有明显优势：可以避免未成年人家长替代赔偿的情况，有助于拓展适合未成年人特点的和解手段，有助于提升未成年人和解的真诚性和主动性，从而提高受害方的宽容、谅解程度，更有益于罪错未成年人回归社会以及社会关系的修复。这种精神层面的和解是符合恢复性司法理念精髓的和解模式，从长远来看，是实现未成年人犯罪预防和社会安定的最佳选择。

第六章

附条件不起诉

目前，附条件不起诉制度在我国仅适用于未成年人案件，可以说是最能体现未成年人刑事司法特性的未成年人相对不起诉制度。附条件不起诉是一种极为特殊的相对不起诉制度，其适用的前提本是应当提起公诉的案件，但最终作出不起诉处理的条件是对未成年犯罪嫌疑人的帮教矫正的实现，即使得未成年人对自己的行为产生真正的悔过之心。可以说，相较于其他两种相对不起诉制度，附条件不起诉制度为涉罪未成年人重新融入正常社会生活提供了新的法律途径。笔者将在本章中对附条件不起诉制度以及与其适用配套的矫正帮教制度自身的独特属性和司法实践情况一并展开研究。

》 第一节 附条件不起诉的性质和功能

附条件不起诉在检察实践中其实早有探索，2012 年《刑事诉讼法》修订前，在检察实践中就出现了"暂缓起诉""诉中考察"等改革试点，但依据的仍然是原刑诉法关于酌定不起诉的规定内容。2012 年《刑事诉讼法》针对未成年人刑事案件专门规定了附条件不起诉制度，在一定程度上吸收了实践探索的有益经验，但在适用条件方面与原来的暂缓起诉、诉中考察等又有所不同。

一 附条件不起诉的性质和特点

（一）附条件不起诉的性质

域外很多国家都存在与附条件不起诉相类似的制度以及称谓，如"暂缓起诉""暂缓不起诉""起诉犹豫""起诉保留""缓起诉"，等等。对于该制度在我国的称谓选择，有学者认为，"暂缓起诉""起诉犹豫""缓起诉"等称谓都不能准确概括我国这种不起诉制度的性质，用"附条件不起诉"来界定显然更为合适。这些称谓反映了不同的关注重点，"暂缓起诉落脚在诉，而附条件不起诉落脚在不起诉，只要在一定考验期内满足法律规定的条件，就不会提起公诉"。[①] 关于附条件不起诉制度的含义，有学者认为，"附条件不起诉是指检察机关对移送审查起诉的犯罪嫌疑人，根据其犯罪行为和人身危险性，认为不起诉更有利于维护社会整体利益，在作出不起诉决定的同时附加一定条件，当被不起诉人满足这些条件并履行完毕时，不起诉决定即生效，追诉活动便到此终止的一种刑事不起诉制度"[②]。也有学者认为，"附条件不起诉是指对于行为已经构成犯罪，但情节较轻的犯罪嫌疑人，附条件和附期限的暂时不予起诉，后根据被不起诉人的表现来决定是否终止诉讼程序"[③]。这些界定尽管存在表述上的一些差别，但不算全面，这些界定还是可以反映附条件不起诉制度的一些特征。

我国的附条件不起诉制度具有四个重要内容：第一，附加条件的核心性。不起诉决定所附加的前置性条件是该制度的核心内容。这种前置性的附加条件显然不能是没有期限的，只有在一定期限内完成并进行考察才具有实际意义。第二，决定主体的特定性。附条件不起诉发生在审查起诉阶段，是专属于检察官行使的裁量权，其他任何人无权作出该决

[①] 陈光中主编：《中华人民共和国刑事诉讼法再修改专家建议稿与论证》，中国法制出版社 2006 年版，第 510 页。

[②] 张智辉主编：《附条件不起诉制度研究》，中国检察出版社 2011 年版，第 42 页。

[③] 席玉峰、吴秀玲、师旭：《未成年人轻微犯罪附条件不起诉与相对不起诉的适用》，《中国检察官》2025 年第 4 期。

定。第三，适用对象的特殊性。在我国，附条件不起诉制度专门针对未成年人进行适用，其设置的核心目的是给那些具有帮教、矫正可能的未成年人获得更多出罪化处理的机会，体现了对未成年人的一种特殊保护。第四，检察裁量内容的特殊性。从附条件不起诉制度在检察实践中的产生、发展情况观察，检察官在适用时不仅需要考察犯罪行为的恶性程度，更需要以保护为出发点，来综合考虑未成年人是否具有帮教、改过的可能。因此，我国附条件不起诉制度应被界定为：检察机关对于那些符合起诉条件但情节较轻的犯罪嫌疑人，认为其主观恶性不大、具有悔罪表现且不起诉更有利于维护社会整体利益的，在作出不起诉决定的同时附加一定条件，当被不起诉人满足这些条件并将所附条件履行完毕时，终止追诉程序的一种刑事不起诉制度。

（二）附条件不起诉的特点

相较于其他相对不起诉制度，附条件不起诉制度具有一些鲜明的特点：一是不起诉决定适用的附条件性。这是附条件不起诉与其他相对不起诉的明显区别。这种附条件性是指检察机关只有当犯罪嫌疑人满足了所有附加条件后，才能作出不起诉决定。二是适用不起诉决定的非终局性。这是指检察机关作出对犯罪嫌疑人适用附条件不起诉决定不是一种带有程序终局意义的结果。在考验期限届满之后，所附加的条件是否得到满足会直接影响检察机关最终对犯罪嫌疑人作出起诉或不起诉决定。三是适用对象的特殊要求。除了与其他两种相对不起诉类似，要求适用对象必须犯罪情形较轻外，附条件不起诉适用还要求未成年人具有帮教、挽救可能。四是适用条件的合比例性。附条件不起诉实质上是相对不起诉和起诉之间的一种缓冲制度，其所适用条件的严重程度应该介于应予起诉与不起诉之间，而且与相对不起诉相比，犯罪嫌疑人的主观危害性略重一些。我国之所以将该制度专设于未成年人刑事司法之中，是出于对未成年人特殊保护的目的，给予其更多获得出罪化处理的机会，避免其被贴上"犯罪人"的标签。

二　附条件不起诉制度的作用

（一）为涉罪未成年人提供更多回归社会的机会

"对于任何一个犯罪，刑罚问题都不应当仅仅配给罪犯与其道德责任相应剂量的药，而应当被限定为根据违法及造成损害的实际情况和犯罪个人情况，视其是否被认可为可以回归社会，确定是否有必要将罪犯永久、长期或者短期地隔离，或者是否强制他严格赔偿他所造成的损失就足够了。"① 从发展历史角度来看，附条件不起诉发端的制度诱因，就是为了实现被不起诉人的"再社会化"，即以一个正常人而非犯罪人的身份被社会接纳，回归社会。首先，这种被社会再次接纳的前提就是要实现未成年犯罪人的"去标签化"。因为被告人一旦接受过刑事处罚就很容易被社会贴上"犯罪人"的标签，特别是对于未成年人，一旦其背负这样一种沉重的社会枷锁，将很容易受到社会的歧视，甚至自暴自弃走上毁灭的道路。1914 年，美国芝加哥少年法庭第一次对未成年人适用暂缓起诉，就是为了避免他们被贴上"罪犯"的标签。② 其次，这种再社会化有利于实现犯罪的特殊预防。监狱尽管也实施对犯罪人的教育和改造功能，但毕竟被监禁人会身处一种犯罪人环境，尤其是身心还不成熟的未成年人，难免受到二次污染。最后，附条件不起诉的适用可以减少未成年人被处以短期自由刑的机会，而其被刑事司法程序进一步感染的风险也在一定程度上可以降低。同时，未成年人获得了在正常社会环境中接受教育和帮助的权利，有助于其被社会再次接纳。③

---

① ［意］恩里科·菲利：《犯罪社会学》，郭建安译，商务印书馆出版社 2017 年版，第 86 页。

② Benjamin M. Greenblum, "What Happened to a Prosecution Deferred？Judicial Oversight of Corporate Deferred Prosecution Agreements", *Journal of Columbia Law Review*, Vol. 10, October, 2005.

③ 章建明：《最有利于未成年人原则适用的检察路径》，《中国刑事法杂志》2023 年第 1 期。

（二）平复矛盾，实现社会关系的修复

附条件不起诉制度的适用，可以在彰显恢复性司法理念手段的帮助下，弥合因犯罪行为导致的加害方和受害方矛盾，平复社会关系。其实犯罪本身就是对正常的社会关系的破坏，犯罪行为不仅侵害受害人的利益，同时也会对社会秩序和关系造成负面影响或伤害。"刑事诉讼作为一项特殊的社会活动，其原动力来源于诉讼中三方不同主体各自利益需要的冲突，即社会利益、被告人利益、被害人利益。三方不同主体对利益的需求不同，以及各自利益本身性质迥异，使三方利益在刑事诉讼中呈现出一种此消彼长、二律背反的态势。"[①] 因此，在刑事诉讼中如何协调这些利益关系，平复弥合其中的矛盾，是刑事诉讼制度必须解决的问题，只有实现这些矛盾的协调和平衡，社会秩序才能恢复。

我国附条件不起诉制度的适用对于平衡这种矛盾、修复社会关系具有积极作用。对于未成年人案件，检察机关在作处理决定前必须考虑到未成年人未来在社会中的发展问题，因此附条件不起诉的决定应建立在对诉讼各方利益兼顾的基础之上。首先考虑公共利益，这是由司法机关的使命决定的。检察机关适用附条件不起诉，首要考虑的是不追究未成年人的刑事责任对公共利益没有危害或者是否有利于公共利益的实现。其次要考虑未成年人的利益。在满足公共利益的前提下适用附条件不起诉，使得未成年人可以尽快从刑事诉讼程序中转处出来，避免有罪认定及刑罚适用，显然这对犯罪嫌疑人是有利无害的。最后还必须考虑被害人的利益，虽然被害人对适用不起诉决定不能造成影响，但其是否可以谅解未成年人，接纳未成年人回归社会，这是适用不起诉前必须考虑的条件。否则，未成年人再次回归社会后，很可能造成新的社会矛盾。附条件不起诉制度的适用可以使犯罪嫌疑人免受刑罚处罚，促使犯罪嫌疑人通过多种方式获得被害人和社会对其过错的谅解。因此，笔者认为，附条件不起诉制度的确立对于平衡刑事诉讼各方利益关系有积极意义。

---

① 白冬：《人权保障：现代刑事诉讼之灵魂——兼论中国刑事诉讼人权保障之理念》，《南都学坛》2003 年第 1 期。

三 附条件不起诉特殊的适用条件和程序

(一) 适用条件

附条件不起诉的适用条件主要包括三方面: 一是适用的对象, 即附条件不起诉是否只适用于特定的对象。例如, 德国、日本等大陆法系国家没有限制, 我国则只能适用于未成年人。二是案件类型, 即附条件不起诉是否只能适用于特定的案件类型。域外很多国家对此都没有明显限制, 我国规定附条件不起诉只能适用于刑法分则第四、五、六章规定的案件。三是刑罚幅度, 即附条件不起诉适用的对象是否存在判处某种刑罚幅度以下的要求。对此, 日本刑事诉讼法典并没有直接限制, 只是将"犯罪的轻重"作为考量是否附条件不起诉的一个要素, 但实践中很少适用于重罪。德国刑事诉讼法则限于轻罪, 我国台湾地区则限定为"死刑、无期徒刑或最轻本刑三年以上有期徒刑以外之罪"①。我国《刑事诉讼法》将附条件不起诉适用的刑度标准仅规定为可能判处一年以下有期徒刑刑罚的情况。可见, 基于我国遵循的起诉法定主义的基本背景, 我国对于附条件不起诉主体范围和类型范围作了特别限定, 对于刑度范围也有非常严格的要求。

就刑度要求而言, 很多国家的相关规定差别不大。大多基于一般预防的考虑而将其限定于较为轻微的犯罪。但我国对此的规定显然更为严谨, 尤其在适用主体范围和犯罪类型范围已经做了严格限制的背景下, 进一步规定罪刑幅度, 使得附条件不起诉制度的适用空间更为狭窄。2012 年《刑事诉讼法》第 271 条规定, 对于未成年人涉嫌刑法分则第四、五、六章的规定, 可能判处一年有期徒刑以下刑罚, 符合起诉条件, 但有悔罪表现的, 人民检察院可以作出附条件不起诉决定。该法条中关于刑度"一年"的规定不够明确。在实践中出现了其属于宣告刑或法定刑的争议。

---

① 肖中华、李耀杰:《未成年人附条件不起诉相关制度比较》,《国家检察官学院学报》2015 年第 2 期。

假设这里"一年"指的是法定刑，那么我国刑法分则第四、五、六章中"法定刑一年以下"的罪名极少。对于未成年人来说，本来法律就规定已满 14 周岁不满 16 周岁的未成年人属于相对负刑事责任年龄段，只对 8 种犯罪行为承担刑事责任，① 但这 8 种犯罪属于较为严重的刑事犯罪，法律规定的基准刑都在 3 年以上。如果是这样，在未成年人犯罪中可以适用附条件不起诉的机会就非常少，附条件不起诉制度实则被架空，没有实践意义。如果将"一年"理解为宣告刑，检察官在审查起诉过程中就需要在对未成年人犯罪所涉的定罪证据、量刑证据进行全面分析的基础上，作出自己就未成年人可能获得刑罚的判断。随着我国量刑规范化改革的推进，检察官需要在提起公诉时全面分析被告人的犯罪情况和量刑情节，依法向法院提出量刑建议。那么在不考虑其他因素的情况下，仅依据《人民法院量刑指导意见（试行）》中规定的对未成年人的减刑幅度标准，未成年人犯罪的宣告刑如果要达到一年以下，未成年人的基准刑应有如下情况：对已满 14 周岁不满 16 周岁的未成年人犯罪，该罪的基准刑应在 1 年 5 个月以下或者 1 年 5 个月到 2 年 6 个月之间；对于已满 16 周岁不满 18 周岁的未成年人，其犯罪的基准刑应当在 1 年 1 个月到 2 年之间。② 在这个判断的基础上，结合《刑法》规定，已满 14 周岁不满 16 周岁未成年人涉嫌构成贩卖毒品犯罪时，其犯罪的基准刑才可能在 3 个月拘役至 3 年有期徒刑之间，其他可能被追究刑事责任犯罪的基准刑起点都在 3 年以上。而对于已满 16 周岁不满 18 周岁的未成年人犯罪，综观《刑法》分则第四、五、六章的173 个具体罪名中，能符合使用附条件不起诉需要的基准刑的犯罪极少。

但实践似乎与理论分析结论存在一定差距。以北京市为例，2012年北京市各级未检部门共受理未成年犯罪嫌疑人审查起诉案件 1608 人，

① 参见《中华人民共和国刑法》第 17 条。
② 根据最高人民法院《关于常见犯罪的量刑指导意见（试行）》的规定，已满 14 周岁不满 16 周岁的未成年人犯罪，可以减少基准刑的 30%—60%；已满 16 周岁不满 18 周岁的未成年人犯罪，可以减少基准刑的 10%—50%。

其中被判处 1 年有期徒刑以下刑罚符合《刑法》第四、五、六章罪名的案件人数共计 735 人，其中有悔罪表现的 690 人，即符合附条件不起诉适用条件的未成年犯罪嫌疑人占审查起诉的所有未成年犯罪嫌疑人的 42.9%。但未成年人附条件不起诉适用比例却不高，2013 年上半年，北京市各级检察机关只对 26 名未成年犯罪嫌疑人作出附条件不起诉决定，仅占上半年北京市未成年犯罪嫌疑人审查起诉总人数的 4% 左右。① 从这组数据可以看出附条件不起诉在实践中的适用空间并不如理论分析呈现出的那样狭窄，但适用比例与可以适用的案件相比却非常低。仔细分析，未成年人犯罪涉嫌的罪名多为盗窃、寻衅滋事、抢夺、强奸等罪名，其法定刑多为 3 年以下，而未成年人犯罪的量刑也以 3 年以下为多。如果将附条件不起诉的范围限制在 1 年有期徒刑以下，可能会缩小附条件不起诉适用的范围，使得该项制度的规定流于形式。此外，既符合附条件不起诉适用要求，又有"悔罪表现的"，在现行的制度框架内，基本上可以通过酌定不起诉予以处理。从检察机关的内部程序来说，适用附条件不起诉必须经过检察委员会同意，且需要经过 6 个月到 1 年的考察期，需要更为烦琐的程序，从工作的简便层面考量，很多检察官更倾向直接适用酌定不起诉处理。在这个意义上，我国附条件不起诉在主体范围、类型范围和刑度范围三个方面的严格限制，则大大挤占了附条件不起诉的适用空间。

（二）基本程序

目前，我国附条件不起诉制度适用中存在以下特殊的程序设置。

1. 听证

听证是指在未成年人刑事案件处理过程中，未成年人检察官为了确保最终作出决定的合法、准确、有效，在作出不起诉决定之前，通过召开由案件相关利害关系人参加，说明其对检察机关在法律适用、事实认定等问题的认识、意见，充分发表异议的听证会，来达到广泛听取社会各方意见的一种特定程序。目前，理论界对检察机关在对未成年人作出

---

① 程晓璐：《附条件不起诉制度的适用》，《国家检察官学院学报》2013 年第 6 期。

附条件不起诉决定之前是否应当实行听证，还存在一定的争议，但在司法实践中，上海、重庆、湖北、江苏等地检察机关已经开展了附条件不起诉听证程序试点。[①]　笔者认为，在作出是否起诉决定之前，设置一个听证程序是必要的，不同于很多法治国家，我国对于检察官不起诉裁量权的制约较为宽松，既没有规定司法审查，也没有规定如日本、德国对于不起诉决定的救济程序。2014 年 4 月 21 日，全国人大《关于〈刑事诉讼法〉第 271 条第二款的解释》规定，对于附条件不起诉决定，不适用《刑事诉讼法》第 176 条被害人可以向法院起诉的规定。因而，对于附条件不起诉裁量权的制约就显得格外重要。在决定起诉之前设置限定范围公开的听证程序以进行监督性审查，具有程序上的合理性。当然，不是所有案件都需要举行听证，检察机关可以根据案件的个案情况具体决定，但对于那些复杂、社会影响较大、可能存在争议的案件，通过听证广泛听取各方意见，发扬司法民主，可以有效防止检察裁量不公。

2. 决定适用

这一程序主要包括检察机关的决定适用与帮教移交两项内容。未成年人案件检察官通过与未成年犯罪嫌疑人、被害人以及侦查机关、社区等进行商讨，综合审查案件，有的地区甚至试点附条件不起诉适用的听证，[②]　在此基础上，当检察官认为依照法律规定，未成年人符合附条件不起诉的适用条件，就可以作出适用的决定；而对于案情复杂，存在一定分歧，甚至对是否应当适用附条件不起诉争议较大的案件，承办人还应当报请检察长提交检察委员会讨论决定。对决定适用的，检察机关应当制作附条件不起诉决定书，并按照法定程序在一定范围内送达。适用附条件不起诉的决定作出后，侦查机关没有提出复议，未成年犯罪嫌疑人及其法定代理人没有提出异议，被害人也没有申诉的，适用决定发生

---

① 在正义网上以"附条件不起诉听证"为关键词进行搜索，共有 14 个省市基层检察机关进行附条件不起诉听证的新闻报道，正义网，http://search.jcrb.com/was5/web/search，2014 年 12 月 6 日。

② 章程、陈实：《海珠区检察院召开附条件不起诉公开听证会》，广东省人民检察院阳光检务网，http://www.gd.jcy.gov.cn/xwys/jccz/201209/t20120910_943771.html，2015 年 1 月 4 日。

法律效力。尽管适用附条件不起诉的决定已经发生了法律效力，但这不是终局性决定，不意味着最终的不起诉决定不能变更。实际上，由于未成年人是否能满足不起诉适用附带的条件在一定时期内还具有不确定性，最终未成年人能否被不起诉处理还要等待检察机关对未成年人表现的最终评价。如果未成年犯罪嫌疑人在考验期内没有违反治安管理规定或者其他监督管理规定，没有故意犯罪或者发现决定前还有其他需要追究刑事责任的犯罪，考验期满，即终止诉讼程序；反之，经查证属实，应撤销不起诉决定继续进行追诉。①

3. 帮教考察

根据 2018 年《刑事诉讼法》第 283 条，2012 年《刑事诉讼法》第 272 条之规定，实行附条件不起诉必须设置一定的考验期，由人民检察院对被附条件不起诉的未成年犯罪嫌疑人进行监督考察。对未成年人附条件不起诉的考验期为 6 个月以上 1 年以下，在这一考验期内，被不起诉人应当遵守以下规定：遵守法律法规，服从监督；按照考察机关的规定报告自己的活动情况；离开所居住的市、县或者迁居，应当报经考察机关批准；未成年人应该按照检察机关的要求接受一定的教育参加一些公益性活动等。在这一环节，各地检察机关展开了较为丰富的实践探索，如上海、江苏、北京等地在检察机关主导下联合社会力量成立的各种未成年人"观护、帮教基地"，通过一种类似公益性劳动的方式实现对附条件不起诉未成年人的考察和教育，迄今已取得了良好的效果。

4. 审查确认及不起诉决定作出

根据刑诉法第 273 条，刑诉规则第 499、500 条之规定，考验期届满，人民检察院承办人员应制作附条件不起诉考察意见书，提出起诉或不起诉的意见，经部门负责人审核，报请检察长决定。如被不起诉人在考验期内存在实施新的犯罪，发现其他需要追诉的犯罪，违反治安管理

---

① 肖中华、李耀杰：《未成年人附条件不起诉相关制度比较》，《国家检察官学院学报》2015 年第 2 期。

规定造成严重后果或多次违反治安管理规定，违反检察机关关于附条件不起诉的监督管理规定造成严重后果或多次违反规定的情况之一，人民检察院应同样报请上级批准后对未成年人提起公诉。实际上，附条件不起诉直到该阶段才最终发生法律上的效力。但值得注意的是，检察机关对附条件不起诉考察期间未成年人表现情况审查和评价的过程具有明显的单向性，缺乏未成年人和社会相关机构、人员的参与，容易受到是否客观和公正的质疑。

四 附条件不起诉的法律效力

2018 年《刑事诉讼法》第 282 条规定："对于符合条件的未成年人犯罪嫌疑人，人民检察院可以作出附条件不起诉的决定。"第 284 条第 2 款同时规定："对于被附条件不起诉的未成年人犯罪嫌疑人，在考验期内没有出现法律规定的情形，考验期满的，人民检察院应当作出不起诉的决定。"第 271 条的规定表明，检察机关决定附条件不起诉适用时，未成年人是否可以获得不起诉处理还处于待定状态。它取决于未成年犯罪嫌疑人在考察期内是否实施新的犯罪或者是否存在还有其他犯罪需要追诉，是否存在严重违反治安管理规定或者考察机关制定的监督管理规定等情况。只有不存在上述情形的，在考察期满后，检察机关才能作出不起诉决定，这时该不起诉决定才真正发生法律效力，即终止诉讼程序，发生法律上的确定力。在此之后，非经法律规定的特殊原因，即不起诉决定确实存在错误，检察机关不得再次对未成年人提起公诉。

这种不起诉决定的确定力主要针对的是国家追诉，并不意味着被不起诉人绝对不再存在承担刑事责任的可能。作为规范和限制检察机关不起诉裁量权的一种手段，2018 年《刑事诉讼法》第 180 条规定了被害人对不起诉决定的异议权，即一直被称为"公诉转自诉"的救济性权利在未成年人附条件不起诉适用中却遭到禁止。2014 年 4 月 24 日，全国人大常委会讨论并通过的《关于〈中华人民共和国刑事诉讼法〉第二百七十一条第二款的解释》规定："被害人对人民检察院对未成年犯罪嫌疑人作出的附条件不起诉的决定和不起诉的决定，可以向上一级人民检察院申诉，不适用刑事诉讼法第一百七十六条关于被害人可以向人民法院起诉的规定。"这条解释出台后，质疑一直不断。一些观点认为这不利于被害人权利的保护，更不利于对检察机关不起诉裁量权的限制。笔者认为，从强调对未成年犯罪嫌疑人特殊保护，促使其回归社会的角度说，这一规定显然增强了不起诉决定的确定力，凸显了未成年人案件的特殊性要求。但我国司法实践中检察机关的裁量权限制问题一直饱受质疑，很多人认为，目前无论是在司法制度还是法律规定层面对检察权的制约和限制都需要进一步增强。我国未成年人检察部门这种集犯罪追诉者、未成年人保护者、帮教者等多重身份于一身的工作模式，其职能和权责本身都尚待厘清，加之附条件不起诉适用的随机性、考察标准的不明确性，以及审查决定的不公开等问题都会加剧公众甚至案件当事人对检察裁量权行使公正性的质疑。此外，未成年人犯罪案件很多受害人同样是未成年人，如果过多地将关注和保护的重点落在未成年犯罪嫌疑人身上，忽略了受害方的权益保护，这种规定很可能适得其反。因此，不应完全取消未成年人附条件不起诉案件中被害人对不起诉决定的异议权，以及其提起自诉的权利。当然，自诉程序的启动，很有可能给未成年犯罪嫌疑人或被告人的学习、生活乃至身心健康和前途造成影响，故应在强调权利保护双向性的基础上，对被害人针对未成年犯罪嫌疑人提起的自诉案件，从严掌控程序的启动权，如设定必须申诉前置等更为严格的自诉前置条件，这才是立法机关应当考虑的问题。

》 第二节　我国附条件不起诉制度的实践探索

一　附条件不起诉在我国检察实践中的发展

随着我国社会和经济的发展，案件数量日趋增加。但 1996 年《刑事诉讼法》中规定的不起诉制度并没有得到充分的运用，检察机关在审查起诉过程中作出不起诉决定的案件比例较低，据有关方面统计，1997年我国不起诉占审查起诉的 4.2%，1998 年为 2.5%，其后多年来一直都在 2%—3%徘徊。① 为了解决案件数量不断增加与司法资源紧张的矛盾，提高工作效率和办案效果，我国检察机关在司法实践中对附条件不起诉制度展开了很多卓有成效的改革探索，最终的有益成果被吸收到《刑事诉讼法》之中。最早开始实践探索的仍然是上海长宁区检察院，1992 年时该院未成年人案件起诉组就通过"诉前考察"的方式，对一名涉嫌盗窃的 16 周岁未成年嫌疑人进行延期起诉。随后，这种做法在湖北武汉、河北石家庄、江苏南京等地的检察机关推广开来。由于该项制度能够有效提高办案效率，加之在未成年人案件中适用社会效果明显，因而很快在全国多地检察实践中铺开。从 2009 年开始，很多地方检察机关尝试将附条件不起诉案件的适用范围从未成年人犯罪扩大到未成年人、老年人、在校大学生等特殊人群的轻微犯罪案件，检察机关也将决定的内容从暂缓不起诉发展为附条件不起诉，对适用对象设立一定的考验期限。例如山东、河南、四川、江苏、浙江、湖南、吉林、辽宁、北京、上海等省市，都在进行附条件不起诉改革探索。据不完全统计，全国有 1/3 以上的省市正在进行附条件不起诉改革试点工作。② 最终该制度的实践得到了中央司法改革和全国人大常委会的认可，作为刑诉法修正案的重要内容，被纳入 2012 年《刑事诉讼法》之中。以此为标志，各地检察机关结束了之前没有法律依据而进行的自主探索，开始认真结合法律和相关司法解释的规定，探索附条件不起诉制度在未成年人司法中的具体适用问题。但检察机关的实践探索仍未停止，只不过是在法律规定的框架内进行。例如目前实践中出现的附条件不起诉适用听证，上海、北京等地开展的观护帮教，等等。

二 我国社会依托型的附条件不起诉模式

（一）典型案例考察

新刑诉法及《量刑指导意见》实施后，附条件不起诉的适用具有

---

① 陈光中、［德］汉斯-约格-阿尔布莱希特主编：《中德不起诉制度比较研究》，中国检察出版社 2002 年版，第 168 页。

② 邓思清：《建立我国的附条件不起诉制度》，《国家检察官学院学报》2012 年第 1 期。

明确的法律依据，在司法实践中检察机关也根据法律的规定对以往带有实验性质的未成年人附条件不起诉的适用进行了修正。各地检察机关最新的实践创新或者实验大部分都集中于考察帮教阶段，如北京各基层检察机关创设的"外援型帮教方式"①，以及如上海等省市创设的"社区型帮教方式"，还有存在较为普遍的"检察机关自行帮教方式"。由于考察帮教以及社会调查两大程序已经成为未成年人审查起诉过程的全覆盖型程序，笔者将单辟章节进行专门论述，在此不再赘述。值得注意的是，正是由于检察机关对附条件不起诉适用中矫正帮教方式、手段等的关注和创新，很多未成年人观护、帮教基地如雨后春笋般设立、发展。在附条件不起诉程序中社会力量的介入程度越来越高，检察机关从社会调查、矫正帮教的实施者、主导者正在向委托者、事后确认者的身份转型。相较于未成年人刑事和解实践中尚待发展的民间调解、和解力量，附条件不起诉实践中，对未成年人进行帮教、矫正的社会力量要明显丰富且力量强大一些，也可以说附条件不起诉程序的社会性要强于未成年人刑事和解程序。除此之外，各地检察机关在附条件不起诉适用的程序和方式上基本相似，目前形成了检察机关自行或委托社会调查—案件筛选—决定适用—矫正帮教—成效考察—最终决定这样的附条件不起诉适用程序。如果说目前我国未成年人刑事和解主要是一种检察主导型的不起诉模式的话，② 未成年人附条件不起诉则是一种社会依托型不起诉模式，下面笔者就具有代表性的未成年人附条件不起诉案例进行进一步说明：

王某寻衅滋事案③

---

① 简洁：《北京：那些亮闪闪的未检品牌背后的故事》，《检察日报》2022 年 6 月 20 日第 3 版。

② 参见本书第七章基于和解的相对不起诉的论述内容。

③ 该案件系基层检察机关推荐，北京市检察机关未检部门认定的优秀案例，为真实反映目前未成年人检察工作情况，笔者对该案例未进行任何汇编，参见首都检察网，http：//www.bj. pro/deptweb/department_child/third. jsp？DMKID = 2015118&ZLMBH = 0&XXBH = 196571& departID=01001039，2014 年 6 月 18 日。

1. 基本案情

犯罪嫌疑人王某，男，犯罪时年龄十七岁，案发时系北京某职高学校学生。2012 年 5 月 12 日晚，犯罪嫌疑人王某与赵某等人在本市 FT 区 XT 路至尊宝歌厅给赵某过生日。2012 年 5 月 13 日零时，他们喝完酒后，出去找地方休息。当走到"水魔方"东墙外时，与路边喝酒的被害人钱某因琐事发生纠纷，后犯罪嫌疑人王某殴打钱某数分钟。走出几百米后，隐约听到钱某继续骂他们，王某等人返回继续殴打钱某，王某在钱某用双肘保护头的情况下，用鞋朝钱某头部抽打几下。后钱某头外伤、头皮破裂，经法医鉴定属轻微伤。后因他人报警，QT 派出所将王某等人传唤至 Q 派出所，王某等人对寻衅滋事的事实供认不讳。案发后，双方积极协商，均表示不再追究对方的刑事及民事责任。根据案件情况，检察机关决定对王某适用附条件不起诉，而赵某最终被起诉并被判处有期徒刑 8 个月。

2. 检察机关对是否使用附条件不起诉的考量因素

（1）王某的行为构成寻衅滋事罪，符合起诉条件，可能判处 1 年以下刑罚。加之王某具有悔罪表现，根据《刑法》第 271 条之规定，可以作出附条件不起诉。

（2）如果起诉，其刑期约为 8 个月。本案中王某的行为已构成寻衅滋事罪，根据《量刑指导意见的规定》，可确定法院将对王某判处的刑期约为 8 个月。

（3）王某具有良好的帮教条件。①具有家庭帮教条件；②具有承办人帮教条件；③社会调查结果显示其平时表现良好。

（4）结合王某被采取取保候审强制措施情况和办案周期，如对王某设置 6 个月的考察期，可确保结案时王某仍处于取保候审期间，检察机关可以有效跟踪其行为。

检察机关听取了侦查机关、未成年人法定代理人和被害人的意见，经层报主管检察长审批后，将王某寻衅滋事一案提交检委会，经同意后决定对未成年人适用附条件不起诉，考察期限为 6 个月。

3. 检察机关对未成年人的考察帮教

承办人制定了《涉罪未成年人监督考察协议书》，与北京青少年法律援助与研究中心帮教人员一同前往王某家，详细告知王某及其监护人必须遵守的义务及违反协议的后果。考虑未成年人就学情况，检察机关要求学校在考察期满后提供王某在校表现情况说明。检察机关委托北京青少年法律援助与研究中心对其进行主要帮教，且每季度进行一次面谈或沟通。检察机关还要求王某完成在指定场所的无偿公益劳动，每月写一份书面思想汇报并邮寄至承办人，承办人对其信件进行查阅，从而进行针对性的心理辅导和行为矫正。经过 6 个月的考察帮教，王某能够认真遵守与 FT 院签订的《涉罪未成年人监督考察协议书》，及时与承办人及提供帮教的北京市法律援助与研究中心人员进行沟通，并在其村内进行公益劳动 104 小时，亦向被害人赔礼道歉等。检察机关认为王某的悔过具有真诚性，其行为的矫正效果良好，综合考量上述情况，FT 院对王某最终作出不起诉决定，并向其宣布。

（二）社会依托模式的特点

上述案例详细记述了未成年人检察官在附条件不起诉案件办理中的职能以及检察裁量权行使的过程。概括说来，未成年人检察官基本介入了案件筛选—社会调查—适用决策—矫正帮教—效果考察—最终决定这一案件办理流程的全部阶段性程序之中，应该说整个附条件不起诉的适用都在未成年人检察官的控制和主导之下。附条件不起诉案件中检察权的行使具有以下鲜明特点。

1. 不起诉裁量权的集中

在附条件不起诉适用的条件考察及案件选择上，未成年人检察官具有一定的裁量权。例如上述案例中，检察官在考察未成年嫌疑人涉嫌的刑种、可能宣告的刑罚幅度以及是否具有帮教条件后，在综合考虑这些因素的基础上，作出了未成年人具有帮教与矫正可能性的判断，并由此决定对其适用附条件不起诉。检察官的裁量权在这个思维过程中不是表现于对法律规定的附条件不起诉的适用条件的认定上，而是综合这些因素后判断未成年人是否具有帮教并实现帮教效果的可能性上，这个思维的过程是其他人不能替代的。此外，还有一个较为相似的思维过程就是对未成年人进行帮教矫正后，检察官综合考察帮教的作用及效果，从而作出是否对未成年人不起诉处理的决定。这两个过程都是检察官在综合了法定条件和个体因素的考察后产生的思维结论，是检察裁量权行使的结果，且这种权力仅属于检察机关自身。但我们也要看到，裁量权的行使并不是完全不受限制的，而是要遵从法律的规定并受到如检察委员会审查等的制约。

2. 考察、矫正职能的社会化行使方式

在附条件不起诉适用过程中，检察机关将诸如对未成年人的社会调查、帮教、矫正等权能转移给专门的社会组织，由他们协助其行权。检察权的行权方式由以往的高度集中化逐步向社会化转型。在审查起诉过程中，检察机关对于涉嫌犯罪的未成年人进行社会调查和考察的权能已经规定于2012年《刑事诉讼法》之中，作为未成年人的代行监护人，对未成年人的情况调查是行使监护权的应有之义。而对未成年人在附条件不起诉考验期内的表现情况进行考察，则是附属于附条件不起诉决定权的一项权能。为了实现对未成年人的特殊保护，检察机关在法律规定的范围内，结合更为专业的社会力量进行行权方式的创新，是值得肯定的。目前，司法实践中出现了一种检察机关依托专门的社会机构行使社会调查及帮教矫正权的工作方法，且已经成为一种较为通行的工作模式，如委托社区、共青团组织、司法行政部门、社会工作者进行社会调查；由检察机关主导成立观护站，通过提供未成年人特别是非本地籍未成年人劳动、住宿的机会来实现帮教；还有如案例中检察机关将帮教委托专门的社会机构如青少年法律援助中心、社工组织等进行。总之，与酌定不起诉及和解不起诉制度相比，附条件不起诉中检察权行使的社会性更强，检察机关已经逐渐适应委托专门的社会机构开展工作，并取得了良好的成效。

三 附条件不起诉适用中存在的问题

附条件不起诉的制度创新在未成年人检察实践中开展较多，内容和成果都非常丰富，但仍然存在适用比例不高这一突出问题，以 BJ 市未成年人检察实践情况为例，2013 年该市未检部门共受理审查起诉案件 1315 件，1690 人，但适用附条件不起诉的未成年人仅有 73 人，约占受理审查起诉案件的 4%，最终经帮教考察作出不起诉决定的仅有 31 人。已有数据显示，BJ 市检察机关 2012 年受理审查起诉的未成年人共 1608 人，符合附条件不起诉条件的为 690 人，占全部案件的 62.9%。为什么附条件不起诉这一既能体现未成年人检察特殊价值，又十分具有创新生命力的制度在实践中适用比例如此之低呢？分析起来主要存在以下原因。

（一）程序烦琐导致检察官适用的主动性不强

在我国未成年人检察实践中，与其他两种相对不起诉制度相比，附条件不起诉适用中增加了检察官对未成年人在一定考察期内表现情况进行考察监督的环节，且承办检察官需要在考察前、考察后向主管领导汇报情况，在适用前还需要向检察委员会汇报。① 承办人需要制作多种法律文书，主要包括：附条件不起诉决定书，未成年犯罪嫌疑人的保证书，未成年犯罪嫌疑人监护人担保书，附条件不起诉考察教育协议书、考察意见书，等等。在这些文书撰写过程中，承办检察官需要多次与司法社工、当事人、观护单位等进行沟通、协调。作为未成年人附条件不

---

① 2012 年《刑事诉讼法》，附条件不起诉制度中争议最大的问题之一就在于附条件不起诉的决定主体，但《人民检察院刑事诉讼规则》只是对于考察期满作出起诉或不起诉的决定主体明确写明"报请检察长决定"（高检规则第 499 条），对于附条件不起诉的决定主体这一涉及附条件不起诉程序的重要问题没有作出规定。笔者认为，虽然高检规则对此没有明确规定，但举轻以明重，附条件不起诉所适用案件的犯罪情节要重于相对不起诉的适用情形，附条件不起诉是本来符合起诉条件而附加一定条件暂时不起诉，由于二者都是对犯罪嫌疑人出罪化的处理方式，既然刑诉规则规定相对不起诉都要经检察长或检察委员会决定，那么附条件不起诉同样应该由检察长或检察委员会决定。据了解，各地检察院根据新修订的刑诉法在自己出台的附条件不起诉制度实施细则中一般也都规定对于附条件不起诉决定由检委会作出。

起诉以及考察帮教的决定者、实施主导者，未成年人检察官除了需要完成上述工作外，还要完成在适用过程中积极听取当事人及其法定代理人、侦查机关的意见，落实实施观护的单位，与未成年人观护单位协商考察帮教方案，定期向帮教人员了解未成年人在考察期间的表现，定期听取未成年人的思想汇报，定期向监护人及观护单位了解表现情况等一系列工作。① 这些繁杂的工作会使本已办案压力极大的基层检察官更加不堪重负。在办案重压下，可能会导致检察官"不愿意"主动适用附条件不起诉，而选择程序上较为简便的相对不起诉或刑事和解程序。

（二）轻罪前科封存会消解附条件不起诉的适用效果

未成年人不起诉制度的一个重要价值就是减少未成年人受到刑事程序的再次"污染"，防止其被贴上"犯罪人"的标签。这一追求同样体现于未成年人的犯罪记录封存制度，新《刑事诉讼法》首次对其进行了明文规定。这一制度对于未成年犯的复学、升学、就业以及保证其顺利回归社会均具有重要的现实意义。但对于相对不起诉以及被附条件不起诉记录是否可以参照适用未成年人轻罪犯罪记录封存，有学者认为，对被附条件不起诉人适用未成年人轻罪封存制度，就相当于把其当作有罪之人，从而违背了"未经审判任何人不得被认定有罪"原则，从而否定其适用。② 笔者对这种观点持保留意见。对于附条件不起诉和相对不起诉的未成年人，由于法律认定其行为本身已经达到犯罪的追诉标准，只是出于对未成年人教育挽救的目的，没有起诉的必要，因此作出

---

① 如海淀检察院制定的《实施附条件不起诉制度暂行细则（试行）》在程序设置上主要为：对于需要作附条件不起诉的案件，由承办人提出书面意见，层报处长、主管检察长审批后，由检委会决定是否附条件不起诉。有必要时，可以在提交检委会讨论之前，召集各方参与的听证会，以决定是否提交检委会。在考验期内，由人民检察院牵头成立考察帮教小组，小组成员由案件承办人、司法社工、学校、其他社会帮教机构代表等组成，共同讨论拟订考察计划及方案。人民检察院对于涉及对被附条件不起诉的未成年犯罪嫌疑人的矫治和教育工作，可以委托司法社工组织、社会观护工作站、青少年心理健康咨询中心等专业机构进行，这些机构定期向人民检察院汇报考察帮教进展，人民检察院监督未成年犯罪嫌疑人履行义务、接受帮教的情况。

② 宋英辉、杨雯清：《我国未成年人犯罪记录封存制度研究》，《国家检察官学院学报》2019年第4期。

不起诉处理。从本制度的立法目的和追求的社会效果来看，理所应当对其范围作扩大解释。对于附条件不起诉和相对不起诉，乃至当事人和解后不起诉的案件，都应当适用封存制度。对此，《人民检察院刑事诉讼规则（试行）》第515条明确规定"对未成年犯罪嫌疑人作出不起诉决定后，应当对相关记录予以封存"。在对未成年犯罪嫌疑人采取封存措施后，按照法律规定，除司法机关办案需要和有关机关依法查询外，其他任何人都无从知晓，公安机关也不得出具有犯罪记录的证明。此种情况下，对未成年人判处5年以下有期徒刑或者决定适用不起诉处理，在适用效果方面并没有很大区别。这种情况下，未成年人附条件不起诉制度似乎没有什么特别的存在价值。因为附条件不起诉本身就带有一定的惩罚性色彩，犯罪嫌疑人必须承受6个月至1年的考验期，接受观护帮教，会让人产生一种身处司法程序，始终无法摆脱的感觉。不如赶紧诉判了事，反正犯罪记录都会依法被封存，在外界看来仍是一个没有犯罪前科的人。这种情况下，附条件不起诉的适用价值会大大降低。

（三）同案均衡处理的因素影响附条件不起诉的适用

出于全案平衡和整体社会效果的考虑，对于成年人和未成年人共同犯罪案件的未成年人很难单独适用附条件不起诉。实践中，未成年人和成年人共同犯罪情况非常普遍，且以寻衅滋事、盗窃、抢劫、聚众斗殴居多。很多共同犯罪中，未成年人和成年人所起作用相当，甚至有时候未成年人是提议者、犯罪行为的主要实施者，所起作用大于或相当于成年人，其与成年人的差距可能就是一两岁而已。此时，如果对未成年人作附条件不起诉，那么对同案的成年人的起诉标准应如何把握？作为同案，未成年人出于法律的宽宥受到附条件不起诉处理决定，容易造成涉罪成年人及其家属的不平衡心理，也不是实质正义的应有体现。在司法实践中，考虑到案件的同案同罚，平衡处理，检察官往往选择要么全案起诉，要么全案适用相对不起诉，但由于相对不起诉较为严格的适用条件和烦琐的适用程序，其适用概率相较于全案起诉较低。

此外，附条件不起诉与基于罪轻的相对不起诉、基于和解的相对不起诉在实践中存在条件交叉或者不明确等问题，也在一定程度上影响了附条件不起诉的适用效果，这一问题笔者将在下文进行专门分析。

四 未成年人附条件不起诉制度的完善

2012 年《刑事诉讼法》首次规定的附条件不起诉制度，以未成年人为适用对象，既体现了对涉罪未成年人进行教育、感化、挽救的方针，又达到了对附条件不起诉制度未来进行拓展适用的试验目的。对于附条件不起诉制度，仍然存在检察裁量权是否会扩大化并导致滥用的担忧，立法机关目前仅在未成年人刑事司法中适用，体现了对未成年人的特殊保护以及一种较为审慎的态度。[①] 未成年人刑事司法领域向来都被喻为整个刑事司法改革的试验田，作为一项有利于未成年犯罪嫌疑人的制度设计，附条件不起诉制度经过若干年的实践探索，待条件成熟后完全可以突破未成年案件的适用范围，拓展到成年人犯罪的普通刑事案件，也可能将刑度标准扩大至 3 年有期徒刑以下刑罚，从而使附条件不起诉制度与生俱来的教育挽救功能发挥更大的辐射作用。那么就附条件不起诉制度在我国司法实践中遇到的现实问题来说，结合目前一些地区的实践创新，笔者认为可以从以下几方面予以初步完善。

（一）检察机关应充分发挥社会帮教力量成长的引导、促进作用

附条件不起诉适用比例较低与其较为烦琐的程序设置存在一定关系。与其他相对不起诉制度相比，附条件不起诉程序的烦琐性其实并不体现于内部审查等内控机制，因为其他两种附条件不起诉制度同样需要经过报请检察长审批及检察委员会审查批准，其烦琐主要体现于对未成年人的帮教、矫正以及考察程序上。按照法律规定，在决定适用附条件不起诉的同时检察机关还要决定对未成年人的考验期，一般为 6 个月以上 1 年以下。刑诉规则还规定由人民检察院对未成年人进行监督考察，其还可以会同未成年犯罪嫌疑人的监护人、所在学校、单位、居住地的

---

① 全国人大法工委刑法室主任王尚新在《关于刑事诉讼法修改有关情况的介绍》中指出，"经研究考虑：扩大到三年，起诉的裁量权是否过大，是个有争议的问题，作为一个新的程序，还是循序渐进比较妥当"。参见王尚新《关于刑事诉讼法修改有关情况的介绍》，《预防青少年犯罪研究》2012 年第 5 期。

村民委员会、居民委员会、未成年人保护组织等的有关人员，定期对未成年犯罪嫌疑人进行考察、教育、实施跟踪帮教。基于这一规定，司法实践中对未成年人的帮教和考察由检察机关主导进行，很多地区甚至直接由未成年人检察官开展这一工作。与此同时，随着未成年检察专业化建设的开展，全国大部分地区检察机关内都成立了专门的未成年检察部门，并将审查批捕、审查起诉、法律监督、犯罪预防职能一体化行使。也就是说，每个未成年人检察机关都需要同时肩负法律和社会矫正职能，司法资源出现紧张不可避免，这也可以解释检察官主动适用该制度欠缺主动性的问题。因此，未成年人矫正、帮教的社会化改革开始逐步开展，一些地区的未检部门开始将矫正、帮教的工作委托给诸如社工组织、未成年人保护部门、司法行政部门甚至一些社会营业性机构进行。极具代表性的就是上海的社工组织以及北京在检察机关主导下结合社会营业性机构成立的未成年人观护点、观护站。但这些大多是地区性的试点和创新改革成果，距离建立全国性的未成年人社会化专业矫正制度、机构、队伍尚存很大距离，而恰恰是这种专业化的队伍和机构可以将最费时间和人力的矫正工作从未成年人检察部门分担出去，仅由未检部门承担对矫正结果的审查和确认责任即可。因此，建立这种专业化的社会工作力量是未成年人附条件不起诉制度发展的重中之重。笔者认为，虽然这是一个长期的发展过程，但检察机关如果能依据自身的机构优势，在未成年人矫正帮教过程中，对社会工作力量发挥其重要的引导、协调、培养等职能，可以有效协助这种专门化的社会工作力量的成长和形成，这对我国未来未成年人帮教、保护等社会化工作的开展将产生深远影响。

我们可以看到一些地区的检察机关依托自身并结合专业力量，已经开始了这样的尝试。特别是北京市海淀区人民检察院整合社会力量培养专业化的社工团队的做法非常具有参考意义。2009年，北京市海淀检察院未检部门与首都师范大学政法学院社会工作系合作，由学院选派优秀学生协助检察机关对未成年人进行社会调查和帮教矫正工作，在经过两年多的实践并取得良好效果后，2012年在海淀检察院及首都师范大学共同努力下，北京市第一个专业的市级青少年社会工作机构，即北京超越青少年社工事务所成立。近3年来，海淀检察院和北京市超越青少年社工事务所合作，委托具备国家社会工作师资格的专职司法社工，已对800余名涉罪未成年人开展社会调查和帮教，该所同时和北京市检察院第一分院、第二分院、一中院、二中院、北京市公安局等多家机构形成了社工介入未成年人刑事案件的联动工作机制。可以说，这个社工组织的成立和发展离不开海淀检察院对其的哺育，这些社会工作者的专业化提升也离不开司法机关提供的案件合作和支持。笔者认为，这种检察机关成为未成年人社会工作力量成长助推器的模式非常适合我国社区传统不深、社工组织不发达的现状，有助于这些专门力量的快速成长。同时，检察机关为其发展提供资源协调、实践案例甚至帮助其获得政策支持，也有助于提升这些社工组织的社会公信力，提高其对未成年人进行社会调查、矫正帮教等工作结果的信服力。

（二）应进一步明确帮教、考察的不公开性，与轻罪的判决过程形成区别

附条件不起诉设置了6个月至1年的考验期，由检察机关对未成年人在此期间的表现进行考察、评估并由此作出是否需要对其提起公诉的处理。看似这样的设置会给未成年人带来无法摆脱司法程序控制，与获得轻罪判决没有多大差别的结论，但从附条件不起诉的设置目的来看，其希望提供未成年人更多的获得出罪化处理的机会，避免其被犯罪标签化。因为涉罪未成年人主观恶性及行为严重程度等因素，相较于基于罪轻作出的相对不起诉，又要设置一定的考验期，以期获得未成年人真正的改过，实现回归社会。因此，对未成年人教育、矫正及其效果的考察，绝不应对社会公开，否则该制度适用的目的会被完全消减，更可能使涉罪未成年人及社会大众产生附条件不起诉与获得轻罪判决无差异的错误认识。笔者认为，正是基于上述原因，那种直接由检察机关开展的教育和矫正行为，由于检察机关的司法属性，很容易给社会大众留下涉罪未成年人是"犯罪人"的印象，其应尽量退居幕后，进行一种不公开性的考察。现在一些地区的检察机关开展的社区矫正、观护矫正等试验更为适宜。在这些矫正程序中，检察机关将矫正帮教的大部分职能移交给社区和依托社会营业性机构成立的一些观护点，仅有这些机构的负责人才了解未成年人的实际情况，未成年人以普通人的身份参加社区的公益性劳动或者观护点的营业性劳动等，在此过程中对未成年人进行帮助、教育，使其获得社会认同感，检察机关则不深度参与此过程，以定期不公开考察的形式形成对未成年人悔过和矫正效果的评估结论。这种帮教和考察显然可以和经过完整审判定罪的刑事司法程序区别开来，而且防止了未成年人被贴上"犯罪人"的标签，更有利于未成年人回归社会。

》 第三节　附条件不起诉与其他相对不起诉制度的适用选择

尽管 2012 年刑诉法规定了附条件不起诉的适用条件，但在适用条件方面，无论是适用的案件范围还是刑度，附条件不起诉与另外两种未成年人相对不起诉都存在适用条件重合的可能，但法律对三者适用标准的选择却没有明确规定。因此，在检察实践中就出现了附条件不起诉制度创新多，但适用比例却不高的矛盾，这些因素很可能导致附条件不起诉仅仅成为未成年人检察创新的一个展示窗口，而非一种具有独立作用的实践性制度。因此，明确三种未成年人相对不起诉适用的选择标准和适用条件，无论是对附条件不起诉制度的发展还是对未成年人相对不起诉制度整体功能的发挥都具有重要意义。

一　2012 年《刑事诉讼法》颁布前后三种相对不起诉的关系

在 2012 年《刑事诉讼法》颁布以前，对未成年人的附条件不起诉没有立法依据，被附条件不起诉的未成年人在考察期间表现良好的，最终还是依据原《刑事诉讼法》第 142 条第 2 款关于酌定不起诉的规定作出处理。2012 年《刑事诉讼法》修订改变了这种情况，将附条件不起诉制度纳入法律规范，且对附条件不起诉与酌定不起诉进行了区别规定。2012 年《刑事诉讼法》第 173 条第 1 款规定了法定不起诉制度，第 2 款规定了酌定不起诉制度，同时兼顾未成年人与成年人刑事案件。而附条件不起诉制度则被单独放置于第五编第一节未成年人刑事案件诉讼程序中，由第 271—273 条专门规定。从法条援引来看，附条件不起诉考察期过后检察机关作出的不起诉决定也不再依据原酌定不起诉的法律规定处理，而可直接援引第 273 条规定。我国未成年人酌定不起诉制度正式明确了法律地位和法律渊源，在体系化建设上向前迈出了一大步。2018 年修订的《刑事诉讼法》虽然进一步细化了未成年人附条件不起诉制度的相关规定，但基本延续了 2012 年《刑事诉讼法》的规范结构，对未成年人的附条件不起诉与酌定不起诉规范仍未能形成一个相互衔接、相互补充的规范体系。

例如，根据《刑事诉讼法》及相关司法解释规定，附条件不起诉适用对象为涉嫌《刑法》分则第四、五、六章规定的犯罪，可能判处 1 年有期徒刑以下刑罚的未成年人。根据相关司法解释规定，1 年以下有期徒刑刑罚，是指对该未成年被告人可能判处的宣告刑，而非法定刑。这是指对已满 14 周岁不满 16 周岁的涉罪未成年人，其犯罪的基准刑应在 1 年 5 个月以下或者 1 年 5 个月至 2 年 6 个月；对于已满 16 周岁不满 18 周岁的涉罪未成年人，其犯罪的基准刑应当在 1 年 1 个月至 2 年。在这种情况下，对涉罪未成年人适用酌定不起诉、和解不起诉与附条件不起诉在刑罚幅度和罪名种类上就可能存在一定重合。最高人民检察院朱孝清副检察长在 2012 年全国第一次未检工作会议上的讲话指出："附条件不起诉与相对不起诉都是对已构成犯罪的案件作不起诉处理，但前者的不起诉是附条件的，它在犯罪事实和情节、主观恶性等方面一般要重于后者，在悔罪表现或被害人谅解程度、不起诉的放心程度方面一般不如后者"。①附条件不起诉需要对涉罪未成年人赋予考验期并进行效果评估，相当于对于未成年人和司法机关提出了更多的行为要求和工作要求，因而，具体的制度适用条件仍然需要进一步细化和明确规范。

就刑事和解制度来看，修订前的《刑事诉讼法》对和解不起诉并没有明确规定，但是可以从相关法律条文中看到刑事和解的理念。例如原《刑事诉讼法》第 142 条第 2 款规定："对于犯罪情节轻微，依照刑法规定不需要判处刑罚或者免除刑罚的，人民检察院可以作出不起诉决定"。最高人民检察院《人民检察院刑事诉讼规则》第 289 条规定："人民检察院对于犯罪情节轻微，依照刑法规定不需要判处刑罚或者免除刑罚的，经检察委员会讨论决定，可以作出不起诉决定。"这些规定的内容均体现了一种和解可以成为不起诉处理前提的理念。刑事和解制度也是由司法实践中逐步确立、发展、成型的制度，开始主要是为了解决我国刑事附带民事赔偿难的问题而产生的。随着相关理论和制度的发展，在未成年人刑事司法实践中，刑事和解逐渐从单纯的金钱和解开始关注犯罪嫌疑人的悔过态度和是否获得受害方的谅解问题。2012 年《刑事诉讼法》修订前，和解不起诉适用的依据虽然是原《刑事诉讼法》第 142 条第 2 款，但司法实践中和解不起诉可适用于可能判处 3 年以下有期徒刑的轻罪案件。2012 年《刑事诉讼法》在第五编中以专章形式对刑事和解的特别程序予以明确规定，这些规定将和解不起诉与基于罪轻的酌定不起诉进行了明确区别，标志着具有独立特性的和解不起诉制度的确立。在和解不起诉专章规定中，第 277 条明确规定了和解不起诉的适用对象。和解不起诉适用于"因民间纠纷引起，涉嫌刑法分则第四章、第五章规定的犯罪案件，可能判处三年有期徒刑以下刑罚的"，以及"除渎职犯罪以外的可能判处七年有期徒刑以下刑罚的过失犯罪"案件。显然，从适用范围、刑度条件来看，在未成年人犯罪案件中，和解不起诉和附条件不起诉的适用可能存在一定重合，如何进一步细化制度规范，明确适用条件，仍然是需要进一步展开思考的问题。

---

① 程晓璐：《附条件不起诉制度的适用》，《国家检察官学报》2013 年第 6 期。

二 酌定不起诉与附条件不起诉的适用选择

从关注未成年人的角度来看，附条件不起诉制度的引入可以实现对检察机关公诉裁量权行使的完善与补充。附条件不起诉与酌定不起诉在功能上存在一定差异，酌定不起诉更侧重实现诉讼经济的目标，而附条件不起诉则更注重对未成年人的帮助和教育，诉讼经济或者效率反而不是首要考量因素。笔者认为，二者的主要区别在于适用时检察官考量适用条件顺位的不同，酌定不起诉主要侧重审查涉罪行为的轻重，如果主观恶性不大且符合罪轻条件，可作出酌定不起诉处理。而当罪行情节相同，但涉罪未成年人主观恶性相对较重时，检察官如果对其再次犯罪的可能性忧虑较大，则一般倾向于适用附条件不起诉，以通过一定的矫正和帮教来协助未成年人端正改过自新之认识，约束自身行为。

从程序和适用条件来说，酌定不起诉相对简单、灵活，没有考察期限的规定，更没有适用范围、适用对象的严格限制，也不需要检察机关投入人力和物力对被不起诉人进行考察帮教。此外，检察官还可以节省内部的汇报、对外的为帮教考察进行的沟通、协调等工作。因此，为了节约司法资源，很多本就工作人员紧张的检察机关在实践中更愿意多适用酌定不起诉。这可能造成很多犯罪情节并不算轻微的，本应当附条件不起诉的案件仍然沿袭过去的执法习惯按酌定不起诉处理，附条件不起诉的适用率低下也就不难理解了。最为关键的是，未成年人并没有获得适当的帮助教育，相对不起诉制度特殊预防的功能也没有得到有效发挥。

从最大限度发挥附条件不起诉制度作用的角度来说，应明确其与酌定不起诉的适用条件、适用选择方法，避免制度搁置的情况发生。从适用选择的规则上说，在当前法律尚未作出明确规定的情况下，对于同时符合酌定不起诉和附条件不起诉的未成年人案件，检察官应以实现未成年人回归社会作为制度选择的出发点和落脚点，即围绕未成年人如何更好地被社会重新接纳来考虑适用何种制度。检察官可以通过审查未成年人犯罪的主观恶性情况，结合社会调查报告及案件具体情况来判断未成年人是否应附加更多的帮教和考察，才能使其回归社会不会造成新的矛盾，可以为社会所接纳。当未成年人主观恶性不强，悔过态度较好，不致再犯时，检察官就应对其使用酌定不起诉；如果未成年人犯罪主观恶性相对较强，使得检察官对其回归社会的安全性产生担忧，就应当使用附条件不起诉制度，再对其进行观察，同时再次给予未成年人修正其行为的机会。

三　和解不起诉和附条件不起诉的适用选择

与酌定不起诉相比，和解不起诉具备和解达成前置、独立的和解程序、特殊的适用条件等特点。和解不起诉与酌定不起诉在适用选择上可以说不存在冲突，主要取决于未成年人及其法定代理人的和解意愿。检察官对于具有被害人的案件，如果未成年人悔过态度较好，对于赔偿受害方的损失具有主动意愿，就可以主动或者委托他人进行调解，但绝不能强迫。应该说相较于直接使用酌定不起诉，和解不起诉更有利于社会矛盾的化解以及未成年人顺利回归社会。在司法实践中，应鼓励刑事和解的适用和发展，但正如笔者在上文分析的，同时也要注意和解的手段和目的，不能盲目地以金钱补偿为和解目标。

与附条件不起诉相比，两者虽然同样具有前置性条件，但和解不起诉的适用具有终局性特征，和解协议达成后的不起诉决定直接生效，即使后来双方对和解协议产生分歧，也不能直接推翻不起诉决定。在司法实践中，刑事和解后不起诉的案件突破了法律规定的案件范围，对归属于《刑法》分则第六章妨害社会管理秩序犯罪下的寻衅滋事犯罪以及其他可能判处七年有期徒刑以下的过失犯罪等，在双方达成和解协议的情况下，也可以适用和解不起诉。根据附条件不起诉制度适用条件的规定，对于可能判处 1 年以下有期徒刑，涉及《刑法》分则第四、五、六章犯罪的未成年人，在适用和解不起诉和附条件不起诉方面出现了条件重叠。因而，在司法实践中就会出现一些特殊情况，对未成年人可能判处超过 1 年有期徒刑刑罚的案件，基于和解协议检察官可以直接作出不起诉处理，但罪行相对较轻的未成年人，在不存在刑事和解可能时，也许要额外承担 6 个月至 1 年的考察期。再如，当未成年人涉嫌侵犯人身权利和侵犯财产的犯罪时，即便双方达成了和解协议，考虑到未成年人的主观恶性以及对其进行帮教的必要性问题，检察机关仍然需要选择适用附条件不起诉。这些和解不起诉和附条件不起诉在适用中的不协调、随意性的情况反映了和解不起诉和附条件不起诉适用条件和标准不统一的问题。那么对于在这些适用案件范围重合情况下，和解不起诉和附条件不起诉的适用选择理念问题，笔者认为仍然可以坚持以未成年人回归社会作为考量的出发点和落脚点。检察官首要考虑的就是未成年人回归社会是否需要更多的保障性条件，诸如进一步帮教考察等。如果需要，尽管未成年人与对方达成了和解协议，但如果其真诚悔过意愿不足，作为审前阶段国家监护权的代理人，检察机关也应出于对未成年人负责的态度，仍对其附加一定的条件，观察其行为矫正情况。当未成年人主观恶性相对不强且当未成年人具有积极的悔过意愿，主动赔偿被害方与其达成和解的，则可以适用和解不起诉。

》 第四节　小结

基于帮教的附条件不起诉在我国检察实践中经历了三个主要发展阶段，主要形成了一种社会依托型的附条件不起诉模式。在附条件不起诉适用的条件考察及案件选择上，未成年人检察官具有一定的裁量权，检察官的裁量权在这个思维的过程中不是表现于对法律规定的附条件不起诉的适用条件的认定上，而是综合这些因素判断未成年人是否具有帮教并实现帮教效果的可能性上，这个思维的过程是其他人不能替代的。对未成年人进行帮教矫正后，检察官综合考察帮教的作用及效果，从而作出是否对未成年人不起诉处理的决定。这两个过程都是检察官在综合了法定条件和个体因素的考察后产生的思维结论，是检察裁量权行使的结果，且这种权力仅属于检察机关自身。此外，在附条件不起诉适用过程中，检察权的行使较以往那种高度集中发生了一定变化，即诸如对未成年人的社会调查、帮教、矫正等权能开始转移给专门的社会组织，由他们协助检察机关行使。对未成年人在附条件不起诉考验期内的表现情况进行考察，则是附属于附条件不起诉决定权的一项权能。为了实现对未成年人的特殊保护，检察机关在法律规定的范围内进行行权方式的创新结合更为专业的社会力量进行。目前，司法实践中出现了一种检察机关依托专门的社会机构行使社会调查及帮教矫正权的工作方法，且已经成为一种较为通行的工作模式。

但在未成年人附条件不起诉实践中存在三方面问题：一是程序烦琐导致适用主动性不强；二是附条件不起诉的效果容易受到消减；三是同案处理的均衡性因素影响适用。其实与其他相对不起诉制度相比，附条件不起诉程序的烦琐性并不体现于内部审查等内控机制，因为其他两种附条件不起诉制度同样需要经过报请检察长审批及检察委员会审查批准，其烦琐主要体现于对未成年人的帮教、矫正以及考察程序上。检察机关应进一步明确帮教、考察的不公开性，与轻罪判决过程形成区别；此外，还需要积极发挥对社会力量参与附条件不起诉的引导和促进作用，促使社会力量专业化、职业化发展。附条件不起诉与酌定不起诉和和解不起诉的适用条件应从未成年人的主观和行为恶性程度是否存在帮教的必要性方面予以进一步明确。

第七章

未成年人相对不起诉中的社会调查

》 第一节 社会调查的性质与功能

一 社会调查的性质

2018 年《刑事诉讼法》第 286 条规定，"公安机关、人民检察院、人民法院办理未成年人刑事案件，根据情况可以对未成年犯罪嫌疑人、被告人的成长经历、犯罪原因、监护教育等情况进行调查"。未成年人刑事案件社会调查制度是未成年人司法制度的一个重要内容，是指在侦查、审查起诉和审前阶段由司法机关决定并委托具有专门知识、熟悉未成年人身心特点的专业人员，对涉罪未成年人的成长环境、性格特点、帮教条件、悔过表现等问题在开展客观调查的基础上，综合得出科学客观的调查结论，为司法机关对涉罪未成年人作出处理决定提供参考依据的一种刑事诉讼活动。社会调查制度可以为未成年人司法工作者提供借助熟悉未成年人身心特点的专业人员，对未成年人社会危害性、人身危险性、再犯可能性、被社会再次接纳的程度等进行综合性评估的机会，有助于司法工作者有针对性地对未成年人施以恰当的处遇。当前世界很多国家和地区的刑事司法程序中都明确规定了社会调查制度，而我国未成年人刑事诉讼程序中的社会调查制度在未成年人刑事诉讼的强制措施适用、不起诉裁量以及定罪量刑等领域都发挥重要的信息支撑功能，而且还是针对性的教育、矫治，开展特殊犯罪预防工作的基础。① 社会调查制度的确立与发展与教育刑理念和刑罚个别化思想密不可分，但在未成年人刑事司法中，社会调查结果却不仅是为了更加科学、精确的惩罚，更是一份针对性的治疗方案，其更注重帮教矫治，更着眼于未成年人再次回归社会。

二　社会调查的功能

在审查起诉阶段，未成年人社会调查主要具有以下三个功能。

（一）为对未成年犯罪嫌疑人是否适用羁押措施提供依据

未成年人有其自身特点，在办理未成年人刑事案件时更应该侧重教育、感化和挽救。对于未成年人刑事案件，不仅要在实体刑罚上体现区别对待原则，而且在诉讼程序上也应有所区别。《刑事诉讼法》确立了未成年人刑事诉讼程序的教育、感化、挽救方针和教育为主、惩罚为辅的原则，规定对未成年犯罪嫌疑人、被告人应当严格限制适用逮捕措施，对未成年犯罪嫌疑人、被告人，应当坚持以非羁押为原则，以羁押为例外。因此，目前在司法实践中未成年人审查逮捕和羁押必要性审查都引入了社会调查机制，由检察机关根据社会调查情况进行羁押必要性和适用非羁押措施的风险性评估，检察机关根据评估的结果作出适用何种强制措施的决定。

（二）为未成年人在审查起诉阶段是否获得出罪化处理提供参考

在审查起诉阶段，检察机关对未成年人是否可以获得出罪化处理，即不起诉处理，除了考量未成年人是否符合不起诉要求的如罪轻、达成和解协议、有悔罪表现等条件外，一般都会将未成年人是否具有再犯可能、是否具有帮教条件、不起诉后的矫正可能等问题纳入给予不起诉处遇的考量。② 有些检察机关甚至专门设立了对拟不起诉的未成年人的社

---

① 奚玮：《未成年人刑事诉讼中的全面调查制度》，《法学论坛》2008 年第 1 期。

② 吴列文：《厦门市翔安区检察院建立拟不起诉案件社会调查制度》，平安福建网，http：//old. pafj. net/jryw/201206/25382. html，2014 年 9 月 19 日；厦门翔安区政法委：《内厝司法所"四步骤"做好拟不起诉案件社会调查工作》，厦门长安网，http：//www. paxm. xm. gov. cn/gq/201305/t20130517_638010. htm，2014 年 9 月 19 日。

会调查制度。① 此外，在未成年人附条件不起诉的考察期间，对未成年人开展帮教的依据一般都是社会调查报告，根据帮教者会社会调查报告提供的关于未成年人的成长经历、家庭情况等有针对性地进行帮教活动。

（三）为未成年人获得个别化社会帮教提供参考

社会调查的内容和结论可以协助检察机关找到与未成年人进行沟通的切入点，同时可以对检察机关及专业社会工作者全面了解未成年人的成长经历、性格特点、心理情况、犯罪原因等提供资料支持。有助于他们最终结合案件情况，找准对未成年人进行帮教和思想教育的入口，以促使未成年人真切地进行自我反省，认罪悔改，切实实现社会帮教的效果。

三　社会调查报告的法律属性

社会调查是对涉罪未成年人与犯罪行为有关的成长经历、教育情况、家庭情况等进行的综合性评价。社会调查一般由具有社会工作能力的人员围绕涉罪未成年人的成长过程、家庭及教育情况、心理情况、可能获得帮教等情况展开，并试图在分析调查情况的基础上，对未成年人犯罪的主客观原因、影响其行为的背景、其矫正与回归社会的可能性等问题得出结论，为司法人员对未成年人进行帮教和决策提供参考。一直以来，理论界和实务界对于社会调查报告的法律属性存在三种主要观点：有观点认为根据社会调查报告体现的内容，其具有品格证据的特点，类似于西方刑事诉讼中的品格证据；② 有观点认为社会调查报告属于我国法定证据种类中的证人证言或鉴定意见，它符合法律要求的证人证言或鉴定意见应具有的形式和实质要件；③ 也有观点认为，社会调查

---

① 李定灿：《福建东山县检察院建立拟不起诉案件社会调查制度》，正义网，http：//www.jcrb.com/procuratorate/jckx/201206/t20120606_877945.html，2014 年 9 月 19 日。

② 彭玉婕：《我国未成年人品格证据之运用研究——以社会调查报告为例》，《上海法学研究》集刊 2020 年第 12 卷。

③ 参见罗芳芳、常林《〈未成年人社会调查报告〉的证据法分析》，《法学杂志》2011 年第 5 期；陈立毅《我国未成年人刑事案件社会调查制度研究》，《中国刑事法杂志》2012 年第 6 期。

报告无论是内容还是制作的过程都带有较强的主观性，且属于与犯罪行为的发生没有直接联系，仅可以作为量刑及法庭教育的参考，另外，还具有对涉罪未成年人开展帮教的信息支撑作用。① "从社会调查报告的内容和在未成年人刑事司法中发挥的作用来看，其很难归属于任何一种证据种类之中，但其在量刑程序中发挥的程序性证明作用却无可否定。"② 笔者也认为在未成年人刑事诉讼中，不能简单地将社会调查报告界定为证据或者参考材料，应该说社会调查报告是一种同时具有司法决定参考性和程序性事实证明性的案件材料，其在未成年人刑事诉讼中的出现，充分凸显了"以犯罪人为导向"③ 的刑事司法理念。

（一）社会调查报告的证明性

2001 年最高人民法院《关于审理未成年人刑事案件的若干规定》、2006 年最高人民检察院《办理未成年人刑事案件的规定》、2010 年六部委《关于进一步建立和完善办理未成年人刑事案件配套工作体系的若干意见》第三章第一节以及 2012 年《刑事诉讼法》基本都规定：司法机关可对未成年人的成长经历、犯罪原因、监护教育等情况进行调查，制作社会调查报告作为办案和教育的参考，都将社会调查报告的主要作用限定在司法机关对未成年人处遇的参考。只有 2010 年《关于规范量刑程序若干问题的意见》第 11 条规定："人民法院、人民检察院、侦查机关或者辩护人委托有关方面制作设计未成年人的社会调查报告的，调查报告应当在法庭上宣读，并接受质证。"对社会调查报告审查程序作出了较为接近于证据的审查程序的规定，但社会调查报告的法律地位仍然没有进行明确规定。

从上述现行法律及司法解释可以看出，我国未成年人社会调查的内

---

① 张军、江必新主编：《新刑事诉讼法及司法解释适用解答》，人民法院出版社 2013 年版，第 406 页。

② 陈瑞华：《论量刑信息的调查》，《法学家》2010 年第 2 期；汪贻飞：《论社会调查报告对我国量刑程序的改革意见》，《当代法学》2010 年第 1 期。

③ Susan N. Herman, "The Tail That Wagged the Dog: Bifurcated Fact-Finding under The Federal Sentencing Guidelines and The Limits of Due Process", *Journal of South California Law Review*, Vol. 66, 1992, p. 289.

容主要包括事实和建议两个部分。其中，事实部分至少应该包含导致未成年人违法犯罪的各种主、客观因素及能反映其人身危险性大小，如未成年犯罪嫌疑人的性格特点、道德品行、智力结构、身心状况、成长经历、学校表现、社会交往情况等因素；建议部分是以之前的事实为基础，对该未成年人展开全面、客观、公正的评价，并对造成犯罪的原因、未成年人的人身危险性和社会危险性进行科学的、专业的分析判断，提出处理意见。通过对未成年人社会调查内容的了解有利于公安机关、人民检察院、人民法院找准对未成年人教育的感化点，对未成年犯罪嫌疑人、被告人的人身危险性、矫正可能性等作出理性评价。社会调查报告是法官量刑的重要参考依据，特别是对于拟作非自由刑判决的未成年人来说，法官必须对被告人的详细背景信息进行认真审查，并据此评估其是否具有再犯可能性以及社区矫正的危险性等问题，以此实现刑罚的个别化。显然，社会调查报告在量刑问题上发挥了独特的证明作用，其证明的不是案件事实，而是量刑的情节，且因为其对量刑情节的证明性，法律规定社会调查报告要在法庭宣读并接受质证，使法官可以确认其真实性。

从我国近期开展的量刑规范化改革情况来看，未成年人案件庭审中，调查报告与法定证据的审查运用程序逐渐向趋同性发展。在我国刑事诉讼定罪程序与量刑程序相对分离，量刑程序逐步走向独立的司法改革背景之下，① 社会调查报告作为法官量刑参考的作用将得以继续强化。但笔者认为，不能基于这些原因就轻率地将社会调查报告界定为证据。一方面，在定罪与量刑相对分离的诉讼程序中，如果法庭认为未成年被告人不构成犯罪，可能出现无罪判决时，量刑程序就不会出现，社会调查报告也就无法在量刑程序中成为双方质证的对象。社会调查报告与犯罪行为本身没有直接的相关性，无法成为刑事诉讼证据的问题就显现出来。另一方面，目前在庭审中控辩双方对调查报告进行质证，其出

---

① 陈瑞华：《论相对独立的量刑程序——中国量刑程序的理论解读》，《中国刑事法杂志》2011 年第 2 期。

发点不是因为社会调查报告具有证据属性，而是为进一步规范法官的裁量权，提升审判公开和量刑公正程度的必然要求。同理，在未成年人审前程序中，社会调查报告的内容会对检察官作出是否适用不起诉决定产生影响，检察官会依据社会调查报告的内容和结论对未成年人是否具有帮教的必要性与回归社会的可能性问题产生自己的认识或判断。现阶段尽管对未成年人刑事案件审前程序社会调查的改革试点较多，但基本围绕社会调查的委托对象、行使方式展开，对如何审查调查报告，提升报告的公信力问题着力不多。有必要借鉴目前司法实践中已经出现的社会调查人员参与庭审方式改革，[①] 可以尝试在审前程序，特别是不起诉适用听证程序中引入社会调查人员参与听证，就调查情况进行说明并接受双方质询的程序性机制，发挥社会调查报告证明未成年人具有适用具体相对不起诉处理的条件的作用。

综合上述因素，笔者认为，社会调查报告不能简单地被界定为证据，只能说在未成年人刑事案件的量刑问题上，社会调查报告发挥了一定的证明作用，具有充分的证明性。

（二）社会调查报告的参考性

社会调查的目的是"全面、客观、公正地反映未成年刑事被告人成长的经历、生活环境，分析未成年被告人犯罪的主客观方面的原因，为司法机关贯彻教育、感化、挽救未成年刑事被告人，正确处理案件提供重要依据"[②]。因而，在未成年人非羁押措施的适用、社会帮教以及社区矫正等方面，社会调查报告同样发挥了重要作用。

在侦查和审查起诉阶段，社会调查报告的内容对涉罪未成年人认罪态度、人身危险性、社会危险性的考察对于侦查和检察机关是否决定对

---

① 参见宁波市海曙法院《海曙法院构建特色未成年人刑事审判工作机制》，宁波市海曙区人民法院网，nbhsfy.gov.cn/art/2014/12/1/art_4372_169314.html，2015 年 8 月 7 日；陈颖婷《浦东法院首次通知社会调查员出庭》，《上海法治报》2015 年 2 月 13 日第 8 版。这些报道说明目前未成年人刑事审判中已经出现社会调查员作为特殊诉讼参与人员出席庭审，就调查的经过和调查内容、结论的情况向法庭作出说明并接受双方质询。

② 周道鸾：《中国少年法庭制度的发展与完善——苏、沪少年法庭制度调查报告》，《青少年犯罪问题》2007 年第 6 期。

未成年人适用羁押措施以及对羁押必要性的持续审查，都提供了信息材料支持。社会调查报告可以帮助侦查机关和检察机关更为全面地了解未成年人犯罪的案外因素，提供侦查或检察人员对未成年人是否存在社会危险性或管教条件的信息参考。同时，对于作出不捕、不起诉处理的涉罪未成年人，社会调查报告的内容可以帮助检察机关制定针对性的帮教方案，且增强帮教措施的实效。

总体来说，在未成年人刑事司法中，社会调查是一种有独立价值的新制度，其通过在不同诉讼阶段所发挥的作用，凸显了对未成年人的特殊保护。作为社会调查内容和结论载体的社会调查报告，其在不同诉讼阶段发挥了不同程度的参考和证明作用，具有证明和参考混合的特殊法律属性。

》 第二节　审查起诉阶段社会调查的实践探索

一　审查起诉阶段社会调查的三种主要模式

修改后的刑诉法第 268 条规定公安机关、人民检察院、人民法院在未成年人刑事案件办理过程中，都可以进行社会调查。《刑事诉讼规则》进一步规定了检察机关在未成年人案件办理中进行社会调查的方式，即自行调查和委托调查。① 因此，根据法律规定和司法实践情况，笔者认为，审查起诉阶段的社会调查，是检察机关对经侦查认为应受到刑事指控的未成年人，通过自行或委托社会调查机构，调查了解其家庭背景、经济状况、受教育程度、工作经历、性格特征以及违法犯罪记录等情况，全面评价其人身危险性，并据此作出是否对该未成年人进行刑事追诉的决定，并以社会调查报告作为审查起诉阶段对未成年人开展的

---

① 根据 2019 年《人民检察院刑事诉讼规则》第 461 条规定，检察机关可自行对未成年人成长经历、犯罪原因、监护教育等情况进行调查；也可以委托有关组织和机构进行；此外，对于公安机关移送的调查报告审查后，必要时可以进行补充调查，但这种补充调查同样可以以自行调查或委托调查的方式进行。

社会帮教提供科学依据。此外，在检察实践中已经形成了三种较为成熟的社会调查模式，从方式上来说，实质上，仍然是自行调查和委托调查两种，但在委托社会专业力量调查中在上海等社会力量较为发达的地区出现了一种稳定且相对成熟的司法社工调查模式，这种探索和经验对于未来未成年人社会调查的发展具有很强的借鉴意义，因此笔者将单独进行分析。

（一）自行调查模式

自行调查模式是指由检察机关作为社会调查直接实施者和社会调查结果评估者的调查模式。

1. 案件承办人调查

实践中，一些检察机关在未成年人案件办理中仍然自行实施社会调查，这种调查具有较为明显的行政性，一般缺少被调查方及相关利益主体的参与，调查结果的中立性和客观性容易受到质疑。因而，随着未成年人刑事司法实践的发展，这种模式逐渐走向式微，已经不是未成年人司法改革的主流。但从各地检察机关进行的调研和报道的检索中，我们发现不少检察机关仍然坚持这种做法。例如北京市昌平区检察院[①]、江西德安检察院[②]、湖南长沙望城检察院[③]等均由检察机关承办人主持开展社会调查工作。

2. 检察专职调查员调查

检察专职调查员调查模式以山东德州中院、成都中院为典型代表，他们在未成年人刑事案件合议庭之外，设立一名相对固定的社会调查员，由其负责社会调查，制作社会调查报告，参与法庭审理，跟踪帮教

[①] 谭京生、赵德云、宋莹：《北京市法院未成年人刑事案件社会调查报告工作的调研及建议》，《青少年犯罪问题》2010年第6期。

[②] 王海宝：《江西德安：检察院开展社会调查工作助推未检工作》，正义网，http://jcy.jcrb.com/jcsc/201406/t20140619_1410985.shtml，2014年9月19日。

[③] 周利双、李用来：《湖南长沙望城：未成年人社会调查机制助大学生重返校园》，正义网，http://www.jcrb.com/procuratorate/jckx/201405/t20140528_1399975.html，2014年9月19日。

考察等工作。南京浦口检察院聘用两名专职社工开展"未成年人失范行为家庭治疗中心"工作。①

（二）委托调查模式

委托调查模式主要是指检察机关作出社会调查决定后，将调查工作委托相关社会组织或邀请相关组织协助检察机关进行调查，并由受委托组织在调查后向检察机关出具社会调查报告的模式。

1. 司法行政机关作为受托调查主体

在我国未成年人司法实践中，司法调查的受托主体较为多样。有的由司法行政机关内设的社工组织的社工人员进行，有的则引入多元主体开展社会调查，如天津市河西区②、上海市长宁区、重庆市沙坪坝区等。以上海市长宁区未成年人司法实践为例，其社会调查的委托执行主体随着实践的深入正在发生变化。在改革创设之初，首先由法官、检察官开展社会调查，由于调查的中立性问题，1999 年下发的《长宁区未成年人刑事案件社会调查工作若干规定（试行）》中规定，该区司法机关管辖的未成年人案件的社会调查，完全由长宁区青少年保护委员会办公室独立承担。可以说这迈出了调查主体社会化的第一步。2009 年 4 月，上海市长宁区法院、检察院、司法局联合下发文件，将长宁区司法局指导下的社区矫正职能部门引入社会调查工作体系。③

2. 公益律师担任社会调查员

由公益律师担任社会调查员是未成年人检察实践的最新探索，2014 年 8 月 22 日，成都市检察院与成都市律师协会正式签署"委托公益律师开展涉罪未成年人社会调查工作"合作协议，这标志着公益律师参与涉罪未成年人社会调查在成都市检察院和 20 个基层院正式全面推开。由公益律师制作的社会调查报告将成为检察机关是否批准逮捕、是否作

---

① 杨飞雪：《刑事案件社会调查制度研究——以未成年人刑事案件为例》，《人民司法》2009 年第 3 期。

② 范爱红：《河西区人民法院少年审判庭首次引入未成年被告人社会调查机制》，《天津政法报》2012 年 2 月 7 日第 1 版。

③ 邹碧华主编：《少年法庭的创设与探索》，法律出版社 2009 年版，第 65—68 页。

附条件不起诉的重要参考。

2014年年初，成都市检察院就会同成都市律师协会开始探索委托公益律师开展涉罪未成年人社会调查机制，并开展先期试点。从效果上来看，公益律师制作的社会调查报告，无论在内容翔实性、说理性，还是在专业性、客观性等方面都明显好于传统的社会调查报告。在正式推行这一社会调查制度后，成都市检察机关如有社会调查需求，可直接委托成都市律协在公益律师志愿服务库中随机选出2名公益律师参与社会调查，公益律师须在5—15日内完成社会调查报告，并交检察机关。①

（三）服务购买调查模式

就社会调查主体来看，目前，检察实践中主要由以下四类人群组成：具有一定未成年人社会调查工作能力的志愿者或者检察机关特聘人员、司法行政部门人员、专业社会工作者以及检察官本人。随着社会调查实践的不断深入，现阶段，专业社会工作者提供的社会调查基于其自身的中立性和专业性，使得调查结论更为全面和科学，具有其他社会调查主体进行调查不具备的优点，逐渐得到检察机关和社会大众的认可。此外，这种借助专业社会力量开展未成年人检察工作，使得未成年人检察同时具备了一种特殊的"社会属性"。这种机制的发展不仅为专业社会力量更多参与未成年人检察工作建立了可借鉴的机制或平台，也为检察机关延伸未成年人检察工作职能，实现对未成年人的帮教提供了基础。在社会调查制度发展中，目前，作为未成年人司法最为发达的北京和上海的做法显然最具代表性和借鉴意义。

1. **政府主导创建的上海经验**

在未成年人案件的社会调查制度构建中，上海市遵循"政府主导推动，社团自主运作，社会多方参与"的原则，于2003—2004年相继成立了三个专门针对违法犯罪高危群体的事务办公室——社区青少年事务办公室、禁毒委员会办公室、社区矫正办公室。除了预防犯罪外，这三

---

① 傅鉴、黄刚、倪承英：《成都检方推行公益律师参与涉罪未成年人社会调查》，正义网，http://www.jcrb.com/procuratorate/jckx/201408/t20140822_1425332.html，2014年9月19日。

个办公室的主要任务之一是代表政府选择购买社团服务，指导和管理社团，促进司法社工队伍的建设与发展。① 这三个办公室下设三个社团：阳光中心、自强社团、新航社团。社团的运营费用主要由各个区县财政负责。除政府拨款外，社团也可以接受社会力量的捐赠作为活动经费。现阶段，上海市未成年人案件社会调查的行使主要是由上面提到的社区矫正办公室下设社团的社会工作者开展。② 可以说，上海市未成年人社会调查主导力量的建立和发展离不开政府的推动促进，加之政府的拨款成为这些社会组织的主要活动经费来源，因而，可以将其概括为政府主导模式。此外，全国不少地区都在政府的推动下成立了专门的社会调查或者青少年社会工作部门，如广东的模式是由上而下地指导开展，由政府领导并推动和要求各部门具体落实，政府提供资金等各方面保障。此外，广东还专门设立第三方中立机构对各社工组织的工作质量进行评估考核。

2. 基层合作推动的北京经验

北京市未成年人社会帮教体系和制度的发展则呈现出一种生发于实践，自下而上逐步推广的发展特性。初创者就是海淀区检察院未检部门，其在北京市范围内首创"4+1+N"工作模式。其中，"1"是指依靠服务中心的专业司法社工队伍对未成年人犯罪案件开展社会调查和帮教考察。自 2009 年开始，海淀检察院就尝试与专业的社会工作力量或研究机构合作，其依托北京师范大学社会工作专业的教师、学生开展对未成年人的调查与帮教，后来还将社会调查的范围扩展到所有未成年人和有需要的未满 25 周岁的在校学生，社会调查阶段也由审查起诉提前至审查批捕阶段。③ 这一经验逐步得到认可后，海淀区政府每年向海淀

① 朱久伟主编：《社会治理视野下的社区矫正》，法律出版社 2012 年版，第 20—23 页。

② 北京市人民检察院未检处：《北京市未检工作考察团赴江苏、上海学习交流考察报告》，首都检察网，http：//10.11.204.98：8911/s？q＝%E4%B8%8A%E6%B5%B7+%E7%A4%BE%E5%B7%A5&type＝nutch&pager. offset＝20，2014 年 8 月 18 日。

③ 杨新娥：《海淀院创新社会管理提升少年检察工作》，首都检察网，http：//www. bj. pro/newiweb/minfo/view. jsp？DMKID＝211&ZLMBH＝6&XXBH＝100177845&departID＝0，2014 年 9 月 18 日。

检察院划拨专门社会调查业务经费，海淀检察院按期以涉案少年人数为单位向首师大少年司法社会工作研究与服务中心支付费用。随后，这一经验逐渐在全市得到吸收和推广，如门头沟区法院、市检二分院、市二中院、市检一分院、铁检分院、铁检北京院相继与首师大少年司法社会工作研究与服务中心启动合作；丰台检察院、西城检察院分别与北京市青少年法律援助与研究中心、仁助社会工作者事务所合作开展社会调查。2012 年年底，朝阳院与北京政法职业学院共同签订《关于对未成年犯罪嫌疑人开展社会调查工作合作协议》，由学院应用法律系 14 名教授、讲师组成了专业化社会调查队伍，对涉罪未成年人进行社会调查。[①]

二 三种社会调查模式的比较分析

目前，在司法实践中存在的这三种社会调查模式应该说各有特色，也各有利弊，其中最符合我国司法实际情况，最具有发展潜力的调查模式才是我国社会调查未来的发展方向。

（一）自行调查模式的非客观性

自行调查模式是最先出现在审查起诉阶段的实践探索，在未成年人刑事司法发展初期，社会调查的认知度不高，此时由司法机关直接开展调查有助于提高调查效率和效果，且调查结论也容易为侦查机关和未成年人一方接受。尽管这种模式在未成年人检察发展初期发挥了很大的作用，但仍然存在一些明显的问题：一是调查的中立性容易受到质疑，检察机关承担着对未成年人犯罪的追诉职能。尽管随着未成年人刑事司法理念的发展，未成年人的特殊保护、教育替代惩罚等理念已经逐渐为司法机关所认可，但追诉立场和社会调查要求的客观、中立具有天然的矛盾性，由检察机关进行社会调查，调查结论必然会受到各方质疑。二是调查的专业性不足，尽管检察官具有丰富的法律实践经验、较高的法律

[①] 王裕根：《强化社工组织参与未成年人犯罪预防与治理》，《检察日报》2024 年 9 月 10 日第 3 版。

职业素养，但这与社会调查要求的社会科学专业素养和社会工作技能属于不同领域。由专业的未成年人检察官或调查员进行调查，调查的水平和专业性较强。由于我国目前未成年人改革后很多省市都成立了专门的未成年人检察处，"一体化"负责未成年人案件的审查批捕、审查起诉、监所检察、预防和民事行政检察职能。这种情况下，如果社会调查由检察官或者检察机关任命的专职调查员进行，就会出现自己为自己的决定提供参考理由的情况，调查的中立性、客观性必然会受到质疑。在域外，担当社会调查员者普遍具有客观、中立的职业要求，对其工作还有司法监督和公众监督，调查中的舞弊行为一旦查实，不但其调查报告将失去参考价值，而且调查人员还可能按伪证罪论处。[①] 此外，检察官肩负着审查起诉等多项工作职责，与此同时，如果需要负责社会调查工作，那么势必造成司法资源的紧张，既影响自身检察工作的开展，又无法确保对社会调查工作的时间、人力投入，调查的效果同样无法得到保障。

（二）委托协助调查模式的非专业性

根据上文对委托调查模式现状的研究综述，在这种模式下，检察机关基本不再作为社会调查的执行主体，而是处于调查决定和委托主体的地位，其在社会调查中身份的中立性得到提高。但检察机关并没有完全脱离社会调查执行程序，其身份往往是调查的主导者，有些时候仍然参与到调查之中，没有实现真正的中立。在这种模式下，受委托开展调查的主体有司法行政机关工作人员，即司法局、司法所的司法社工或者工作人员任社会调查员；有如行政部门下设的青少年保护委员会，党组织下设的共青团组织干部；还有如公益律师、司法局下属的社区矫正人员，等等。调查主体的身份较为多样，且社会地位不尽相同。但这些调查主体具有一个较为相同的特点，那就是从事社会调查工作的兼职性，不仅专业性无法保障，稳定性和调查的职业性更是无从谈起。从未成年

---

① 王彦钊、齐捷：《社会调查员，探寻未成年人犯罪轨迹》，《检察日报》2003 年 8 月 5 日第 3 版。

人司法较为发达的国家来看，他们普遍具有较为稳定的且专门化和职业化的社会调查队伍。例如，"英国作为社会调查员人选之一的专业社会工作者，就是由国家或矫正机构选任或聘用的具有社会学、犯罪学、心理学和有关学科领域的具有渊博知识和丰富阅历的专家、学者、社会活动家"①。又如日本，其法律要求调查官要能准确运用医学、心理学、教育学、社会学等其他专门知识。② 调查人员的职业化不仅可以通过专业建设发展提升其进行社会调查的能力和水平，还可以确保社会调查得出的未成年人是否具有帮教必要、是否具有社会危险性等结论的科学性。

（三）服务购买模式的待发展性

相较于上述两种模式来说，我国目前法治较为发达地区如上海、北京等地开展的社会调查服务购买模式在中立性、客观性、专业性上都具有一定优势：一是检察机关完全处于社会调查决定者和审查者的地位，不参与社会调查的过程，社会调查由专门的社会调查员独立开展，调查的客观性容易得到保障。二是在这种模式下，社会调查执行机构多为在行政部门管理下的专门性常设机构，这些机构的工作人员即社工很多进行过专门的学习、培训，有些还是高校的研究人员，具备社会工作基本的知识素养和工作技能。由这些人员进行社会调查，调查的全面性、专业性、调查结论作出的科学性显然要高于上述两种模式下得出的社会调查结论。因此，从社会调查的客观性和专业性角度来说，服务购买模式属于更好的社会调查模式选择。但我们同时也要看到，服务购买模式需要有专业化的社会工作者队伍和较为成熟的社会调查工作制度作为软、硬件支撑，显然，我国社会调查制度的发展和社会工作者队伍的建设还未达到这一要求标准。因此，我们在将服务购买模式作为社会调查的发展方向的同时，亟须寻找一条通向该目标的发展路径，我们首先要厘清目前我国社会调查制度面临的主要问题。

---

① 曹杨文：《社区矫正制度本土化构建研究》，《中国司法》2007 年第 6 期。
② 尤丽娜：《从日本的保护处分制度看我国的少年教养制度》，《青少年犯罪问题》2006 年第 2 期。

三　审查起诉阶段社会调查制度存在的主要问题

现阶段，我国各项法律和司法解释对于社会调查的规定过于粗放，虽然这样做为实践中各项改革探索预留了大量的发展空间，但同时也造成了一系列问题，可以说，我国未成年人社会调查制度发展中一个最主要的问题就是法律规制不足。

（一）社会调查主体地位不明，处境尴尬

目前，理论和实务界对于社会调查员的诉讼地位尚存不同认识，社会调查员在未成年人司法中的法律地位尚待统一、明确的规定。在未成年人刑事诉讼过程中，与证人、鉴定人地位、作用不同，社会调查主体的调查工作内容和调查工作结论与认定犯罪无关，而与未成年人可能获得的司法处遇存在紧密关联。社会调查主体的调查工作内容主要包括成年犯罪嫌疑人成长经历、家庭背景、教育状况、心理情况等，其调查工作结论是在对调查内容综合认定的基础上，对未成年人的社会危险性以及回归社会可能性得出明确的分析和判断结论，作为司法机关对涉罪未成年人做出处遇决定时的主要参考依据。2012 年《刑事诉讼法》第 268 条规定："公安机关、人民检察院、人民法院办理未成年人刑事案件，根据情况可以对未成年犯罪嫌疑人、被告人的成长经历、犯罪原因、监护教育等情况进行调查。"《人民检察院刑事诉讼规则》仅规定"人民检察院开展调查，可委托有关组织和机构进行"。但法律及相关司法解释并未对社会调查人员在未成年人刑事诉讼中的地位进行明确规定，在理论和实务中也出现了对社会调查人员法律地位的争议，出现了在没有规范依据的情况下，让社会调查人员参与庭审、听证等的各类实践创新。而社会调查内容和调查结论是司法机关对未成年人进行法律处遇的主要依据之一，其重要性不言而喻。社会调查人员到底在未成年人刑事程序中应具有何种地位，其开展社会调查或者参与诉讼的权利保障与责任义务等问题当然需要予以进一步明确。在无具体的行为依据的情况下，社会调查适用的随机性、各地开展试点工作的随意性、司法机关可能存在的不作为等问题都将对涉罪未成年人的合法权益产生切实影响。

同时，社会调查开展的随机性和随意性也会破坏调查的公信力，这对于社会调查工作的开展、调查结论的客观有效性都可能产生不利影响，不利于未成年人案件社会调查制度的进一步发展。

（二）社会调查的内容缺乏统一规制

对于社会调查的内容，修改后的刑诉法仅作概括规定，仍然延续之前法规司法解释规定的"成长经历、犯罪原因、监护教育"这三大基本情况。从各地实践来看，江苏省规定"自我认识""帮教条件"位列调查内容；湖北省则将"受害人意见"作为调查内容之一；北京市很多检察机关规定调查的内容要涵盖未成年人的性格特征、成长经历、家庭情况、在校表现、社会交往、犯罪原因分析、再犯可能性评估以及是否具备有效监护条件或社会帮教措施等内容。内容不同会影响社会调查报告的呈现形式甚至属性，比如，主要以选择性题目、表格形式构成的社会调查报告更直观直接，但接近证人证言的性质；而经过分析论证、形成一定结论和相关建设性意见的调查报告则与鉴定结论有相似之处。当前，对涉罪未成年人的社会调查报告，仍存在规范化程度低，调查程序和报告内容无统一规定，各地区、各司法机关各自为政的问题。

（三）社会调查的适用具有随意性、不平等性

首先，社会调查的启动具有随意性。目前在司法实践中，一些社会调查制度发展较为成熟的地区如北京、上海等在审查起诉阶段实现了社会调查的全面覆盖，但仍有很多地区尚未达到这一工作标准，社会调查的适用具有随意性的特点。特别是在未成年人刑事司法深入改革的现阶段，应防止出现社会调查异化为对未成年人宽宥处理的"表演"。其次，社会调查适用存在不平等性，全国很多省市地区特别是经济较为发达的地区，未成年人犯罪都呈现出外来未成年人犯罪率不断上升的趋势。但对于外来未成年人的社会调查囿于异地调查的制度、人员、时间等问题，多数无法开展，造成本地和外来未成年人社会调查适用的不平等性。我们看到一些检察机关已经意识到这一问题，通过要求异地检察机关、司法机关协助，建立协作机制等方式，开始尝试对外来未成年人

适用社会调查，实现对未成年人的平等保护。①

（四）社会调查的程序保障性不足

由于社会调查报告直接关系对涉罪未成年人的处理，社会调查报告的适用应该有利益各方的参与，需要有相关的程序保障。但目前法律和司法解释没有规定审查起诉阶段如何向相关诉讼参与人开示调查报告以及未成年人及其法定代理人是否具有发表意见、申诉的权利等内容，加之各地社会调查工作开展的情况不一，社会调查存在中立性不强、专业性不足等问题。② 如果不赋予未成年人及其法定代理人异议、申诉的权利，则不利于真正发挥社会调查制度对未成年人的特殊保护作用。

≫ 第三节　审查起诉阶段社会调查的发展趋势：服务购买型调查模式

正如上文所分析的，服务购买型社会调查模式与自行调查和委托调查模式相比，具有更明显的客观性和专业性，加之已经在一些地区进行了改革探索，取得了较好效果，其可以作为我国未来社会调查的发展方向。

一　服务购买模式对社会工作发展的积极影响

社会调查的北京模式与上海模式实质上都是一种政府购买社会服务的实践模式，其发展主要依靠政府推动，基于我国社会调查制度和社会工作组织发展现状，笔者认为，这种服务购买型社会调查模式更有利于专业司法社工队伍的快速发展，最符合我国当前的实际情况。

一方面，政府购买型社会调查模式有利于提高社会调查工作的效率。对未成年人进行社会调查除了社会工作者的积极行动外，更需要取得多个部门的同意或批准才能进行。例如，对未成年人教育情况的调查

---

① 肖俊林：《跨省社会调查挽救迷途少年》，《检察日报》2022 年 4 月 2 日第 2 版。

② 周晨曦、赵雅男、邢进生：《涉罪未成年人社会调查制度的完善路径》，《人民检察》2024 年第 9 期。

需要经过未成年人曾经就学的学校提供相关情况；对未成年人家庭或成长背景的调查可能涉及民政、居委会或村委会以及派出所等部门的支持帮助，更不要说为了了解其心理情况而对未成年人进行约谈可能需要其监护人或学校主管领导的允许。此外，社工在此过程中需要就遇到的问题与学校、检察机关、民政等相关部门进行沟通、协调。这些情况显然不是仅仅具有社会工作者身份的调查人员可以完全处理好的。如果由政府主导推进，则可以通过政府部门统一协调各种机构、部门之间的关系，协助调查人员全面有效地完成调查工作，避免重复调查或无效调查。

另一方面，服务购买模式有利于社会调查工作和社会调查组织获得充足的经济支持。一是社会调查工作开展本身就需要一定的资金储备，如走访、联络、人员培训、工资等经费支出已经较为惊人，更不要说调查机构需要的场地、维持日常工作需要的经费支持。二是在司法实践中经费短缺一直是限制专业社会工作力量发展壮大的主要因素，专业的人员都无法跟上，就不要说更多社会调查工作的开展。因此，在服务购买模式下，由政府确保社会调查享受司法行政专项拨款，并依托政府的支持进而获得一些社会基金的捐助，那么必将极大地有利于社会调查工作及专业社会工作组织、人员的发展壮大。

此外，适用服务购买模式将极大地推进司法社工的专业化发展。在获得政府有力支持下，司法社工队伍在人、财、物各方面都可进一步发展壮大。司法社工可以获得与司法机关在社会调查、帮教矫正等工作的更多、更稳定的合作关系。司法社会工作人员可以充分在实践中发展和锻炼自身能力。同时，有力的资金和社会资源支持可以为司法社会工作人员提供更多获得技术培训、进修、待遇提高等职务发展的机会，逐步推进社会工作队伍的平稳发展，进而带动社会调查工作水平的进一步提升。

二 社会调查的委托审查主体：未成年人检察官

2010 年，中央综治委预防青少年违法犯罪工作领导小组、最高人民法院、最高人民检察院、公安部、司法部、共青团中央出台了《关于进一步建立和完善办理未成年人刑事案件配套工作体系的若干意见》，其中规定社会调查的责任主体为司法行政机关，但修改后的刑诉法再次明确确立检察机关在社会调查中的主体地位。由于社会调查制度所承载的刑罚裁量、犯罪预防、社会管理等诸多复合功能，其不可能由单独机构完成，因此，构建由司法机关委托或直接购买社会专业机构调查服务的服务购买模式更为可取。但鉴于我国目前社会工作发展的不平衡性，在专业的社会工作机构尚未建立的地区，仍然实行检察机关委托司法行政部门等开展调查更为现实。目前在司法实践中，检察机关在社会调查中的地位作用不尽相同，存在决定主体、调查主体、委托主体、审查主体等多种身份。但笔者认为，在社会调查中，检察机关仅应成为社会调查的决定和审查主体较为恰当。

一方面，检察官如果开展社会调查，将影响调查的中立性和公正性。众所周知，检察机关最主要的职能就是追诉犯罪，其这种职责带来的天然倾向性不利于社会调查的开展。当检察官更注重追诉职能的实现，则在社会调查中难免出现偏颇，对未成年人有利的情况可能视而不见。但当检察机关仅作为社会调查工作的委托者，负责委托和引导调查的方向，不参与具体的调查过程，那么检察官对社会调查的过程和调查结果进行审查的时候，应该能够公允行使职能。只有这样，才能保障调查报告内容符合要求，且具有公允性和客观性。

另一方面，检察官不担任社会调查的执行者，这有利于节约司法资源，体现诉讼经济原则。社会调查报告内容较多，且要求调查全面完整。目前未成年人检察部门普遍存在人员紧张的情况，且未检部门大多承担着"捕、诉、监、防""四位一体"的工作职能。在这种情况下，如果由检察官自己进行社会调查，将极大地压缩本来就十分紧张的司法资源。如果将社会调查委托给专业社会工作机构进行，除了可以保证司法资源的合理化配置、提高调查和案件办理的质量外，还有利于进一步推动社会调查的职业化发展趋势。

三　社会调查的执行主体：专业的社会工作者

在服务购买型调查模式中，社会调查的执行主体应由专业的社会工作者担任。

一方面，社会工作者具有开展未成年人工作的专业基础，有利于确保调查的科学性。基于社会调查结果在未成年人刑事诉讼各个阶段的重要作用，社会调查的结论会对未成年人的未来产生重要影响。因此，社会调查工作需要社会调查员除了具有热情、经验和悟性外，还需要掌握相关专业知识，具有专业的社会工作能力。社会工作的专业训练恰恰能够满足这一需求。社会学是社会调查工作必须坚持的理论基础，专业的社会工作者接受了专门的社会工作、社会心理等学科的学习和训练，具备使用社会工作专门方法的技能，对于社会调查、数据收集、谈话沟通甚至帮教等社会工作进行过专门的训练，显然，由这些专业社会工作者开展社会调查，其获得结论的客观性、权威性更容易为社会大众所认可。

另一方面，以司法社工为主吸纳各方社会力量参与符合我国现实情况。目前，许多地方在司法实践中已经引入了专业社工进行社会调查，但从我国现实情况出发，社会工作者暂时还不能马上独立成为社会调查的执行主体：第一，我国的社会工作制度目前仍处于起步阶段，虽然社工的积极性很高，但是多为大学生或社工相关专业毕业生等社会群体兼职担任，无论是专业知识还是社工工作经历都显稚嫩。但他们相较其他群体又具有一定的专业知识，可以通过进一步的学习及工作经验积累逐步发展为专业社会工作者，因此应鼓励并着力发展目前已有的社会工作者队伍。第二，可借鉴目前实践中已有的专业化人员吸纳工作方式，①吸收具有如心理学、教育学、网瘾治疗和精神病学等专业知识的专家学

①　西城区人民检察院未检处：《我院与北京师范大学签订〈社会调查及附条件不起诉考察帮教项目合作协议〉》，首都检察网，http://www.bj.pro/newiweb/minfo/view.jsp？DMKID＝211&ZLMBH＝3&XXBH＝10049942&departID＝0，2014年10月3日。

者参与社会调查。在美国，缓刑官进行安置前的社会调查时，心理学家和精神病学家会参与其中，他们在缓刑官收集的调查信息的基础上，作出针对每个罪错少年的心理诊断并提出治疗方案。显然，这种社工加专家的合作调查模式不仅有利于调查结论的专业性和客观性，更有利于社工专业发展和进步。

四　社会调查适用的程序性保障和基本原则

（一）社会调查适用的程序性保障机制

社会调查报告在审查起诉阶段主要有三方面作用，一是检察机关对未成年人进行羁押必要性持续审查的参考；二是检察机关对未成年人作出罪化处理的参考；三是对未成年人开展社会帮教的依据和参考。社会调查报告与未成年人可能得到的处遇息息相关，因而，社会调查报告的运用需要有充分的程序保障。笔者认为，增强这种保障的途径应做到四点：一是检察机关在审查起诉阶段制作或确认的社会调查报告必须向相关诉讼参与人予以开示，并给予被害人、未成年行为人及其法定代理人等申辩的权利；二是应允许诉讼代理人和辩护人等质疑社会调查报告相关内容的真实性并提出可靠的材料予以反驳；三是当诉讼双方对调查报告均无异议，或者报告中具有相当可靠性和充分性的材料才可以将其作为处理的参考；四是当涉罪未成年人及其法定代理人不同意检察机关参考社会调查报告作出处理时，则应当排除调查报告的使用。这样做具有两方面意义：一方面，即便在社会调查报告中，未成年人的人格等情况得不到精确评价，未成年人也不必因报告的使用而遭受不公，也就可以消解社会调查报告对未成年人人格测量的准确性问题以及由此产生的对行为人不公正问题；另一方面，如果经过社会调查，确认了未成年人具有向善的品格，其也因此获得从轻处理，就有可能引导他们加倍避恶从善。

（二）审查起诉阶段社会调查适用的"向善建构"原则

无论社会调查报告如何符合专业化要求，采取了当前最为科学的调查手段，只要其仍然是由人这个个体作出，其自身就无法避免内容和结论的不完整性、不准确性或主观性。很多专家学者对社会调查报告如何在适用中尽量消解这种不准确性，以及可能由此带来的不利影响，展开了较为丰富的研究。其中徐昀教授提出的"向善的建构原则"①，既有助于消解社会调查报告的不准确、不客观性，又便于实践操作，应该说对检察机关在审查起诉过程中更好地使用社会调查报告具有重要的借鉴意义，但这一原则的具体内容还需要结合未成年人审查起诉阶段的实际情况进行一定修正。

首先，社会调查报告不是犯罪构成与否的参考或证明材料。正如徐昀教授的观点："当行为人的行为处于罪与非罪的边缘地带时，善的人格才能作为出罪的依据；如已经构成犯罪，在目前的法律框架内，善的人格并不能作为出罪依据，如果不具有善的人格，也不能作为入罪的依据。"② 笔者认为，社会调查报告本身就不包括与犯罪事实有关的内容，其主要反映未成年人的成长经历、品格特质等情况，应该说在任何情况下都不应影响未成年人犯罪是否成立的问题。此外，综合两大法系国家未成年人司法实践中社会调查报告的运用情况来看，社会调查报告只限于量刑阶段使用，因此，未成年人社会调查报告不对犯罪成立与否产生影响，是未成年人案件审查起诉阶段社会调查报告使用的前提。

其次，社会调查报告仅应作为审查起诉阶段对未成年人作出有利处理的依据。同样根据"向善的建构原则"，"善的人格可以作为从轻、减轻的依据，而恶的人格不作为加重、从重的依据"③。这符合社会调查报告制度设立的初衷，也不存在不当加重未成年人惩罚的情况。在未

---

① 徐昀：《未成年人社会调查制度的完善与运用——两种心理学的视角》，《当代法学》2011 年第 4 期。

② 徐昀：《未成年人社会调查制度的完善与运用——两种心理学的视角》，《当代法学》2011 年第 4 期。

③ 徐昀：《未成年人社会调查制度的完善与运用——两种心理学的视角》，《当代法学》2011 年第 4 期。

成年人案件审查起诉阶段，当现有证据表明未成年人案件符合法定不起诉条件时，就犯罪构成与否的角度而言，此时未成年人的行为不应被认定为构成犯罪，社会调查报告中所反映的未成年人所具有的那些善的人格，其只是对未成年犯罪人作出其他有利处理的参考依据，而其反映的未成年人所具有的恶的人格，不能作为对他加重处理的依据。也就是说，当涉罪未成年人符合起诉条件时，社会调查报告反映的善的人格是对其作出酌定不起诉和附条件不起诉处理，以及对其进行矫治帮教的参考依据，如果未成年人不具备这些善的人格，则无法影响检察官对未成年人改过矫正所持有的消极态度，未成年人很可能被直接提起公诉。

》 第四节　小结

　　未成年人相对不起诉中的社会调查具有为未成年人是否可以获得出罪处理以及个别人帮教提供参考依据的重要作用。社会调查报告不应简单界定为证据或参考材料，而是一种同时具有司法决定参考性和程序事实证明性的案件材料，其在未成年人刑事案件的量刑问题上，发挥了一定的证明作用。除作为法庭量刑参考之外，调查报告对司法机关对于涉案未成年人作出恰当处遇决定，例如，检察机关对情节轻微的涉案未成年人作出不起诉决定，提出适用缓刑、从轻处罚等宽缓的量刑建议，以及采取适当的帮教矫治措施、参与预防未成年人犯罪的社会综治等工作也具有重要的参考价值。

　　我国未成年人案件审查起诉阶段存在三种调查模式，即自行调查模式、委托调查模式和服务购买型调查模式。其中，自行调查模式具有非客观性；委托调查模式具有非专业性；服务购买型调查模式在中立性、专业性、客观性上相较于另外两种模式具有一定优势，但目前除北京、上海等发达城市外，发展还不够成熟。目前，审查起诉阶段的社会调查最主要的问题就是法律规制不足，表现在调查主体、调查内容、适用条件、程序保障等方面都存在不明确或不充分问题。特别是调查适用的随意性问题,一些社会调查制度发展较为成熟的地区如北京、上海等在审查起诉阶段实现了社会调查的全面覆盖,但仍有很多地区尚未达到这一工作标准。在未成年人刑事司法深入改革的现阶段,应防止出现社会调查异化为对未成年人宽宥处理的"表演"。另外,社会调查适用存在不平等性,全国很多省市地区特别是经济较为发达的地区,未成年人犯罪都呈现出外来未成年人犯罪率不断上升的趋势。但对于外来未成年人的社会调查囿于异地调查的制度、人员、时间等问题,多数无法开展。笔者认为,在未成年人审查起诉阶段,社会调查的发展方向应是服务购买型调查模式,未成年人检察官应作为调查的委托和审查主体,社会专业工作人员作为调查的执行主体。

第八章 ◀

未成年人相对不起诉中的社会帮教

　　未成年人代表着社会的未来，如何预防和减少未成年人犯罪是世界各国共同努力的方向。各国都把对未成年人的帮助教育作为关注的重点和努力的方向。《联合国少年司法最低限度标准规则》（《北京规则》）第5.1条规定："少年司法制度应强调少年的幸福。"进一步明确少年司法首要目的是帮助未成年人获得幸福，故要"避免只采用惩罚性的处分"①。我国《未成年人保护法》《刑事诉讼法》等法律及政策也作出了相关规定，强调以教育挽救为主，惩罚为辅，要帮助涉罪未成年人回归社会，因而对未成年人不良行为的帮助和教育，从某种意义上说是少年司法的核心所在，直接影响未成年刑事政策的贯彻执行。

　　2023年4月14日，最高人民检察院以"深化未成年人检察社会支持体系示范建设，推动《未成年人司法社会工作服务规范》国家标准落实"为主题召开新闻发布会，通报全国未成年人检察社会支持体系示范建设工作。在社会支持体系示范建设期间，检察人员携手社会组织、社会工作者累计为涉罪未成年人提供帮教服务8.5万人次，覆盖

---

　　① 赵秉志、姚建龙：《废除死刑之门——未成年人不判死刑原则及其在中国的确立与延伸》，《河北法学》2008年第2期。

88.65%的审查起诉未成年犯罪嫌疑人。通过司法社工为涉罪未成年人提供法治教育、心理疏导和教育矫治等服务，涉罪未成年人再犯罪率为4.7%，低于近五年来未成年人再犯罪率1.2个百分点。① 社会帮教是我国未成年人司法实践中创造出来的一种社会性管理措施，主要指检察官联合社会专门力量、专业人员，根据涉罪未成年人的特殊性，采取综合性手段对涉罪未成年人进行思想、行为上的系统帮教和治疗，从而使其反思纠正自身行为，最终实现重新融入社会的一项系统性工作。美国学者弗朗西斯·福山曾经说过："控制犯罪的理想形式不是一支具有压制性的警察力量，而是这样一个社会，即首先是年轻人适合于社会生活，遵守法律，并通过非正式的社区压力将犯法者引回到社会主流中。"② 通过社会帮教最终实现对未成年人不良行为的教育和矫治，从某种意义上说是少年司法的核心所在，直接影响未成年刑事政策的贯彻执行。

2022年6月最高人民检察院发布的《未成年人检察工作白皮书（2021）》显示："未成年人犯罪数量出现反弹。2021年受理审查逮捕、受理审查起诉人数较2017年分别上升30.6%、24.2%。"未成年人犯罪呈现总量增长，犯罪年龄降低，恶性犯罪、暴力犯罪数量持续下降，电信、网络等轻罪上升较快等特点。③ 显然，建立在有效社会帮教基础上的未成年人附条件不起诉制度，未来在未成年人犯罪预防和矫治中将进一步发挥重要作用。为更好地发挥未成年人社会帮教顶层设计的功效，进一步提升未成年人犯罪预防功效，我们有必要结合我国未成年人社会帮教制度的最新实践探索，对未成年人社会帮教理论与制度的发展进行深入思考。

---

① 徐日丹：《检察人员携手社会组织、社会工作者为涉罪未成年人提供帮教服务8.5万人次》，《检察日报》2023年4月15日第2版。
② ［美］弗朗西斯·福山：《大分裂：人类本性与社会秩序的重建》，刘榜离等译，中国社会科学出版社2002年版，第33页。
③ 《最高检：未成年人犯罪数量出现反弹　校园欺凌和暴力犯罪数量继续下降》，光明网，https://legal.gmw.cn/2022-06/01/content_35782059.htm，2022年6月1日。

≫ 第一节　社会帮教的性质与功能

一　社会帮教的性质

（一）社会帮教的性质界定

在司法实践中，检察机关对未成年人的教育引导活动存在多种称谓，如"社会帮教""社区矫正""矫正帮教"等，而且这些词语使用较为混乱。那么到底哪种界定最准确、最能反映这种活动的属性，显然还需要从矫正、帮教的基本含义进行分析。

"矫正"一词在西方经历了一个从狭义到广义的发展进程，西方学者率先从狭义的角度将其引入法学领域，成为司法工作的专门术语。作为矫正刑论的核心，矫正与威慑、惩罚、报应相对应。随着矫正理念的不断更新，矫正的内涵逐渐丰富。克莱门斯·巴特勒斯在《矫正导论》一书中指出：矫正是指"法定有权对被判有罪者进行监禁或监控机构及其所实施的各种处遇措施"。美国的刑事司法系统包括警察、法院系统和矫正制度三个子系统。[1] 这里的矫正制度便是与警察、法院系统相并列的对罪犯现实实施的各种处遇措施的机构及制度。"处遇"是日本刑事司法常用词语，对应英文 treatment 一词，意为制裁、处理、待遇和治疗，中国台湾地区、日本等地常将其与矫正互换使用，如社区矫正、社区处遇。事实上，"处遇"一词无论是形式还是内容均比矫正广泛，又不易产生歧义，故有学者主张将矫正改为处遇。[2]

我国学者认为，"矫正"的汉语词义是改正、纠正的意思。"罪犯矫正，是指纠正罪犯不良心理倾向和行为习惯的行刑活动。矫正制度源于西方国家，主要指通过监禁隔离、教育感化、心理治疗和技术培训等

---

[1]　［美］克莱门斯·巴特勒斯：《矫正导论》，孙晓雳等译，中国人民公安大学出版社1991年版，第27页。

[2]　冯卫国博士认为，罪犯处遇，从狭义上来说，是指为使罪犯早日复归社会，防止他们重新犯罪而采取的各种处理、对待措施的总和。从广义上说，也指罪犯的一般地位或待遇，即国家和社会如何对待、处理罪犯。现代罪犯处遇分为两种模式，即机构内处遇和社会内处遇。前者为监禁处遇，后者为社区处遇。参见冯卫国《行刑社会化研究——开放社会中的刑罚趋向》，北京大学出版社2003年版，第9页。

措施，使罪犯逐步适应社会生活而进行的活动。"① 改造与矫正的区别是：矫正侧重行为、心理的塑造与转变，改造则包括思想、行为、心理及知识、技能的更新与培育等多种内容。② 随着司法实践的深入发展，对于那些监禁外展开的矫正活动逐渐与监狱内矫正活动相区别，成为实践和理论关注的热点，"社区矫正"一词得到广泛使用。2003 年《最高人民法院、最高人民检察院、公安部、司法部关于开展社区矫正工作的通知》以及司法部《司法行政机关社区矫正工作暂行办法》第 2 条，将社区矫正界定为：社区矫正是与监禁矫正相对的行刑方式，是指将符合社区矫正条件的罪犯置于社区内，由专门的国家机关在相关社会团体和民间组织以及社会志愿者的协助下，在判决、裁定或决定确定的期限内，矫正其犯罪心理和行为恶习，并促进其顺利回归社会的非监禁刑罚执行活动。总的来说，当前理论界普遍认为社区矫正是一种不使罪犯与社会隔离并利用社区资源改造罪犯的方法，是所有在社区环境中管理教育改造罪犯方式的总称。具体而言，是与监禁矫正相对的刑罚执行方式，是指将不需要监禁或继续监禁的社会危险性小的罪犯置于社区内，由专门的国家机关在相关社会团体和民间组织以及社会志愿者的协助下，在判决、裁定或决定确定的期限内，遵循社会管理规律，运用社会工作方法，整合社会资源和力量，对其行刑监督、教育改造和帮助救济，从而降低重新犯罪率，提高改造质量，促进社会长期稳定与和谐发展的非监禁性的刑罚执行活动。③

由此可以发现，社区矫正与目前检察机关对未成年人实施的教育引导活动特别是在审查起诉阶段实施的教育引导活动存在性质上的差异。社会帮教是我国未成年人司法实践中创造出来的一种社会性管理措施，④ 从法律性质讲，这种"帮助教育"是一种非强制的社会教育管

① 中国劳改学会编：《中国劳改学大辞典》，社会科学文献出版社 1993 年版，第 621 页。

② 夏宗素：《狱政法律问题研究》，法律出版社 1997 年版，第 43 页。

③ 王顺安：《社区矫正理论研究》，博士学位论文，中国政法大学，2009 年。

④ 该制度从一个微观层面反映出我国正逐步由国家主导的犯罪控制模式向社会力量广泛参与的犯罪控制新模式转变，以及现代社会中法律运作过程日益开放即法律民主化的趋向。参见冯卫国《犯罪控制与社会参与——构建和谐社会背景下的思考》，《法律科学》（西北政法学院学报）2007 年第 2 期。

理，不同于行政处分和刑事处罚，具有非强制性、非剥夺性、教育性等诸多属性。审查起诉程序中对未成年人的教育引导行为主要指检察官根据受到指控的未成年人的特殊性，采取各种措施和手段，对涉罪未成年人进行思想、行为上的教育和治疗，从而使其认识到原有思想和行为的问题，纠正其行为，重新融入社会的过程。因此，将其称为社区矫正或者矫正帮教显然有失准确，为了契合目前已经得到广泛传播的称谓，笔者认为，将其界定为对未成年人的"社会帮教"显然更能恰当地反映审查起诉阶段对未成年人这种教育帮教活动的性质特点。

（二）社会帮教的特点

对未成年人的社会帮教虽然在实施形式上和社区矫正有重合之处，但二者存在根本差别：其一，两者性质不同。社区矫正是与监禁矫正对应的刑罚处遇方式，是指将那些不需要或者不宜监禁的罪犯置于社区内，由专门的国家机关在相关社会团体和民间组织以及社会志愿者的协助下，在判决、裁定和决定的期限内矫正其犯罪心理和行为恶习，并促使其顺利回归社会的非监禁刑罚执行活动；而社会帮教则是一种非刑罚处遇措施。其二，两者存在适用对象的差异。社区矫正针对的是已判处刑罚的罪犯；而社会帮教主要针对的是涉罪但未受到刑事判决的未成年人。

未成年人的社会帮教作为一种非刑罚处遇措施，具有以下五个特点。

1. 事前性。这是相对于未成年人犯罪矫正的事后性而言的，检察机关给予的社会帮教针对的是受到刑事指控或者被不起诉的未成年人。帮教前置同时具有两个目标，一方面，通过帮教和帮教效果的考察，提供未成年人更多获得出罪处理的机会；另一方面，通过多种手段的帮教让未成年人可以修正其错误的心理和行为，实现回归社会。

2. 灵活性和非正式性。相对于刑罚体系下的监禁刑和社区矫正，社会帮教是由非刑罚执行机关实施的，其灵活运用社会资源对受到指控或者未被起诉的未成年人进行引导、帮助、教育，以期可以纠正错误的思想和行为的活动。社会帮教的实施没有严格的程序性要求，检察机关可以根据案件和未成年人的情况便宜地决定行为的方式和参与主体等。

3. 非强制性。是否接受检察机关的帮教是未成年人的权利，而非义务，只要未成年人拒绝帮教的行为不会侵犯他人自由或妨害社会秩序，就不应进行干涉。

4. 保护性和关爱性。对未成年人的帮教不剥夺其自由及财产，而是以帮助和教育为主要手段，重在从心理、生活、学习等各方面给予未成年人帮助，从中对未成年人施加积极正面的教育影响，以实现关爱未成年人成长，协助其尽快回归社会的目标。

5. 实践创新性。对未成年人的社会帮教制度是随着检察机关未成年人工作的开展而逐步建立的，目前发展历程较短，很多规则和方法尚在探索之中，也未形成关于社会帮教的统一适用规范。这也造成司法实践中检察机关对未成年人开展社会帮教的手段较为多样，参与的主体、帮教的方式等也不尽相同。但这促进了实践中对帮教的有益探索，对未成年人犯罪的矫正和预防具有积极的借鉴意义。

二 社会帮教的功能

从一般意义上说，"功能"就是功效、效能、效用，是指事物本身能够发挥的或所蕴藏的有利作用。功能（function）作为一个学术概念，起源于西方国家，先被广泛应用于自然、社会科学等领域。在社会学领域，功能作为名词，是指在社会上发生的事件对社会系统产生的结果，这一事件的发生被认为对于社会系统的运作和维持起了主要作用；作为动词，是指为维持一个社会、社会系统等有效运转所需的整体社会要求。① 因而，对未成年人的社会帮教功能的讨论也应集中于其所发挥的积极作用。笔者认为，从未成年人社会帮教的设置目标和实践情况来看，其具有三大功能。

---

① John Scott, *A Dictionary of Sociology*, Oxford University Press, 2014, p. 269.

（一）出罪功能

未成年人社会帮教最主要的特点就是其事前性，即帮教的对象是受到刑事指控的涉罪未成年人而非已经受到刑事判决的未成年人。这种帮教实质上是对未成年人进行一种特殊宽宥的辅助手段。在未成年人检察实践中，检察机关通过帮教引导未成年人修正其心理、行为，进而给予涉罪未成年人再次受到是否需要刑事处理的考察机会，附条件不起诉的社会帮教将这种出罪功能体现得尤为明显。此外，在和解不起诉的实践中，很多检察机关在主动促成和解过程中对未成年人进行教育，甚至要求未成年人真诚进行具结悔过，将赔偿和悔过的真诚性作为不起诉的考量依据，其实这种帮教凸显的是其出罪功能。

（二）教育功能

日本教育学家细谷恒夫曾指出教育的三种类型：命令式、说服式和感化式，当急切地期待教育的效果时，命令比说服、感化来得都快，但是教育的目的是保持教育结果的联系、统一和稳定，在这一点上感化教育最有力。[①] 社会帮教的教育功能，不同于权力性的强制支配，而是尝试在帮教实施主体和未成年人之间建立起相互信任能引起同感的人际关系。通过的教育措施使对象人心理自觉地发生变化，积极主动地改过自新。这种教育功能在实践中体现在帮教的平和性和温情性，无论是未成年人检察官自主帮教还是社会力量参与帮教，帮教实施者和未成年人之间不同于传统的司法官和犯罪嫌疑人之间那种较为强烈的审查、控制关系，而是一种更为人格尊重、更为观护的温情关系，尽管这对帮教工作提出了更多挑战，但这一直是未成年人检察官努力的方向。此外，这种教育性体现在帮教者对未成年人生活、工作等实际困难的关注和解决，较之对成年犯罪嫌疑人的教育，这种帮教更具亲情性、引领性，侧重帮和教的结合。帮教者通过个别化的帮教措施，展开对未成年人生活、工

---

① ［日］铃木昭一郎：《保護観察における教育的機能》，《更生保護》第 26 卷 2 号，1975 年。

作技能的培训，引领其重新适应和走入社会。①

（三）预防功能

未成年人刑事司法制度固然具有惩处犯罪的作用，但更重要的目的和出发点应是有效控制犯罪。未成年人犯罪除了有个人因素，也容易受到周围环境的影响，将未成年犯罪嫌疑人置于何种环境下，对其未来发展产生重要影响。首先，适用非监禁刑的未成年犯罪嫌疑人大多是初犯、偶犯，普遍是涉世未深经不起诱惑或者缺乏家庭关爱的青少年，社会帮教体系应有效地预防其再次犯罪。其次，更重要的是，对未成年犯罪嫌疑人适用非监禁措施能杜绝"交叉感染"的危险，避免罪犯间相互传授犯罪方法，避免犯轻罪的未成年犯罪嫌疑人再次犯罪甚至犯下更严重的罪行，将其放置在社会中有助于其在社会各界帮助下，有效预防重新犯罪。

三　社会帮教的种类

（一）教育性帮教和出罪性帮教

按照社会帮教的目的性，我国未成年人社会帮教可分为教育性帮教和出罪性帮教。

1. 教育性帮教

根据现阶段我国刑事诉讼法、相关司法解释以及未成年人检察实践情况，这种教育性帮教主要包括以下几种做法。

亲情会见，在未成年人审查起诉阶段，检察官受理案件后，对于被采取逮捕强制措施的，承办检察官要进行羁押必要性审查。当检察官认为未成年人没有继续羁押的必要，则应决定对未成年人变更强制措施，与此同时，一般会对未成年犯罪嫌疑人及其监护人就取保候审、监视居住等强制措施的含义，此期间应该遵守的义务以及违反相关义务的法律后果进行告诫。若经过审查后，检察官仍决定对未成年人继续羁押的，

---

　　①　龚韵竹：《附条件不起诉制度社会力量参与问题的思考》，《上海公安学院学报》2022年第2期。

则考虑对未成年人单独安排亲情会见。这种亲情会见不同于检察人员讯问未成年犯罪嫌疑人时亲属在场权，它强调以亲情力量来感召未成年人。检察官一般视情况安排在押的未成年犯罪嫌疑人与其法定代理人、近亲属会见，以促使在押未成年犯罪嫌疑人对涉嫌犯罪原因、社会危害性以及后果有所认识。

训诫会，对未成年人的不起诉决定，目前很多检察机关采取不完全公开训诫的方式对不起诉决定进行宣布。具体做法是在特定的训诫室，检察官召集公安民警、司法社工或者居委会代表、观护单位代表、被不起诉人及其法定代理人、被害人，以圆桌形式依次展开，以期减少当事人的压迫感。首先，由检察官宣读不起诉决定书，对作出不诉决定的缘由进行充分说明，使被不起诉人认识到自身行为对社会等造成的严重危害及珍惜改过自新的机会；其次，可由被不起诉人的法定代理人及其他参与人员发表看法及对不起诉人进行教育；最后，由被不起诉人表达对自身行为的认识及今后努力的方向。

持续追踪帮教，目前在司法实践中，各地检察机关对具有本地户籍或职业的未成年人，采用义工惩教、司法社工帮教相结合的监督考察方式。对非本市户籍在京无职业的未成年人，试行检企合作共建方式，并根据各地情况对未成年人诉后的考察帮教设定了不同的时限要求和考察内容要求。

2. 出罪性帮教

对附条件不起诉未成年人的考察期内帮教。目前，全国很多省市检察机关都联合团组织、社会综合治理部门等共同成立了对附条件不起诉未成年人进行考察帮教的"观护基地"，通过将未成年人置于正常的学习、劳动环境来考察未成年人的悔过情况，最终决定对未成年人的处理。这种"观护"帮教模式被认为是检察机关争取社会力量对附条件不起诉观护工作的有力支持，实现对涉罪未成年人教育、感化、挽救的无缝对接的一项重要制度。

目前在司法实践中还出现了如诉中考察这样的实践创新。诉中考察制度是指对于那些犯罪情节较轻、人身危险性较小，初步符合相对不起诉条件的未成年人，经检委会决定进入诉中考察程序，通过必要的考察措施对其悔罪表现、人身危险性及社会融入性进行考量，如表现良好且确有悔改表现，则作相对不起诉处理，不再追究其刑事责任的处理方法。检察机关在诉中考察中要求未成年人进行公益劳动、义工等活动，经未成年人与考察人员谈心，撰写思想认识，考察结束后召开考评会，由未成年嫌疑人、法定代理人、辩护人分别发表意见，考察机构出具鉴定报告等考察活动后，最后由承办人综合整个考察情况提出是否应适用相对不起诉的意见并层报检委会决定。

（二）检察主导式和检察确认式帮教

按照检察机关对未成年人社会帮教的参与程度，未成年人社会帮教可以分为检察主导式和检察确认式帮教。

1. 检察主导式帮教

检察主导式帮教主要是指未成年人检察官全面负责并主导对未成年人进行帮教，包括帮教手段的选择、帮教对象的安置、帮教效果的考察等都主要由未成年人检察官决定并执行。通常在审查起诉程序中对未成年人进行的教育引导，在不起诉决定后对未成年人的持续跟踪帮教，以及附条件不起诉考察期间检察官对安置于社区、学校的未成年人进行的帮教等都属于这种模式。尽管未成年人检察官也会召集如社区代表、社工、志愿者、社会调查人员、心理医生等社会力量参与帮教过程，但这些人员对帮教手段的选择、帮教效果的考察、帮教内容的设置等没有主动选择和决定的权力，多为经检察官要求被动参与。这种模式的优势在于在我国社会帮教组织尚不发达、社会帮教专业化力量较为薄弱的现实条件下，对未成年人帮教的确实性、权威性可以得到保障。但同时也存在一些问题，一方面，未成年人检察部门司法资源的紧张和帮教的个别化要求存在矛盾；另一方面，未成年人检察官目前很多尚不具备专业的社会工作和未成年人心理等相关知识，这种个性帮教的效果和专业性可能受到质疑。

2. 检察确认式帮教

检察确认式帮教是指未成年人的社会帮教由检察机关委托相关社会

机构开展，检察机关根据这些机构提出的帮教情况报告和帮教效果评估来作出对未成年人如何处理的决定。在这种模式下，帮教实施的选择权和执行权从检察机关转移到了社会机构，帮教的社会性和专业性得到增强。例如，当前未成年人检察创新着墨最多的附条件不起诉考察的"观护"制度，检察机关委托专门的社工组织或者社会调查组织对未成年人开展跟踪帮教等都属于这种模式。适用这种方式的地区一般具备较为先进的未成年人教育和保护理念，此外，已经设置了专门的未成年人帮教机构或组织，即观护站或者观护点。这些帮教机构一般由团组织、政府部门等官方机构牵头，联合营利性组织或公益组织设立，吸收域外"观察保护"的经验内核，将取保候审或附条件不起诉的涉罪未成年人置于帮教机构之中，通过公益性劳动或者工作、学习技能培养等多种方式的教育引导，协助未成年人修正其身心。帮教组织负责对未成年人的行为心理进行监督考察，并将其报送检察机关。还有一些地区检察机关将未成年人的帮教考察委托更为专业的社会工作人员进行。检察确认式帮教可以避免司法资源不足的现实问题，而且帮教具有专业性和职业发展特色，帮教中对未成年人劳动、学习技能的培训，更有助于其实现回归社会。但目前这种观护式帮教同样存在一些问题，特别是观护机构的定位，观护机构与办案部门的关系，观护机构评估报告的法律地位等问题亟须进一步研究。

四　社会帮教的对象及其法律地位

（一）社会帮教的对象

因犯罪情节轻微、社会危害不大而被检察机关做出不起诉或者附条件不起诉处理决定的未成年人均可纳入社会帮教。但对于主观恶性较大、犯罪情节较重，人身危险性较高的未成年人则应提起公诉追究其刑事责任。司法实践中，对适用社会帮教的对象一般适用以下条件。

（1）犯罪情节轻微，社会危害性较小。主要包括：罪行较轻的初犯、偶犯；共同犯罪或团伙犯罪中的从犯或者被胁迫参加犯罪的；受他人教唆实施犯罪的；其他情节轻微，危害不大的。

（2）无前科劣迹，有悔改表现的。未成年犯罪嫌疑人到案后对自己的罪错要有深刻的认识和悔改表现，并经过社会调查其重犯的可能性较低。

（3）具备必要的帮教条件。帮教条件主要包括两个方面，一方面是家庭条件，未成年犯罪嫌疑人的法定代理人或者监护人品行端正，有能力承担管教责任；另一方面是要具有帮教的社会条件，即未成年犯罪嫌疑人的学校或者社区愿意协助承担帮教责任。

（二）被帮教未成年人的法律地位

未成年人作为人类社会中的特殊群体，基于其身心特殊性和社会安宁的长远需要，即便是他们实施了危害社会的行为也应对其予以特殊保护，这已经成为世界范围的共识。因而，超越传统的报应主义观念，凸显法律的教育、保护功能正成为现代未成年人刑事法律的价值诉求。此外，未成年人司法从诞生起就深受"国家亲权主义"理论影响，使未成年人司法排斥报应主义思想，是一种典型的矫正模式。未成年人司法的运作超越了罪与刑之间的对应关系，根本排斥报应主义观念，追求的是对罪错少年的矫正。同时未成年人司法高度追求司法个别化特征，采取司法个别化的特殊制度，而且强调司法程序的弹性，以利于能够给予罪错未成年人最适当的个别化处遇。[①] 在未成年人社会帮教中同样出现了监护者和被监护者的法律关系，在审查起诉阶段，未成年人检察官成为国家监护权的代理行使者，其行权以未成年人的保护和福祉为出发点，通过个别化处遇措施对涉罪未成年人的意志、行动、生活环境进行合理干涉。这种"亲权"显然已经超出了司法权的范畴，因而进入刑事司法程序的涉罪未成年人，其法律地位也不能简单地以犯罪嫌疑人界定，其不仅是犯罪嫌疑人，更是检察官保护、管理、扶持的对象，是国家亲权施与的对象。社会帮教本身就是对未成年人个别化处遇的具体表现形式，是涉罪未成年人的国家监护人从未成年人福祉出发对其身心进

---

① 姚建龙：《国家亲权理论与少年司法——以美国少年司法为中心的研究》，《法学杂志》2008 年第 3 期。

行的干涉，通常表现在以下几个方面。

（1）最低限度的人格利益介入。对生命、自由、幸福追求的权利是与公民人格利益的保障统一的，包括生命、人身的自由，精神活动的自由，经济活动的自由，对人格利益保障的权利，人格的自律权，享有正当程序的权利，等等。一般来说，国家不应介入公民的私人空间，但出于对未成年人的保护和监督，对私人空间的介入也应保持最低限度和最大必要性。例如，为了实现未成年人的矫治，要求未成年人报告其社会交往情况，对于一般人来说，向国家汇报个人的交友范围等在某种意义上可能构成一种人格上的侮辱，但从国家作为家长善意保护的立场，对受保护未成年人活动的合理限制、监督和指导，有助于了解把握他们的生活真实情况，防止其与行为不良的人员交往，减少其再犯或违反遵守事项的可能性，这也是与保护观察对象利益一致的。①

（2）居住或移动自由的监管。对居住地的选择体现了个人的人身自由与意思自治。但对于涉罪特别是被取保候审的未成年人来说，其居住的社区情况对开展并实现帮教具有重要意义，因此未成年人除遵守取保候审的相关规定外，检察官有权在考察并认为未成年人居住社区不符合帮教条件后，提出对未成年人改变居住环境的意见，在得到未成年人及其监护人同意后，可以改变对其进行帮教的社区或其他环境。

（3）对人身自由的限制。在刑事司法中，作为对人身自由强制措施的限制，正当程序原则显得尤为重要。社会帮教作为一种社会内的处遇方式，是以不限制未成年人的人身自由为原则，但不排除一种协商性的人身自由限制，如目前开展较多的未成年人"观护"。观护是将未成年人置于专门设立的观护中心或者观护点等组织，通过让未成年人参与社会劳动等方式来考察未成年人的身心修正效果。根据未成年人的实际情况，并为了防止其脱逃或再犯，检察机关通常会对观护对象的活动范围施加一定的限制，如果被观护的未成年人违反其与检察机关达成的关于人身自由限制的协议，对违反规定情节较轻的，通常会被责令具结悔

---

① 任文启：《国家如何在场？——国家亲权视野下涉罪未成年人服务个案的实践与反思》，《青少年犯罪问题》2020年第5期。

过，写出书面检讨；情节严重的，由办案机关依法作出相应处罚或变更强制措施。[①]

》第二节 "观护"帮教——一种特殊的未成年人出罪性帮教模式

一 我国社会帮教实践的多样化发展

未成年人的社会帮教是我国长期司法实践中创制出来的一种社会管理性措施，尽管在 1983 年公安部等六部门联合发布的《关于违法或轻微犯罪行为青少年帮助教育工作的几点意见》已经明确了对违法青少年的帮教制度，随着未成年人特殊保护等域外较为先进理念的引进和传播，加之我国未成年人犯罪增长等现实因素，一种突破了"罪后矫正"模式的"罪前"帮教开始出现。最早形成地方性制度帮教的是上海，早在 20 世纪 90 年代初期社会帮教已经被列为上海青少年保护制度的七大制度之一，随着实践探索的逐步深入，确立了对免诉、缓诉、免刑、缓判、缓刑等未成年人的社会帮教制度。作为我国未成年人检察制度的发源地，上海市检察机关在社会帮教问题上作出了不少开创性的探索，如 2004 年 10 月，闵行区检察院建立了上海第一家青少年社会体系观护站，确立了对未成年人的社会帮教工作方式。上海检察机关创制了"诉前考察模式"，明确了社会帮教情况对是否起诉涉罪未成年人的重要参考作用，等等。[②] 此外，上海市最值得借鉴的经验是其依托本地区较为成熟的社工组织，将具有专业知识的青少年社工引入涉罪未成年人观护体系之中，形成了"政府购买服务""全覆盖式的观护帮教体系"。[③] 经

---

① 宋英辉、上官春光、王贞会：《涉罪未成年人审前非羁押支持体系实证研究》，《政法论坛》2014 年第 1 期。

② 邱晨帆、刘长想：《上海未成年人社会帮教工作的历史和发展》，《青年探索》2005 年第 5 期。

③ 参见韦洪乾《未检工作 30 年 | 上海已形成可复制推广制度经验》，最高人民检察院网，spp. gov. cn/zdgz/201606/t20160615_119927. shtml，2019 年 5 月 4 日。

过 30 余年的发展，目前，我国社会帮教制度初具雏形，产生了良性的社会效应。总的来说，社会帮教的发展主要体现在实践层面上，配合少年司法制度的改革出现了一些新的或专门化的帮教形式和实践探索，从宏观层面呈现出一种实践创新与制度升华良性互动、百花齐放的发展态势。各地检察机关都充分发挥聪明才智，依托本地实际进行了多元化的实践探索，仅以"未成年人帮教"为词条进行网络搜索，得到的结果有近 255 万条。

目前对未成年人进行社会帮教呈现出改革探索多样、帮教手段多元、帮教处遇个别化的特点，特别是检察机关在实践中探索的多样化帮教手段，充分体现了教育为主、惩罚为辅的未成年人刑事司法原则。总的来说，目前在司法实践中对未成年人所采取的针对性社会帮教措施主要有：训诫、责令具结悔过、赔礼道歉、心理辅导、公益性劳动、观护等。

二　我国"观护"帮教模式的确立

"观护"在日本刑法理论中，是由英语"probation""surveillance"翻译而来，是"保护观察"的另一种说法。"保护观察"制度把犯罪人放在自由的社会中处遇，对其进行监督教育辅导，防止再犯。① 1983 年公安部等六部门联合发布的《关于违法或轻微犯罪行为青少年帮助教育工作的几点意见》已经明确了对违法青少年的事后观护帮教制度。随着未成年人特殊保护等域外较为先进理念的引进和传播，一种突破了"罪后矫正"模式的"罪前"帮教开始出现，观护在涉罪未成年人社会帮教的检察实践中生发出了更丰富的制度创新成果，检察机关协同社会专业力量，在刑事司法场所外对未成年人展开系列教育矫治的观护帮教工作模式，已经成为我国未成年人检察实践中的最主要模式。

一直以来，上海未成年人检察工作始终走在全国前列，2003 年 5

---

① 宋英辉、上官春光、王贞会：《涉罪未成年人审前非羁押支持体系实证研究》，《政法论坛》2014 年第 1 期。

月，上海闵行区检察院首次提出并设立"未成年人取保候审观护点"，对罪行较轻、认罪、悔罪的涉案未成年人采取专业化办案与社会化帮教，取得了良好的社会效果。自 2004 年开始，上海检察机关以闵行区检察院作为观护工作试点，积极争取政法委和综治委的支持，联合社工和志愿者组织，在全市各区建立观护工作总站，并在各街、镇均建立观护点。观护组织针对每名观护对象均建立帮教小组，设计个性化帮教方案，组织其定期参加心理矫正、公益劳动、青少年集体活动等，实现涉罪未成年人的社会化帮教，于 2004 年 10 月建立了覆盖全区的未成年人社会观护体系。这一经验很快在全国得以广泛传播，目前多数省市都已建立了多样化的未成年人观护体系，尝试开展多样化的未成年人观护帮教工作。

最高人民检察院、团中央 2018 年 2 月共同签署的《关于构建未成年人检察工作社会支持体系合作框架协议》中，已明确提出"未成年人检察工作社会支持体系"这一理念。2023 年 4 月，最高人民检察院进一步以深化未成年人检察社会支持体系示范建设，推动以"《未成年人司法社会工作服务规范》国家标准落实"为主题召开新闻发布会，再次明确了作为未成年人检察制度发展依托的"未成年人检察工作社会支持体系"这一概念。时任最高检第九检察厅厅长那艳芳在发布会上介绍道："近年来，检察机关持续加强与社会各界的协作配合，下大力气构建未成年人检察社会支持体系，通过链接各类资源、搭建协作平台，推动政府职能部门、各类人民团体、社会组织、专业力量等共同加入，形成未成年人保护合力。"从新闻可见，检察机关在未成年人案件办理中引入社会支持内容主要包括检察机关协同社会组织、专业社工共同开展的对涉罪未成年人附条件不起诉中的专门社会帮教服务；对涉罪未成年人提供法治教育、心理疏导和教育矫治等延伸矫治、预防教育服务；对涉案家庭提供的家庭教育指导、不良行为干预、法治宣传教育等服务；建立观护基地等工作机制，对涉案未成年人提供行为矫治、文化学习、技能培训等方面的支持，此外还包括专门的如 12355 等社会帮教服务平台建设等。

　　可以说未成年人社会帮教制度已经成为当前未成年人检察研究与探索着墨最多的制度，也是目前社会反响最好的检察实践改革之一。2023年4月14日，最高人民检察院以"深化未成年人检察社会支持体系示范建设，推动《未成年人司法社会工作服务规范》国家标准落实"为主题召开新闻发布会，通报全国未成年人检察社会支持体系示范建设工作。在社会支持体系示范建设期间，检察人员携手社会组织、社会工作者累计为涉罪未成年人提供帮教服务8.5万人次，覆盖88.65%的审查起诉未成年犯罪嫌疑人。通过司法社工为涉罪未成年人提供法治教育、心理疏导和教育矫治等服务，涉罪未成年人再犯罪率为4.7%，低于近五年来未成年人再犯罪率1.2个百分点。[1] 2022年6月最高人民检察院发布的《未成年人检察工作白皮书（2021）》显示："未成年人犯罪数量出现反弹。2021年受理审查逮捕、受理审查起诉人数较2017年分别上升30.6%、24.2%。"未成年人犯罪呈现总量增长，犯罪年龄降低，恶性犯罪、暴力犯罪数量持续下降，电信、网络等轻罪上升较快等特点。[2] 显然，建立在有效社会帮教基础上的未成年人附条件不起诉制度，未来在未成年人犯罪预防和矫治中将进一步发挥重要作用。

　　目前检察机关对涉罪未成年人开展社会帮教的新闻报道较多，通过综合梳理上述新闻报道发现，对于涉罪未成年人的社会帮教，通常以检察机关为主导，当地公安、司法、教育、民政、财政、团委等行政机关为协同，通过合作或购买社会服务等方式，联合各类社会专业组织开展观护式社会帮教活动。但由于《未成年人司法社会工作服务规范》国家标准颁布不久，之前并没有统一的制度指引，各地的社会帮教实践多通过与相关行政机关联合制定本地规范性文件或与社会机构签订工作协议等方式进行，呈现出多样化工作形态。但经综合梳理发现，在检察机

---

　　① 徐日丹：《检察人员携手社会组织、社会工作者为涉罪未成年人提供帮教服务8.5万人次》，《检察日报》2023年4月15日第2版。

　　② 《最高检：未成年人犯罪数量出现反弹　校园欺凌和暴力犯罪数量继续下降》，光明网，https：//legal. gmw. cn/2022-06/01/content_35782059. htm，2023年8月9日。

关的主导下，根据合作方式和对象的不同，各地初步形成了以下几类社会帮教观护工作模式。

一是检察机关与特定学校合作的观护帮教模式。2016 年中共中央《关于进一步深化预防青少年违法犯罪工作的意见》中明确要求有条件的地区应建立一定数量的专门学校。实践中如该地区有专门学校，则检察机关通常会选择在此类学校内部进行专门的观护教育。这种模式有利于确保未达劳动年龄的涉罪未成年人能继续接受正规教育，参加如心理辅导、法治教育等各项活动，尽量帮助其不掉队、实现正常升学。如武汉市人民检察院与当地砺志中学合作筑造"心的港湾"；广州市荔湾区检察院与广州造船厂技工学校合作，在传授技术的同时挽救涉罪未成年人。

二是检察机关与特殊企业的合作观护帮教模式。这种模式下，检察机关主导协同相关行政部门联合社会爱心企业，在其内部设置观护帮教基地，对罪错程度相对较高、不具有社区观护条件或已达劳动年龄的涉罪未成年人提供社会帮教。如 2021 年太原市检察机关在辖区爱心企业设立涉罪未成年人观护帮教基地。联合区工商联、共青团小店区委共同出台《关于在爱心企业设立涉罪未成年人观护帮教基地的实施意见》，对观护帮教对象、观护基地流程、各方责任等内容予以明确。后通过公开倡议、联席会议、签订协议，吸收辖区 11 家爱心企业形成企业联盟，组建了首批涉罪未成年人观护帮教基地群。[①]

三是检察机关与家庭、社会共同合作的观护帮教模式。这种模式通常适用于家庭教育缺位或存在明显问题的涉罪未成年人。为了让他们最终实现回归社会的工作目标，检察机关会积极协同专业社工以及拥有心理学、社会学等专门知识的专业人员与社区、家庭建立长效的跟踪帮教工作机制。例如北京市海淀区检察院与团区委、区妇联、中国儿童中心、北京超越青少年社工事务所完善帮教和家庭教育指导联动工作机

---

① 中新网山西：《多方协力打造涉罪未成年人观护帮教小检模式》，https：//www.sx.chinanews.com.cn/news/2023/0602/222467.html，2023 年 8 月 9 日。

制，确定"检察机关启动程序全程主导、团委链接资源保障资金、社会资源提供专业支持"的工作模式；建立"社会调查、家庭教育评估、制定考察帮教方案和家庭教育指导方案、宣告训诫、长期帮教指导"的工作流程；持续引入高校、心理咨询机构等更多社会资源，实现社会支持体系建设可持续发展。此外，在此类模式下，检察机关还拓展家庭社区观护场域，由政府、社会提供的替代性"家庭"。例如北京市开启的"阳光中途之家"观护模式，由中途之家对观护对象提供过渡性安置、心理辅导、技能学习等措施，帮助涉罪少年回归社会。

四是检察机关与社会多主体合作共同开展的多位一体观护帮教模式。此种模式下，检察机关不仅牵头联合社区、爱心企业、学校、社会组织等多种机构，在其内部设置观护帮教基地，形成多元化的帮教观护场所，同时还同步联动各类专业人员和社会工作者，为涉罪未成年人提供有针对性的帮教方案。在未成年检察工作探索较早、社会支持力量较为充分的部分地区已形成了这样的立体综合社会帮教模式，如上海、北京、广东等，这种模式也是未来未检社会帮教工作的主流发展趋势。

三　"观护"制度的比较考察

"观护"源自域外经验，是"保护观察"的另一种说法。在日本刑法理论中，是由英语"probation"（刑罚宣告或执行犹豫，或者缓刑）、"surveillance"（监视、监督）翻译而来。[①]"保护观察"制度把犯罪人放在自由的社会中处遇，对其进行监督教育辅导，防止再犯，这是保护观察的最核心内容。在英美国家中"保护观察"最初用于刑罚宣告犹豫（或译为"宣告缓刑"）或刑罚执行犹豫（或译为"执行缓刑"）中的监督，但是在对犯罪人处遇的各个阶段，只要这种处遇具备相对自由的社会条件、相对于刑罚的辅导监督、指向于防止再犯的目的，那么处遇就可能带有保护观察的性质。实际上，"保护观察"一词所指向的

---

① 小川太郎：《自由刑の展開——保護観察を基点とした保安処分》，一粒社 1964 年版，第 4—5 页。

制度内容，在不同国家不同的法律制度中，在同一国家的不同时期都是有所不同的。因此，保护观察制度也由最初的刑罚宣告犹豫或刑罚执行犹豫中的监督，发展成其他阶段比如起诉犹豫、假释过程中，甚至在刑期终了之后对犯罪人所进行的处遇措施。① 保护观察制度较为发达的英国和日本，其制度运行各有特点。

（一）日本的保护观察制度

在日本，家庭法院对受理的案件由法官作出终局决定。终局决定有8种：审判不开始；移送儿童福利机关；移送检察官；移交案件；不处分；保护观察；移送儿童自立设施或儿童教养设施；移送少年院。其中最后三种属于保护处分。"保护观察"，又称为1号观察，是独立的终局处分，而不是附属处分；是在社会中对少年实施保护观察官与保护司的指导监督与辅助援助，使其遵守规定的事项，努力适应生活。保护观察期间原则上到少年年满20周岁为止，但是从保护观察之日起到20周岁之间不满2年的按2年计算。保护观察可分为一般案件保护观察、短期保护观察、交通案件保护观察、交通短期保护观察四类。家庭法院在受理少年案件后遵循"调查前置"原则，由社会调查员和少年鉴别所进行少年成长环境和自身心理状况等的多方面调查，少年法官根据这些调查结果作出处遇决定。②

（二）英国的保护观察制度

在英国，保护观察，根据1962年英国保护观察部门委员会报告的界定，"是使罪犯身处自由，但在某一特定期间，受到一名作为法庭官员的社会福利机构工作者的指导和监督的判决方法。在此期间，罪犯仍然保留法律责任，如果他没有良好的行为表现，将被法庭处以其他不同的刑罚方法"。英国的保护观察部门由其内政部负责管理，其职责有：（1）为法庭提供有说服力的关于判决的建议性报告；（2）根据保护观

---

① 苏明月：《日本保护观察制度研究》，博士学位论文，中国政法大学，2009年。
② 尤丽娜：《从日本的保护处分制度看我国的少年教养制度》，《青少年犯罪问题》2006年第2期。

察令、监视令和现金支付令进行人身监督；（3）为从刑事执法机构释放出来经过特许的或是在自愿基础上请求安置的罪犯提供释放后的安置工作；（4）为监狱和其他刑罚机构提供社会性服务工作；（5）为法院准备关于刑事案件的社会调查报告。保护观察适用于年满 17 周岁的任何英国公民，实践中保护观察令大多用于处理那些轻微盗窃犯罪和轻微暴力犯罪，有时也用于处理过失杀人罪或威胁要杀人的行为犯罪。[①] 在接受保护观察期间，被保护观察者要处于法庭制定的保护观察官的监督指导下，并受到法庭发布的保护观察令要求的如到保护观察院居住、接受治疗、参观训练中心等进一步的限制。根据不同的情况保护观察令的内容可以由治安法院决定变更。当保护观察到期没有违反事由发生，或者在保护观察期间，基于被保护观察者行为表现良好，不需要继续进行保护观察的情况发生，由法院根据具体情况，解除保护观察令。

（三）比较借鉴

英国和日本的"观护"制度具有四个主要特点：一是保护观察均是一种独立的保护处分，都带有替代自由刑的目的。二是保护观察决定主体均为法官，英国是治安法官，日本则是专门的少年法官。三是对保护观察的作出均遵循调查前置原则，日本由社会调查员，英国由保护观察部门人员负责向法官作出对判决的建议性报告。四是保护观察中都坚持对被观察人帮助手段的多样性和处遇的个别化。负责保护观察的人员会根据被观察人员的不同情况设定不同的治疗、技能培训等要求，在帮助被观察者矫正的同时关注其能力的发展。

显然，我国的观护制度与域外观察保护制度相比具有自身鲜明的特色：一是观护的性质不同，我国的观护制度主要适用于审查起诉阶段，作为羁押的替代性措施和附条件不起诉的考察措施，不是保护性处分而是一种非强制性的处遇措施，且观护不是一种带有终局性的决定，而是为司法活动提供依据的手段性措施；二是决定主体不同，我国的观护决

---

① Boyes-Watson, "Looking at the Past of Restorative Justice: Normative Reflectionsonits on Its Future", in Theo *Gavrielides*, *International Handbook of Restorative Justice*, New York: Routledge Press, 2019, p. 22.

定由检察机关作出，域外则多由少年法官或治安法官作出；① 三是目的不尽相同，域外观察保护的目的在于自由刑的替代以及对被观护者回归社会能力发展的关注，我国的未成年人观护同样带有对回归社会能力的关注和培养，但更为主要的目的应是通过观护提供未成年人出罪的机会，即最大限度地降低未成年人受到刑事程序污染的可能性。从观护帮教所强调的个别性和观护中帮教手段的多样性来说，我国与域外的观护制度追求基本相同。

四　"观护"制度的内容

（一）"观护"的目的

"涉罪未成年人社会观护，是对于涉罪未成年人采取非监禁措施，将其置于自由社会，交由社会力量组成的专门观护组织，在诉讼期间接受观护人员的辅导、监督、观察、矫正、保护、管束等，以达到改善行为、预防再犯、保证诉讼顺利进行的目的，并为司法处理提供依据的活动。"② 目前，审查起诉阶段的未成年人观护主要从以下几方面发挥作用：

（1）为未成年人的司法处理提供依据。检察机关一般设置3—6个月观护期，经观护机构对未成年人的观护帮教，并制作观护报告，为司法机关对未成年人对于情节显著轻微的犯罪作出不起诉、免予刑事处罚或判处非监禁刑提供参考依据。

（2）在观护过程中进行法治教育，使未成年犯罪人明确其诉讼权利和义务，认识其行为的违法性，增强其法律意识，保障诉讼顺利进行，并预防再次犯罪。

（3）对未成年人进行心理和行为的教育和矫治。通过观察未成年犯罪人观护期间的表现和活动情况，掌握其思想动态。通过针对性的沟

---

① 毕琳、姚建龙、章春燕、刘悦：《未成年人罪错行为分级干预主导部门的构建》，《人民检察》2020 年第 19 期。
② 上海市闵行区人民检察院课题组：《新刑事诉讼法框架下未成年人社会观护制度的深化和完善》，《上海公安高等专科学校学报》2012 年第 5 期。

通、疏导和心理干预，矫正其认知偏差和心理问题，进行行为矫正。对具有吸毒、酗酒、网瘾、斗殴等不良行为的未成年人，加强知识与技能学习，引导其矫正自身行为偏差，改善其不良行为倾向。此外，较为完善的观护体系，不仅可以在诉讼期间发挥其作用，还可以为判后帮教奠定组织、人员和资料基础，为社区矫正组织做好前期准备。

（二）观护组织和观护人员

在检察实践中，观护通常由检察机关委托专门的观护组织进行。观护组织是由专业人员组成，主要对未成年人进行日常教育、考察，矫正帮教工作的机构。目前，未成年人观护组织一般隶属于本区域的社会管理、综合治理等政府职能部门，多为观护站、观护点的上下两级组织模式。观护站负责统筹协调所辖区域内的观护工作，并根据本区域特点，在各街道、社区内设置若干观护点，便于对观护对象就近开展考察帮教工作。同时，这种社会观护也可以借助社会力量开展，组建专门的社团组织，吸纳富有社会责任感和观护能力的企事业单位、社区活动中心、志愿者组织等作为社团成员，来为观护对象提供食宿、知识学习、法治教育、劳动技能培训等帮教条件。目前，北京、上海等地出现的借助如一些社会公益组织或者经营性组织如餐饮公司、书店等，作为对未成年人开展观护的场所就是一种有益的尝试。

"观护人员"，是指在观护组织中，通过自身具有的专业能力，对涉罪未成年人进行日常教育考察、帮教矫正工作的人员。在实践中，"观护人员"一般由专业的社会工作者担任，居（村）委会干部、社区民警、青保老师、共青团干部及志愿者等有时作为辅助成员。[①]

（三）观护的基本程序

目前，相对不起诉程序中对未成年人实施"观护"的改革探索尚未得到法律充分的规范，笔者主要基于实践中较为通行的做法来提炼我

[①] 参见黄洁《北京市"新起点扬帆观护基地"挂牌成立》，法制网，http://www.legal-daily.com.cn/index/content/2013-10/27/content_4964367.htm? node=20908，2014 年 8 月 29 日；文韬《上海闵行区人民检察院构建涉罪未成年人社会观护体系》，正义网，http://www.jcrb.com/procuratorate/jckx/201401/t20140113_1304557.html，2014 年 8 月 29 日。

国未成年人观护帮教的适用程序。可以说当前我国相对不起诉程序中，对未成年人进行观护帮教包括五个环节。

一是观护资格确认环节。未成年人案件检察部门在受理案件后，应跟进未成年人社会调查情况、涉嫌犯罪行为的情况以及其他相关因素，综合决定是否适用附条件不起诉处理。例如作出对未成年人适用附条件不起诉决定后，根据未成年人自身意愿和对其开展观护帮教的必要性等具体情况，作出是否对涉罪未成年人进行观护帮教的决定。此外，也可以对没有羁押必要性但仍然需要进一步考察、帮教的未成年人，在改变强制措施的同时决定对其适用观护帮教。

二是文书转移、衔接环节。检察机关对涉罪未成年人采取非羁押强制措施并作出适用观护帮教的决定后，应将观护对象的基本资料等转交至观护点或观护站，由其指派专门的人员对未成年人基本情况进行审查，与未成年人及其监护人共同签订观护帮教协议。

三是观护开展环节。一般来说，观护帮教由相应观护站指派的观护人员负责对未成年人的日常观护工作，观护期为3—6个月。这种日常观护帮教可以说是观护工作流程的核心环节，一般包括教育考察、心理矫正、行为矫正、团体活动与公益劳动、知识学习与技能培训等有益于未成年人身心的活动。

四是评定考核环节。观护期满后，观护人员应根据未成年人在观护期间的综合表现，制作观护帮教情况报告并向检察机关提出处理的建议。该报告经观护站审核后，即提交检察机关。检察机关综合未成年人犯罪情况及观护帮教情况，对观护对象作出是否不起诉的处理决定。

五是跟进帮教环节。作出处理决定后，检察机关应及时将结果反馈观护站，便于与跟进观护工作相衔接。对于已经被相对不起诉处理的未成年人，应由原观护人员继续承担跟进观护工作。跟进观护的期限可以根据未成年人的具体情况设定，实践中一般为3—6个月。被起诉后判处非监禁刑的观护对象，也可以由原观护人员继续开展跟进观护工作，或者将其档案转至专门从事社区矫正工作的观护人员来进行跟进观护工作。①

五 存在的问题及其完善方向

(一)观护组织的职能定位

实践中,观护基地大多承担了诸如扩大适用非羁押措施,对被不起诉的未成年人进行帮教和对罪犯的社区矫正等多项职能,各项职能没有主次之分,相互之间的界限也不是十分清楚。此外,观护组织在未成年人司法中的地位、作用等法律尚未作出明确规定,这都不利于观护的适用和有效进行。

1. 实现观护制度的法治化

观护制度作为少年司法制度的重要一环,已经成为国际社会通行做法,但由于我国尚未建立完备的少年司法体系,少年观护制度面临缺少上位法支撑的尴尬境地。随着实践探索的不断深入,传统司法制度已经成为制约因素,只有建立有别于成年人的少年法律,以立法的形式加以确认,才能解决少年观护制度中机构设置和人员配备等体制问题,理顺各部门之间的协作模式,实现观护工作法治化。同时我们应该看到,被取保候审、监视居住的犯罪嫌疑人、被告人与被社区矫正的人不同,被取保候审、监视居住的犯罪嫌疑人、被告人,因法院尚未作出判决,他们不是法律上的犯罪人,不是服刑人员,不能采取矫正改造的方法。观护基地及其保证人对被取保候审、监视居住的未成年犯罪嫌疑人、被告人,主要是协助执行机关监督其遵守取保候审或者监视居住的法律规定,保证其不逃避侦查、起诉和审判,不妨碍诉讼顺利进行。当然,未

---

① 参见门头沟区人民检察院《门头沟院出台未成年人帮教观护员工作办法(试行)》,首都检察网,http://www.bj.pro/newiweb/minfo/view.jsp? DMKID=211&ZLMBH=7&XXBH=10087137&departID=0,2014年9月7日;北京市人民检察院《市检察院、综治办、团市委联合成立附条件不起诉未成年人"新起点扬帆观护基地"》,首都检察网,http://www.bj.pro/newiweb/minfo/view.jsp? DMKID=206&ZLMBH=0&XXBH=1001100620&departID=0,2014年8月29日;杨超、杨伟《四川三台检察院积极构建预防未成年人犯罪社会帮教体系》,正义网,http://www.jcrb.com/procuratorate/jckx/201304/t20130409_1084812.html,2014年8月29日。

成年人正处于接受教育的阶段，观护基地应当根据当事人情况和意愿，有针对性地安排其学习或者接受技能培训；对于因家庭等原因存在心理障碍的未成年人，可以采取心理疏导和治疗等措施。

2. 设立专门的观护执行机构

我国社会观护制度大多借鉴英美等国成熟经验，将参与社会观护工作的组织分为决定机关和执行机构两大类。在决定机关的设置上，我国与英美等国并无太大差异，均是由司法部门承担。在执行机构上，英国内务部下设"观护制度咨询及培训委员会"，指导解决观护工作中出现的困难，并培训观护人；日本法务省下设更生保护局及其管理的地方更生保护委员会以及保护观察所来负责对未成年人的保护观察，而我国至今未确立统一的执行机构。以目前发展较为成熟的上海观护体系来说，它是由各职能部门相互配合形成执行机构的框架，其中尤以青少年事务社工站承担主要观护任务，但由于社工站仅是地方性组织，不具有普遍适用性。我国地域辽阔，各地经济社会发展水平不一，难以仿效英、美高福利国家，在全国范围内建立专业人员组成的统一执行机构。但可以部分借鉴英国、日本的经验，设立如"观护制度咨询及培训委员会"，指导解决观护工作中出现的困难，并在全国各乡、镇、街道设立观护区，作为专门的社会观护执行机构，以更为统一有效地开展观护工作。

（二）检察机关与观护组织的关系

我国司法机关拥有较为强大的公权力，无论是社会地位还是社会公信力都是观护组织无法比拟的。因而，目前在司法实践中，检察机关不仅可以决定观护工作的适用与否，也拥有掌控观护过程及决定观护起止期限的权力，可以说目前观护运行仍然是检察主导型。观护制度运行包括三个阶段：一是慎重选择受观护者，将其附条件地置于自由社会中；二是观护人对受观护者的监督、辅导与帮助，使其改悔向上；三是对观护效果的评估和确认。决定机关与执行机构分别承担前后和中间阶段的工作，相互之间并无隶属关系。但应该看到，观护的成败更取决于观护机关的工作，他们才是观护真正的执行者。因此，决定机关不应过度参与具体观护进程，而应恪守职责，与执行机构相互配合，这利于厘清行政与观护、司法与观护的关系，按照专业分工原则，做到各司其职，避免角色冲突。

（三）观护的多方参与

如上所述，观护是一种可能对被观护对象人身自由造成一定限制的处遇措施，但同时未成年人也可能因适用观护而获得免除羁押措施或者获得出罪化处理的好处，因此对观护的适用必须存在合理的限制和监督。但在司法实践中，对观护的决定适用、观护的帮教过程以及观护效果的评估和确认这三个阶段都没有相关人员的充分参与，观护的公正性与客观性容易受到质疑。在观护的决定适用、观护效果的评估阶段检察机关应吸纳多元化主体参与，借助社会力量开展风险评估，由办案机关负责对涉罪未成年人的法律问题进行评估，如犯罪类型、犯罪情节、社会危害性等，由司法行政机关或者委托社会力量，如律师、学校、居（村）民委员会、心理咨询机构等，进行特定事项的调查评估。涉罪未成年人的家庭背景、一贯表现、犯罪事实与悔罪表现等，都是风险评估的考量因素。必要时，可以对涉罪未成年人观护适用的风险评估举行听证，听取涉罪未成年人、被害人、律师等诉讼参与人的意见。特别是对观护后涉罪未成年人的处理决定，应充分听取未成年人法定监护人、被害人、律师等诉讼参与人的意见，赋予其发表异议的机会和权利，以真正实现对检察机关决定的制约。

》　第三节　我国未成年人社会帮教发展再定位

一　未成年人社会帮教再定位：出罪处理的保护性措施

（一）社会帮教与保护处分

根据上文所述，目前实践中较为常见的社会帮教手段主要有训诫、责令具结悔过、赔礼道歉、赔偿损失、心理辅导、公益性劳动或技能培训以及观护。理论界对这些社会性帮教手段的研究和认识一般基于两个角度，一是从现有社会帮教手段本身的内容问题等展开研究，二是从中国实际情况出发并借鉴法治发达国家经验，进而提出我国社会帮教的发展方向，即社会帮教措施可以改造为我国的保护处分体系的组成部分。① 笔者认为这一观点并不一定符合我国未成年人刑事司法发展的趋势，显然其理论前瞻性要远大于现实性。综观各国保护处分制度的发展情况，保护处分一般具有三个共性特点：一是刑罚替代性，特别是在未成年人案件中，域外国家对未成年人的保护处分适用比例较高；二是域外不少国家保护处分的种类和内容基本都有独立的未成年人法律进行规定；三是保护处分的适用决定基本都是由少年法院作出。而社会帮教措施是未成年人检察官作出未成年人分流处理决定前，要求未成年人接受检察机关或者帮教机构要求其参与的如公益劳动、观护、具结悔过等措施，以在此过程中观察未成年人身心矫正的情况，进而确定对其进行追诉的必要性。从代替刑罚，保护、教育未成年人的目标来说，社会帮教的手段与保护处分是完全一致的，但在适用对象、适用依据、特性等方面保护处分与社会帮教具有明显的差异。

（1）保护处分与社会帮教适用依据不同。目前，我国尚未颁布独立的少年法，也没有对保护处分的种类、适用条件、适用程序等问题进行明确规定的法律条文。保护性处分这一概念尚未在我国未成年人司法理论和实践中确立起来。社会帮教则是检察机关以《刑事诉讼法》《未成年人保护法》等法律法规的规定开展进行的，但目前我国现有法律法规对社会帮教的适用条件、程序、手段等问题的规定仍然较为概括，有待进一步明确和补充完善。

（2）社会帮教的适用对象范围明显小于保护处分。我国未成年人司法目前还是一种未成年人刑事"小"司法，内容范围都小于英、美、日等法治发达国家，也没有独立于成年人司法系统设立的少年法院（庭）。实质上，目前未成年人检察部门对诸如未成年人羁押措施的适用，出罪化处理的适用，社会帮教手段适用的决定权，与美、日等国未成年人法官的决定权存在不少相似之处，但这种决定的适用对象，仅为

---

① 姚建龙：《犯罪后的第三种法律后果：保护处分》，《法学论坛》2006 年第 1 期。

进入刑事司法程序的未成年人，不包括触法少年或虞犯少年等。我国法律规定承担刑事责任年龄的起点一般为 16 周岁，对于特别严重的 8 种犯罪追诉年龄为 14 周岁。因此，公安机关在立案阶段已经进行了对触法未成年人的初次"分流"。检察机关在审查起诉阶段的出罪化分流较之域外少年法庭的分流对象范围更窄。

（3）两者具有不同的特性。保护处分是刑罚的替代性处遇措施，且具有优先适用性和终局性。而社会帮教手段是检察机关对未成年人作出出罪化处理前的一种教育性处遇，通过帮教进一步考虑对未成年人进行刑事处罚的必要性，因而带有"以观后效"性质。

（二）社会帮教的定位：未成年人出罪处理的保护性措施

从适用目标和基本属性来看，社会帮教措施与保护处分确实具有相似性和契合点，将社会帮教措施改造为我国未成年人保护处分的观点具有重要价值。但笔者认为，无论是从我国刑事司法体制还是刑罚制度来说，要在短时间内构建独立于成年人司法的少年法院以及未成年人处罚体系并不具有现实性。直接套用已有的保护处分的概念无法对现有的未成年人处遇措施进行准确界定。检察机关在审查起诉阶段通过三种不起诉制度的适用实现对未成年人的出罪化处理，即将未成年人分流出刑事诉讼程序。在适用不起诉过程中，检察机关往往同时决定对未成年人采取的一系列帮教措施，如观护、口头训诫、要求进行社区服务、具结悔过、赔礼道歉、参加心理辅导等，这些措施有的在一定程度上具有人身限制性，如观护、进行劳动等；有些虽然不具有明显的人身限制性，但仍然带有教育和惩戒的色彩，如要求具结悔过、赔礼道歉、参加特殊的辅导课程等。这些帮教措施具有两方面重要作用，一方面是实现对未成年人的个性化教育，尽可能用教育替代刑罚；另一方面则是保障审前检察分流的实现，将未成年人从刑事司法程序中分流出去并非审前分流程序的目标，审前分流的最终目标是促使未成年人回归社会，仅仅使分流出去的未成年人回归社会，不仅是对社会安全的不负责，更是对未成年人的纵容和伤害。因而，笔者认为将目前社会帮教措施界定为审前分流的保护性措施更为合理，这些帮教措施是检察机关对未成年人和社会的一种保护性手段。

（三）社会帮教的原则：分流与保护并重

在对社会帮教手段的性质进行分析后，社会帮教在未成年人审前程序中的重要地位进一步明确，那就是其不仅仅是审前分流程序的附属性制度，其应该是具有独立价值与审前分流并重的未成年人保护性制度设置。首先，相对于审前分流程序来说，社会帮教更侧重通过个别化帮助和教育引导未成年人修正其身心行为，使得即使不对未成年人施加刑罚，其回归社会也不存在危害性。分流侧重保护未成年人避免其标签化，而社会帮教通过帮助未成年人最终保护社会安全，两者各有独立的价值。其次，对未成年人的社会帮教可以避免审前分流程序异化或虚置。如果仅强调对未成年人的保护，注重从刑事程序中将其分流出来，而不注重对未成年人的教育、治疗，不改变其受到刑事追诉的原因，实则是对未成年人的放任和伤害，也是对社会安全的不负责任。这样未成年人审前分流就成为一项"恶"的制度，没有存在的必要。因此，对未成年人的审前处遇，更应强调分流与保护并重的态度。

社会帮教作为审前未成年人的特殊保护手段，其具有独立的价值和作用，那么同时带来的问题就是这些措施是否应该完全由未成年人检察机关实施？显然答案是否定的，一方面，作为审查起诉职责行使者，检察机关应根据未成年人以及案件的特殊情况，对是否追诉作出恰当的处理；另一方面，如果同时要求其承担对未成年人的帮教，可能会造成犯罪追诉者、未成年人帮教人、未成年人保护者的身份混淆，出现处理上的冲突。对未成年人的帮教具有较强的专业性，对时间、精力、经验要求较多，检察机关也不具备开展这一工作的人员条件。由专业人员独立于未成年人检察官进行社会帮教应是更为合适的选择。从当前检察实践探索来看，审前分流程序中附条件不起诉的社会帮教开展最多，独立性最强，实践探索也最为丰富。而相对不起诉和和解不起诉中帮教的独立价值并没有完全表现出来，尚未形成在刑事司法程序外对涉罪未成年人身心矫正独立的帮助监督制度。

综上所述，笔者认为目前由检察机关主导开展的未成年人社会帮教无法发展为保护处分的另一个重要原因就是未成年人司法体制的差异，英、美、日等国都设立了独立的未成年人法院，基于保护主义的理念，法院对未成年人是否进入刑事司法程序具有"先议权"。但我国没有建立独立的未成年人司法体系，在公、检、法相互配合监督的"流水线"式作业的司法体制下，很难进行独立的未成年人司法程序构建，从体制到制度都难以实现与成年人司法的对接。在这个大前提难以实现的情况下，无论社会帮教以及其他可以适用于罪错未成年人的处遇措施如何改革，也无法纳入保护处分体系之下。因而，笔者认为只有从目前未成年人刑事审前程序的改革入手，理顺未成年人进入刑事程序的保护性筛选机制，并在此基础上进一步发展审前社会帮教制度，才能在我国实际国情下真正实现未成年人的特殊保护。

二　未成年人审前出罪处理的实践情况

根据法律规定及实践情况，目前在未成年人刑事审前司法程序中存在两种避免未成年人受到刑事追诉的"出罪化"机制。

（一）公安机关的分流机制

根据法律的规定，我国公安机关无权对已构成犯罪、符合起诉条件的行为自动予以分流，对于侦查终结的案件除了依法不应对犯罪嫌疑人追究刑事责任外，都应当移送检察机关审查，提起公诉还是决定不起诉都由检察官决定。但这并不代表实际执法过程中公安机关对于涉罪未成年人案件没有进行分流处理，主要包括两方面内容：一是公安机关在行政执法过程中对一些已构成犯罪、应当移送司法机关的案件通过行政程序加以处理。但《公安机关办理未成年人违法犯罪案件的规定》第27条规定，对于违反治安管理的未成年人，应当尽量避免使用治安拘留处罚，对于在校学生，一般不得进行治安拘留。实践中，对未成年人的行政处理一般包括责令监护人管教、警告、工读教育等。二是公安机关在刑事侦查过程中可以自行撤销案件而不移送检察机关审查起诉。根据我国《刑事诉讼法》第161条规定，公安机关在侦查过程中发现不应对犯罪嫌疑人追究刑事责任的，应当撤销案件，只是在释放被捕的犯罪嫌人时才需要通知原批捕的检察机关。法律对未成年人涉嫌犯罪的立案标准和追诉标准的规定，使得公安机关在未成年人违法案件立案前进行了实质上的首次分流。

（二）检察机关的分流机制

我国酌定不起诉制度的适用范围规定在新修订的刑诉法第 173 条、第 271 条和第 277 条，即相对不起诉、和解不起诉和附条件不起诉三类酌定不起诉。对于分流的保护性措施的规定在刑诉规则第 409 条、第 496 条、第 498 条，这些规定人民检察院决定不起诉的案件，可以根据案件的不同情况，对被不起诉人予以训诫或者责令具结悔过、赔礼道歉、赔偿损失。对被不起诉需要给予行政处罚、行政处分，人民检察院应当提出检察意见，连同不起诉决定书一并移送有关主管机关处理；人民检察院还可以在附条件不起诉的考察期内会同相关社会力量对未成年人开展监督考察和跟踪帮教，要求未成年人接受如心理辅导、戒除网瘾等治疗，进行公益劳动，甚至可以要求未成年人不得进入特定场所、从事特定活动等。

（三）存在的问题

这两个层面的分流机制设计具有一定的分流程序功效，可以将一部分没有刑事处罚必要的未成年人从刑事程序中转移出来。但这一制度设计存在一个明显的问题，那就是真正需要社会帮教机制关注的未成年人实则没有被纳入帮教的范围。检察机关分流的对象为公安机关移送审查起诉的未成年人，这些未成年人绝大多数符合刑事追诉的标准，可以分流的对象范围并不大，实践中酌定不起诉适用比例不高的情况在一定程度上印证了这一点。那些虽然没有达到刑事立案和追诉标准的触法未成年人，或者虞犯未成年人直接被分流出刑事程序之外，但与此同时却没有适当的保护性措施来帮助他们及时修正不良的心理和行为。

教育应该是对未成年人犯罪的主要手段，这一处理少年犯罪的基本理念，已经在我国得到较为广泛的认同和未成年人专门立法的肯定。例如，《未成年人保护法》第 38 条规定："对违法犯罪的未成年人，实行教育、感化、挽救的方针，坚持教育为主、惩罚为辅的原则。"《预防未成年人犯罪法》第44条规定："对犯罪的未成年人追究刑事责任，实行教育、感化、挽救方针，坚持教育为主、惩罚为辅的原则。"但遗憾的是，在现有法律制度下，对已经排除于刑事司法程序的未成年人，他们仍然无法摆脱公安机关对其封闭式的行政处理权力，这甚至在实质上可以剥夺未成年人数年的人身自由，未成年人的权利无法得到必要的程序保障。这难以起到教育和保护少年的作用，最终无益于社会保护，因而亟须解决如何限制与监督公安机关在程序分流中对未成年人的行政处罚权，同时将公安和检察分流程序中"转出"的未成年人全部纳入审前社会帮教体系中，突出教育手段对未成年人的帮助作用。

三　构建与未成年人刑事审前程序配套的社会帮教制度

在近几年进行的未成年人司法改革中，检察机关迈出了较大步伐形成了几项重要的改革成果：一个是"捕、诉、监、防""四位一体"的未成年人检察权行使机制，全国各检察机关都设立了独立的未成年人检察处，集中行使未成年人刑事案件的审查批捕、审查起诉、监所检察和犯罪预防职能；另一个是附条件不起诉的制度创新，在附条件不起诉中检察机关发展出了社会帮教制度，开展了检察机关购买社会帮教服务的实践探索；还有就是在未成年人和解不起诉制度发展中，检察机关开始作为调解会议的召集者、主持者，以"居中调解人"的身份主动促成和解协议的达成，在此过程中检察邀请社会力量第三方调解、委托调解等实践探索层出不穷。这些改革探索产生的最大影响是未成年人检察官身份的变化，他们的身份正在从犯罪追诉者向审前程序中居中听审、裁判的方向转化。除了审查批捕和审查起诉中开始出现的三方构造的准司法化改革外，检察机关对和解协议的审查和确认，对附条件不起诉考察期帮教效果的审查确认方式都带有居住裁断，相关利益方共同参与的模式，检察机关对和解不起诉和附条件不起诉决定依据的审查和确认方式类似于法官对程序性事项的裁决。可以说尽管目前未成年人检察官仍然没有完全摆脱行政化的办案方式，但在未成年人刑事案件的审前程序中其活动已经开始具有司法属性。

在前文分析的基础上，笔者认为应以未成年人检察官办案模式为基础构建我国的未成年人刑事审前程序，同时建立覆盖全部涉罪未成年人的审前社会帮教体系，在将未成年人转出刑事司法程序的同时有效地开展对未成年人的社会帮教，真正地实现未成年人回归社会，发挥社会帮教对回归社会目标的保障性作用。

（一）将公安机关对未成年人的分流处理纳入检察监督、审查的范围

如前文所述，公安机关对未成年人的分流通过立案、以行待罚、撤销案件的方式进行。这些行政决定具有明显的封闭性和单向性，不利于未成年人诉讼权利的保障。一旦未成年人被科处行政处罚，可能受到比刑事处罚更为严重的人身限制，造成其人身权利的进一步侵害。因此，有必要加强对这些行政处理决定的制约和监督。检察机关本身对侦查机关的行为就具有法律监督的权力，如果能从保障未成年人权利出发，对其进行进一步程序改造，较之重新建立未成年人法官制度来说可能更具有现实意义。目前，很多公安机关对于未成年人刑事案件都建立了专人办理制度，因此可以在此基础上规定涉及未成年人立案、行政处罚、撤销案件的决定侦查人员都要将情况报送同级未成年人检察部门，由其进行审查。对于受害人、未成年人及其监护人对公安机关决定存在争议的案件，检察机关可以以召开听证会的方式对案件情况进行一定范围内的公开听证。对检察机关处理决定不服的，双方具有向上级未成年人检察部门复议、申诉的权利。

（二）构建与刑事审前程序相配套的社会帮教体系，实现被分流未成年人社会帮教的全覆盖

未成年人审前程序的主要目的就是实现未成年人从刑事司法程序中的有效分流。将公安机关对未成年人的分流也纳入检察机关的审查监督范围，有助于对未成年人处遇决定的公正性。侦查阶段原有的分流制度本身就存在对转出刑事司法程序未成年人处遇不当或者忽视放任其未来发展的问题，国家没有很好地行使监护人的职责对未成年人进行必要的帮助和教育。因而，在进行未成年人审前分流程序改革的同时，同步改革和完善现有的社会帮教制度，改革对未成年人的行政处罚制度，建立审前社会帮教体系，做到对所有转出刑事司法程序未成年人帮教的全覆盖，才是确保分流制度实际效果的途径。

根据上文对我国社会帮教制度的考察和分析，目前审前社会帮教制度面临的首要问题就是缺乏法律规制，导致实践中帮教主体不明确，适用条件不明确，帮教的专业化不足，对帮教结论缺乏有效审查等一系列问题。当然，社会帮教本身就是一项新生事物，在其发展的初期阶段不可能达到完善和全面的程度，而且很多问题已经得到重视，在实践中也展开了各种探索。因此，笔者认为，构建审前社会帮教体系目前最需要明确的问题不是细化各项帮教规定，而是在构建审前分流程序的前提下明确审前社会帮教制度的发展方向，具体的规则可以遵循从实践到认识的规律在大的制度框架内再进行不断探索。

（三）审前社会帮教体系的发展方向

构建我国审前社会帮教体系，笔者认为目前最需要明确的发展方向如下。

1. 明确未成年人检察官在审前帮教体系中的主导地位

在对我国未成年人社会帮教的现状进行考察时发现，当前我国未成年人社会帮教具有实施主体多样，参与帮教的社会力量多样，且全国各地帮教的专业化发展极不平衡的特点。而且作为帮教结论的审查和适用者，由检察机关进行帮教也无法确保对帮教效果认定的客观性和专业性。但基于我国目前帮教的专业化力量发展不足，且发展不平衡的现实情况，社会帮教的开展仍然需要借助司法机关的权威和声望。因而检察机关应充分发挥国家监护人职能，在审前社会帮教的开展中发挥主导性作用。一方面，检察机关在社会帮教执行主体的选择上可以结合各地实际情况进行选择，以确保现阶段帮教开展的专业性；另一方面，检察机关要发挥居中审查的准司法官职能，通过充分听取帮教机构和未成年人对帮教的意见，对社会帮教效果作出准确评估，此外，现阶段检察机关还要成为专业社会帮教力量发展的助推器，即通过社会帮教力量的选择，对帮教意见的审查，对帮教过程的监督，参与社会帮教机构的建设，为其发展提供专业意见等方式，促进社会帮教力量的专业化发展。

2. 社会帮教措施的层次化发展

目前，社会帮教措施和公安机关对未成年人施与的行政处罚和行政性处遇措施存在处遇手段多样、处遇标准把握不一等问题。特别是各类处遇措施之间的适用标准和处遇严重程度的层次性不明确，有的帮教措施在司法实践中对未成年人人身限制的程度甚至超过了刑罚。例如附条件不起诉中的观护措施，有些地方检察机关决定进行观护时将采取取保候审的未成年人安置在观护基地，要求其进行劳动并在一定程度上限制其人身自由。因而，实践中出现未成年人及其法定代理人"求刑"的怪现象，即未成年人方申请要求检察机关将其移送起诉，而不要对其采取附条件不起诉，因为缓刑比考验期短且限制较少。因而，有必要对现有的帮教处遇措施的种类和适用条件进行明确。此外，在未成年人审前分流程序中应确立社会帮教优先适用原则。公安机关实践中以行代罚的做法应当尽快废止，除了其严重的行政性缺乏制约监督外，该种处遇方式实质上不是对未成年人的有效分流，它不是以未成年人特殊保护为出发点，追求的实际还是惩罚性而非教育性，这种做法不利于审前未成年人社会帮教的全覆盖。笔者认为应在审前分流程序中确立帮教优先原则，对所有可能分流出刑事司法程序的未成年人一律进行社会帮教，由检察机关根据未成年人的不同情况和社会帮教的效果来决定如何对未成年人进行处遇。

3. 构建对涉罪未成年人开展社会帮教的实施程序和统一审查标准

在当前的社会帮教实践中，通常会由检察机关协同参与帮教观护的社会力量共同协商确定是否接受涉罪未成年人进入观护帮教程序。有些地区已经进行机制创新，邀请人大代表、人民监督员、妇联代表、司法社工、家庭教育指导师作为听证员，通过不公开听证的方式决定涉罪未成年人是否羁押以及是否进入观护帮教程序。但在涉罪未成年人案件办理中，检察机关还拥有对涉罪未成年人最终是否做出不起诉处理的决定权。如果是否进入帮教程序也由检察机关参与决策，显然容易引发对涉罪未成年人处理是否公正的担忧和质疑。现阶段，不少地方的检察机关对进入社会帮教和帮教效果的审查程序进行的听证改革，显然是增加社会帮教制度公信力的有益尝试。这也与域外对涉罪未成年人社会观护的决定主体与实施主体相分离的做法有一定的一致性，同时符合检察机关在审前程序中准司法官的法律地位。但综合各地现有做法可发现，首先，在是否适用社会帮教程序的审查听证中，听证员的主体身份各地没有统一要求，有的是检察院原有的人民监督员，有的邀请了当地具有未成年人教育知识的专业人员参加，这无法确保审查的专业性和标准的统一性。其次，对社会帮教的前置调查结论到底由谁负责提出，具体的标准如何同样没有明确统一的规定。此外，在程序设置中，听证员的听证决定是否有最终法律效力，检察机关是否具有审查权等问题，也未见规定。下一步，相关部门应在顶层制度设计中，逐步建立对未成年人社会帮教的适用和效果审查程序，确保检察机关的决定有统一参照标准，进一步提升观护帮教制度运行的公正性和公信力。

4. 进一步激活对未成年人帮教的社会支持体系

当前我国未成年人社会帮教的实施主体多样，参与帮教的社会力量多样，且全国各地帮教的专业化发展极不平衡。基于这一现实情况，现阶段，社会帮教的开展仍然需要借助司法机关的权威和声望。因而检察机关应充分发挥国家监护人职能，在审前社会帮教中继续发挥主导作用。一方面，检察机关在社会帮教执行主体的选择上可以结合各地实际情况进行选择，以确保现阶段帮教开展的专业性；另一方面，检察机关要发挥居中审查的准司法官职能，通过充分听取帮教机构和未成年人对帮教的意见，对社会帮教效果作出准确评估；此外，现阶段检察机关还要成为专业社会帮教力量发展的助推器，即通过社会帮教力量的选择，对帮教意见的审查，对帮教过程的监督，参与社会帮教机构的建设，为其发展提供专业意见等方式，促进社会帮教力量的专业化发展。

社会帮教是一种可能对被观护对象人身自由造成一定限制的处遇措

施，但同时未成年人也可能因适用社会帮教而获得免除羁押措施或者获得出罪化处理的好处，因此对社会帮教的适用必须存在合理的限制和监督。但在司法实践中，对帮教的决定适用、帮教过程以及帮教效果的评估和确认这三个阶段都没有相关人员的充分参与，社会帮教的公正性与客观性容易受到质疑。因此，在社会帮教的决定适用、观护效果的评估阶段，检察机关应吸纳多元化主体参与，借助社会力量开展风险评估，由办案机关负责对涉罪未成年人的法律问题进行评估，如犯罪类型、犯罪情节、社会危害性等，由司法行政机关或者委托社会力量，如律师、学校、居（村）民委员会、心理咨询机构等，进行特定事项的调查评估。涉罪未成年人的家庭背景、一贯表现、犯罪事实与悔罪表现等，都是风险评估的考量因素。必要时，可以对涉罪未成年人社会帮教适用的风险评估举行听证，听取涉罪未成年人、被害人、律师等诉讼参与人的意见。特别是对帮教后涉罪未成年人的处理决定，应充分听取未成年人法定监护人、被害人、律师等诉讼参与人的意见，赋予其发表异议的机会和权利，以真正实现对检察机关决定的制约。

鉴于"国家亲权"理念可赋权国家作为"替代父母"，从而有权接管父母未能及时提供适当照护的儿童，家庭在参与未成年人矫正自新中的作用发挥有时被忽略了。但毋庸置疑，家庭参与对未成年人教育引导的作用独特而重要。目前我国家庭介入和参与未成年人司法还处于探索阶段，但司法机关在引导亲职教育方面已开始破冰，上文也列举了多项已出现的实践探索。家庭参与涉罪未成年人帮教的具体路径目前尚无明确规定，但通过第三方社会组织或平台，检察机关完全有能力将未成年人的监护人引导进帮教支持体系，提升帮教实效。

》 第四节　小结

社会帮教是我国未成年人司法实践中创造出来的一种社会性管理措施。从法律性质讲，这种"帮助教育"是一种非强制的社会教育管理，不同于行政处分和刑事处罚，具有非强制性、非剥夺性、教育性等诸多属性。审查起诉程序中对未成年人的教育引导行为主要是指检察官根据受到指控的未成年人的特殊性，采取各种措施和手段，对涉罪未成年人进行思想、行为上的教育和治疗，从而使其认识到原有思想和行为的问题，纠正其行为，使其重新融入社会的过程。未成年人相对不起诉中的社会帮教具有出罪、教育和预防三个主要功能，具有事前性、灵活性和非强制性三个特点。

目前在我国未成年人司法实践中，社会帮教改革探索多样，帮教具有手段多元、处遇多样的特点，特别是"观护"帮教模式逐步确立，成为当前未成年人检察改革着力最多的制度之一。观护设立最初的目的是集中开展对被取保候审未成年人的帮助教育，后来逐渐扩大到对涉罪外来未成年人、缓刑、假释未成年人以及附条件不起诉未成年人的帮助教育，有些地区尝试将检察机关认为犯罪情节较轻，可能受到不起诉处理的未成年人安置于观护机构，根据其悔过情况决定对其的处理，即我们说的"诉中考察"。未成年人的观护已经成为覆盖诉中社会帮教和附条件不起诉考察帮教的一项重要制度。观护是一种可能对被观护对象人身自由造成一定限制的处遇措施，但同时未成年人也可能因适用观护而获得免除羁押措施或者获得出罪化处理的好处，因此对观护的适用必须存在合理的限制和监督。但在司法实践中，对观护的决定适用、观护的帮教过程以及观护效果的评估和确认这三个阶段都没有相关人员的充分参与，观护的公正性与客观性容易受到质疑。在观护的决定适用、观护效果的评估阶段检察机关应吸纳多元化主体参与，借助社会力量开展风险评估，由办案机关负责对涉罪未成年人的法律问题进行评估，如犯罪类型、犯罪情节、社会危害性等，由司法行政机关或者委托社会力量，如律师、学校、居（村）民委员会、心理咨询机构等，进行特定事项的调查评估。涉罪未成年人的家庭背景、一贯表现、犯罪事实与悔罪表现等，都是风险评估的考量因素。必要时，可以对涉罪未成年人观护适用的风险评估举行听证，听取涉罪未成年人、被害人、律师等诉讼参与人的意见。特别是对观护后涉罪未成年人的处理决定，应充分听取未成年人法定监护人、被害人、律师等诉讼参与人的意见，赋予其发表异议的机会和权利，以真正实现对检察机关决定的制约。总之，要充分发挥未成年人帮教机制在未成年人审前程序中的作用，就应给予其更大的发展目标和空间。未成年人审前程序中的社会帮教可以定位为未成年人出罪处理的保护性措施，遵循分流与保护并重的原则展开，逐步构建与审前司法程序配套的社会帮教制度。

第九章 ◢

未成年人相对不起诉的污点封存

》 第一节　未成年人不起诉污点封存的性质与效力

一　不起诉污点封存的性质

未成年人不起诉污点的封存与我们通常所说的"前科消灭"或"前科封存"具有不同的性质，要探讨这一问题，必须先对"前科""不起诉污点""封存""限制公开"这几个概念进行界定。

（一）前科与不起诉污点

1. 前科

对于前科这一概念的准确内涵，中外理论界莫衷一是，不是所有国家法律中都出现了这一概念，对其认识也不统一。总体来讲，域外对前科的界定大体上可归纳为两种情况：一种将前科界定为法院的有罪宣告，只要被认定有罪就被视为有前科，犯罪人是否实际受到刑罚处罚则在所不论。这种观点属于当前刑事司法理论界的主流观点，持有此种认识的有美国、加拿大、英国、法国、德国、日本、朝鲜等。"如美国量刑委员会制定的《美国量刑指南》第四章 A 部分第 1 节第 2 条（a）项明确指出，'前科'一词是指不是现行犯罪组成部分的行为被认定有罪而作出的先前判决，无论是自动认罪、审判定罪，或者是不愿辩护但不承认有罪的抗辩表示。第四章 A 部分第 1 节 1 条（1）项的规定，判刑，但只要该定罪所产生的判决是可以计算的，则这种定罪可以视作前科；同样，如果被告人已被认定有罪，尚未被判刑，但只要该定罪所产生的判决是可以计算的，则这种定罪可以视作前科。当然，就该规定的意义而言，'认定一个行为有罪'是指已经确定被告人的罪责被证实，无论是自动认罪、审判定罪，抑或不愿辩护但又不承认有罪的抗辩表示。"[1] 也就是说，只要一个人被认定有罪，无论是否被判处刑罚，都会被视为存在前科。另一种观点则有所限缩，其主要认为前科必须以犯罪人被实际科处刑罚为前提，前科是指行为人被认为犯有罪行并被判处某种具体的刑罚方法的事实。例如，《俄罗斯联邦刑法典》第 86 条第 1 款规定："因实施犯罪而被判刑的人，自法院的有罪判决生效之日起至前科消灭或撤销时止，被认为有前科。"[2] 俄罗斯联邦总检察院将该条释义为 "前科是由于法院因犯罪人实施犯罪而对他判处法律规定的刑罚而造成的该人的法律地位"[3]。综上所述，域外关于前科概念界定的主要不同点在于犯罪人被实际判处刑罚是不是构成前科的必备要素。后一种观点相较于前一种观点限缩了前科的范围，要求行为人不仅要被认定有罪，还需被实际科刑。

我国早期研究前科消灭制度的学者沿袭苏联法学界的认识，认为前科是 "被法院认定犯有罪行并被判处某种具体刑罚方法的人的一种特殊法律状态"[4]。尽管没有明确规定前科的概念，但在我国现行的法律、法规中，对有前科的有关人员的相关经济政治权利和法律资格却作出了一些限制性规定。例如《中华人民共和国公务员法》《中华人民共和国兵役法》《中华人民共和国警察法》《中华人民共和国教师法》等法律都明确规定了具有前科人员不得从事这些职业。同样，1997 年《刑法》

---

① ［美］美国量刑委员会编撰：《美国量刑指南》，量刑指南翻译组译，北京大学出版社 1995 年版，第 338—339 页。

② 《俄罗斯联邦刑法典》，黄道秀译，北京大学出版社 2008 年版，第 39 页。

③ ［俄］俄罗斯联邦总检察院编：《俄罗斯联邦刑法典释义》（上册），黄道秀译，中国政法大学出版社 2000 年版，第 219 页。

④ ［苏联］H. A. 别利亚耶夫，M. H. 科瓦廖夫主编：《苏维埃刑法总论》，马改秀、张少贤译，群众出版社 1987 年版，第 391 页。

明确规定了"前科报告"义务。[①] 尽管理论界对前科的界定仍然存在有罪宣告说和定罪科刑说的争论，即是否以有罪宣告之外的科处刑罚和实际执行刑罚作为前科的判定标准。但国内理论界大部分主流认识是，前科是指"行为人受到法院生效的有罪判决的事实。至于被宣告何种罪行、是否判处刑罚和刑罚是否执行，均不影响前科的成立"[②]。

结合上述分析，笔者认为对于前科与不起诉污点和犯罪记录的区别应从以下几个角度进行理解。

第一，前科构成的条件是法院作出的有罪宣告，而非被科处刑罚或执行刑罚，即只要行为人被宣告有罪，无论是被判处刑罚还是只需给予非刑罚处理方法，也无论所科刑罚是否需要实际执行，均不影响前科的成立。

第二，这种有罪宣告应是法院作出的生效判决。根据无罪推定原则，任何人在人民法院作出判决之前都应当被确定无罪。那么，检察院作出的酌定不起诉宣告不应被视为有罪宣告。2012 年《刑事诉讼法》第 173 条第 2 款规定："对于情节轻微，依照刑法规定不需要判处刑罚或免除刑罚的，人民检察院可以作出不起诉决定。"人民检察院的酌定不起诉应主要从程序意义上来理解。酌定不起诉制度的设立，是对于性质轻微的行为，给人民检察院一定的裁量空间来决定是否起诉，而不能从实体的角度认为酌定不起诉就是有罪认定。这是无罪推定原则的一个表现，只有人民法院的有罪判决可以视为前科，其他任何机关作出的任何结论都不能被看作前科。

第三，与"犯罪记录"相比，前科是一种基于法律事实形成的评价，即基于行为人被宣告有罪在法律上形成的记录而对行为人作出的一种消极评价。其与我们通常所说的"犯罪记录"是一种评价对象与评价结论之间的关系。"犯罪记录"是对犯罪事实以及刑事判决情况所做的记载。我们通过对"犯罪记录"进行封存或限制公开，来实现杜绝

---

① 1997 年《刑法》第 100 条规定："依法受过刑事处罚的人，在入伍、就业的时候，应当如实向有关单位报告自己曾受过的刑事处罚，不得隐瞒。"

② 马克昌：《刑罚通论》，武汉大学出版社 1999 年版，第 708—709 页。

社会公众因此对涉罪人员产生的负面评价。我们所说的"前科消灭",消灭的也仅仅是行为人在法律上曾经犯罪的记录及其带来的不利影响,而不是犯罪事实。

2. 不起诉污点

根据上文分析,检察机关作出的酌定不起诉处理决定并不是前科,酌定不起诉是法律层面对涉罪嫌疑人的一种宽宥措施,使得涉罪嫌疑人避免获得罪犯、"前科"这样的负面评价,从而获得悔过并重新回归社会。但在实际生活中,尽管我国相关民事、行政法律、法规及规章中关于升学、就业方面的限制性规定,一般都是针对因犯罪受过刑事处罚的人,并不包括曾被酌定不起诉的人。但无论法律层面是否对涉罪嫌疑人定罪,只要其受到过司法机关的处理,就很容易丧失在升学、就业中获得平等对待的机会,特别是对此具有迫切需要的未成年人。从宏观上说,这种对酌定不起诉决定的记录也属于"犯罪记录",但"犯罪记录"涵盖的内容还包括刑事判决等,更为宽泛。这种酌定不起诉记录具有特殊性,即其既记录了涉罪未成年人的犯罪事实,同时还记录了对未成年人进行宽宥处理的依据,基于这些记录我们不应对未成年人作出消极的评价。酌定不起诉不是法律意义上的犯罪,因为未成年人没有受到法院的有罪判决,但如果未成年人再次触犯法律,其曾经受到的酌定不起诉处理,可能成为法官作出判决的参考依据,其仍然具有一定的消极评价性。因此,笔者认为将其称为"刑事污点"更能体现出未成年人酌定不起诉处理的特点。在理论界,关于"刑事污点"的界定并不多。尽管酌定不起诉、存疑不起诉和法定不起诉都是检察机关作出的终止诉讼决定,但"刑事污点"应以行为人的行为具有可归责性,即可能受到刑事处罚为前提。法定不起诉和存疑不起诉中未成年人的行为不具有刑事违法性和可处罚性,因此不能将之称为"污点"。同样,对于未成年人酌定不起诉处理的相关记录,是未成年人"刑事污点"这一评价产生的依据和基础,我们通过对这些记录的封存或限制查询,来杜绝社会因此会对未成年人产生的负面评价。

(二) "封存""消灭"与"限制公开"

目前在理论和实务界,对于未成年人犯罪记录存在"封存""消灭""限制公开"三种称谓。① 很多时候,这三种称谓都是我国目前司法实践中对未成年人犯罪记录的处理方式。而 2012 年刑诉法则使用了"封存"一词,但其指代的是除司法机关为办案需要或有关单位根据国家规定进行查询之外,犯罪记录不得向其他单位或个人提供。② 即犯罪记录封存是一种相对封存,在特定情况下对特定人可以公开。从字面可以看出,封存是指对某物封闭保存之意;消灭则是使某物灭失、消亡;而限制公开,则是指附条件进行公开的状态。在刑法和刑罚理论上,犯罪记录消灭是前科消除的效果之一③,同时也是前科消灭的实现手段。基于上文分析,对未成年人的相对不起诉处理不是前科,对相对不起诉记录限制查阅也不等同于直接将其消灭,因此在此不适宜直接使用"消灭"一词。此外,依据 2012 年刑诉法,最高人民检察院在《人民检察院刑事诉讼规则(试行)》第 503 条至第 507 条对犯罪记录封存和不起诉相关记录的封存作出了规定。这些封存同样都存在与刑诉法规定一致的例外情况,似乎称之为"限制公开"更为准确,但为了与立法用语保持一致,对未成年人的相对不起诉污点,笔者认为仍然应使用"封存"一词。

(三) 未成年人相对不起诉污点封存的性质

笔者认为,未成年人不起诉污点封存制度,是指不消灭未成年人不起诉案件记录,通过严格限制该记录被单位、个人进行查阅、复制、调用,使得未成年人因曾受到不起诉处理而产生的不利影响被控制在最小范围内的制度。

---

① 参见王东海《未成年人犯罪记录封存制度的中国实践:适用与走向》,《中南大学学报》(社会科学版) 2013 年第 10 期;任巍巍《未成年人刑事污点限制公开制度研究》,《中国检察官》2011 年第 9 期。

② 参见 2012 年《刑事诉讼法》第 275 条。

③ 赵国玲、李强:《我国未成年人前科消灭制度实证研究》,《青少年犯罪问题》2010 年第 1 期。

首先，从封存的对象来说，根据法律规定，犯罪记录封存适用的对象应是犯罪时已满 14 周岁不满 18 周岁的未成年人，被判处五年以下有期徒刑刑罚的未成年人。那么，由检察机关作出相对不起诉决定的案件，虽然未经法院判决，但相对不起诉要求未成年人具有犯罪情节轻微，依照刑法规定不需要判处刑罚或者免除刑罚的条件，符合犯罪记录封存所要求的"被判处五年有期徒刑以下刑罚"的条件，也应当对这些不起诉处理决定进行封存。《人民检察院刑事诉讼规则》第 486 条也明确规定，人民检察院对适用不起诉决定的未成年人的相关案件记录也要进行封存。其次，从封存的内容来说，未成年人酌定不起诉污点的封存应包括两方面含义，一方面，对在刑事诉讼过程中，记载未成年人犯罪事实和刑事司法程序性事实的载体进行封存，即侦查、审查批捕、审查起诉等环节形成的侦查卷宗和审查起诉卷宗材料进行封存。与此同时，应对办理案件信息系统内的涉案记录一并封存。要明确这些记录的管理制度，统一管理，制定严格的查询审批程序，除法律规定情况外，任何人不得随意查阅。另一方面，检察机关在对涉案记录、档案进行封存的同时，还要对未成年人曾经受到不起诉处理的信息予以保密，不得随意向其他单位、个人透露未成年人曾涉嫌犯罪的信息。两者必须同时封存才能确保该制度的作用。

二 相对不起诉污点封存的合理性分析

就应然性和法治现代化而言，建立未成年人前科消灭制度有其合理性和可行性，[①] 但对此也存在一定争议。有观点认为，现阶段在我国确立前科消灭制度存在较大的制度障碍，如缺乏相应的法律支持和配套实施机制，以及相应的评价标准和监督机制等。[②] 笔者认为，就检察环节而言，目前已经适用的不起诉记录封存具有一定的合理性和

---

① 参见柴建国、张明丽《关于我国未成年人前科消灭制度若干问题的探讨》，《河北法学》2003 年第 3 期；房清侠《前科消灭制度研究》，《法学研究》2001 年第 4 期。

② 管晓静：《我国设立"未成年人刑事污点消灭"制度之探讨》，《中国青年研究》2005 年第 1 期。

现实意义。

（一）将相对不起诉记录纳入封存范围符合我国司法实际

关于前科的定义，理论界有不同观点，有学者认为检察机关作出的相对不起诉处理决定属于前科。笔者认为检察机关的相对不起诉处理决定与前科确实在出现的前提和后果方面具有相似性。相对于法定不起诉来说，相对不起诉的作出前提是行为人存在犯罪行为，只是基于其犯罪情节、具体案件事实以及形势政策的考虑而免除刑罚。根据刑诉法的规定，一般情况下，不起诉决定书应送达公安机关、被不起诉人所在学校、单位，如果不对其进行限制公开，未成年人可能因此一生都被贴上"犯罪人"的标签。因此，将相对不起诉记录纳入封存和限制公开的范围符合我国未成年人刑事司法对未成年人特殊保护的基本要求。

（二）将相对不起诉记录纳入封存范围符合未成年人刑事司法改革要求

随着我国步入社会转型期，刑事犯罪呈高发多发趋势，1994—2004年，我国未成年人犯罪增长率高达83%，从1997年开始未成年人犯罪率每年增长近10%，犯罪人数也占到了总犯罪人数的10%左右。2000—2003年，全国未成年人犯罪人数更呈激增趋势，占整个犯罪嫌疑人的比例分别是11.18%、12%、13.14%和18.19%。[1] 如何在应对未成年人犯罪增长的同时兼顾未成年人特殊保护和社会利益，这是司法机关需要思考的重要课题。因此，从司法现代化的实现途径来看，我国可以说是一种主要通过司法改革来实现现代化的国家推进型模式，"这种司法现代化的前景在很大程度上取决于国家对司法改革目标和实现步骤的战略思考和设计，取决于国家对近期司法改革计划和长远司法改革目标行动的统筹谋划和适时合理推动的结合"[2]，在未成年人刑事司法的发展中也是如此，检察机关应积极思考如何在未成年人因其违法行为受到适当处罚，

---

[1]　郭殿雄：《新形势下未成年人违法犯罪的特征及预防》，《青海师范大学学报》（哲学社会科学版）2006年第3期。

[2]　姚建龙：《创设少年法院必要性研究的反思》，《青少年犯罪问题》2004年第2期。

获得教训的同时，实现保障未成年人的权利，关注其未来发展的方法或途径。检察机关完全可以以一种更为主动的态度开展关于未成年人相对不起诉污点封存的制度改革。

（三）有助于帮助未成年人回归社会

"国家不能仅满足对于违法者的处罚，而且还必须考虑到，在刑罚执行完毕后，他能够在社会上重新找到一个适当的位置。"① 域外不少国家规定由法院来宣告犯罪人的前科消灭。例如《韩国刑法典》第81条规定："劳役、徒刑执行完毕或者被免除者，在补偿被害人的损失后未再被判处停止资格以上的刑罚，经过七年的，依本人或者检察官的申请，可以宣告其判决失效。"② 关于检察官在不起诉案件处理中的行为准则，正如联合国《关于检察官作用的准则》第18条规定的内容："根据国家法律，检察官应在充分尊重犯罪嫌疑者和受害者的人权的基础上适当考虑免予起诉，有条件或无条件地中止诉讼程序或使某些刑事案件从正规的司法系统转由其他办法处理，为此目的，各国应充分探讨改用非刑事办法的可能性，目的不仅是减轻过重的法院负担，而且也避免受到审前拘留、起诉和定罪的污名以及避免监禁可能带来的不利后果。"在我国检察机关被赋予了维护社会公平正义、强化法律监督的重任，有责任也有义务在检察环节探索如何最大限度地消除前科报告制对未成年犯罪人带来的种种不利影响，从而加强对未成年人的司法保护。近年来，包括上海检察机关在内不少检察机关均进行了可贵的尝试，并取得了积极成效③，为检察环节相对不起诉污点封存制度的实施提供了鲜活的实践经验。

---

① ［德］汉斯·海因里希·耶赛克、托马斯·魏根特：《德国刑法教科书》，徐久生译，中国法制出版社2017年版，第1097页。

② 《韩国刑法典及单行刑法》，［韩］金永哲译，中国人民大学出版社1996年版，第249页。

③ 上海市检察机关从2004年开始探索未成年人案件刑事污点限制公开制度，据统计，上海10个基层院实施未成年对象有条件适用刑事污点限制公开制度，共对65人作出限制公开决定，其中顺利就业46人，续学17人中有4人考上大学。参见卢劲松《少年心灵在司法护佑下重生》，《检察风云》2009年第13期。

三　相对不起诉污点封存的效力

（一）相对不起诉记录的限制查询

不起诉记录封存并非将不起诉相关记录的载体直接予以消灭，而是检察机关对于社会单位或个人进行的相关查询直接给予否定答复。检察机关除了知悉案件情况的承办人员外，任何工作人员不得接触查询不起诉记录。只有出现刑诉法规定的情况，即司法机关为了办案需要，以及根据国家法律规定进行查询时，检察机关才能向查询人提供相关记录。这样做笔者认为具有两方面好处，一方面，可以实现对未成年人的特殊保护，避免其受到不公正的对待或歧视；另一方面，如果未成年人再犯新罪，保留从前的记录有助于司法机关对未成年人作出适当的处理，进而保护社会利益。从未成年人未来的矫正、帮教角度来说，保留其不起诉污点记录，也有助于司法机关工作的开展。

（二）不起诉污点的免除报告

有关未成年人曾经受到酌定不起诉处理的记录只能保存于公安和检察机关，未成年人个人的学习、人事档案及其他记录均不得显示不起诉刑事污点的存在。未成年人本人有拒绝向任何部门、个人陈述的权利。未成年人不应因不起诉污点在求学、就业等阶段受到歧视。

（三）刑事法律后果的保留

尽管检察机关对未成年人作出了不起诉决定，未成年人在法律层面是无罪的人，但酌定不起诉适用的前提条件之一是未成年人的行为构成犯罪。因此，尽管我们对未成年人酌定不起诉的记录进行封存，但因为未成年人涉嫌犯罪行为在法律上的不利后果并不因封存而消灭，司法机关因办案的需要，或有关单位根据法律规定仍然可以查询，如未成年人再次犯罪，司法机关应当可以查询原始犯罪记录，以作出恰当的处理。

（四）不起诉封存的持续性

对未成年人酌定不起诉的记录封存在符合法律规定的条件下，不应因任何原因终结。即使司法机关因办案需要进行了涉嫌犯罪记录的查询，在查询后对原有的犯罪记录仍然应当保持封存状态，查询单位也应对此具有保密的义务。但较之长期封存，使得未成年人仍然在一定范围内存在被了解其刑事污点，并承担由此带来的不利影响这一状态，如果对矫正态度良好、悔过自新积极的未成年人给予更大的鼓励，设置一种刑事污点的"消灭"机制，使得未成年人未来不用一直被贴上"犯罪人"的标签，特别是在我国很多法律还规定了前科报告，并将受到司法机关处理都视为存在"前科"这样的社会环境下①，相信对未成年人的矫正和发展大有裨益。

》 第二节　未成年人不起诉污点封存的实践探索

一　未成年人不起诉污点封存制度在我国的确立发展

2011 年 2 月，《刑法修正案（八）》通过，规定了"犯罪的时候不满十八周岁被判处五年有期徒刑以下刑罚的人，免除前款规定的报告义务"。2012 年，刑诉法正式规定了犯罪记录封存制度，2012 年 5 月 10 日，"两高三部"发布了《关于建立犯罪人员犯罪记录制度的意见》（法发〔2012〕10 号，以下简称《意见》）。未成年人犯罪记录封存制度在实体法和程序法上正式确立。在此之前，检察机关一直不断地在进行相关探索。

2004 年，上海市长宁区检察院就开始了未成年人刑事污点限制公开制度探索，后来该制度逐步在上海市各区检察院进行广泛推广。上海的做法主要是指对涉案未成年人作酌定不起诉处理后，《不起诉决定

---

① 笔者就曾了解过这样一个案例：北京市海淀区检察院未成年人检察处曾经办理过这样的案件，李某因犯罪被海淀区检察院作出相对不起诉处理，但在其异地升学过程中，学校要公安机关提供"无犯罪记录证明"，当地公安机关了解到李某曾经受到过检察机关传唤，遂拒开证明。为了李某顺利升学，海淀区检察院通过最高检协调当地检察机关才说服公安机关提供了无犯罪记录证明。

书》可以不记入人事档案，并有条件地封存于司法机关，非经批准不得对外披露。同时，上海检察机关还要求各级检察院加强对刑事污点限制公开制度执行情况的监督，为未成年人复学、就业创造条件，促使其顺利回归社会。① 2006 年，北京市检察机关开始逐步试点"未成年人案件刑事污点限制公开"制度，要求检察机关在对涉案未成年人作相对不诉处理后，《不起诉决定书》可记入未成年人的人事档案，由检察机关进行封存，非经批准不得向外披露。

《刑法修正案（八）》和 2012 年《刑事诉讼法》虽然没有明确规定未成年人不起诉污点的封存制度，但在未成年人犯罪记录封存的框架内，检察机关就不起诉污点的封存进行了广泛的实践探索，摒弃了以往依申请或依职权启动不一的混乱做法，形成了检察机关依职权自动封存，并积极确保封存效果实现的封存工作模式。但在封存的对象是否包括酌定不起诉与法定不起诉未成年人；封存的记录范围除了卷宗、法律手续等材料外，是否包括相关电子记录档案；封存是否与相关司法机关、具有社会工作职能机关形成联动工作机制等方面存在一定差异。但总的来说，在不起诉污点封存的适用程序上，各地的检察机关基本形成了相同的做法。②

二　我国未成年人依附型的不起诉污点封存模式

（一）依附型不起诉污点封存模式的性质

在 2012 年《刑事诉讼法》及《刑法修正案（八）》实施以前，对于未成年人不起诉污点的封存，检察机关一般有两种做法，一种做法为在不起诉决定作出后，检察机关根据未成年人的悔过情况和案件特点，

① 林中明、谢东旭：《探索少年刑事污点封存上海三年试点取得成效，让失足未成年人"无痕迹"回归社会》，《上海人大月刊》2009 年第 8 期。
② 参见江苏省检察院《江苏省未成年人犯罪记录封存工作意见》，延庆区检察院《关于未成年人犯罪记录封存的实施办法》，首都检察网，http：//www. bj. pro/deptweb/department_child/third. jsp？ DMKID = 1952&ZLMBH = 0&XXBH = 198169&departID = 01001039，2014 年 8 月 19 日。

对未成年人设定一定的考察期间，安排特定的人员对未成年人进行考察，如果其可以认真遵守考察规范，具有悔过态度，则由检察机关决定对其不起诉的记录进行封存，即限制查阅人员的范围。另一种做法为在不起诉决定后检察机关向未成年人宣布其具有申请刑事污点限制公开的权利，在未成年人及其法定代理人提出申请后对其进行考察。考察的方式类似于对拟作附条件不起诉未成年人的考察。考察完毕，经过评估认为被不起诉人具有"正派的品行且表现良好"，检察机关作出不起诉记录封存或限制公开决定，并将其送达被不起诉人及其法定代理人，以及被不起诉人所在的学校、单位和原承办公安机关。

刑诉法修正案实施后，检察机关不再拥有对不起诉记录是否封存的决定审查权限，检察机关在酌定不起诉决定作出的同时依职权决定对相关记录进行封存。与原来相对独立的决定程序相比，这种依附于酌定不起诉决定程序的封存模式，其最突出的特点在于检察机关不再单独作出不起诉记录封存或者限制公开的决定书，不起诉决定书的送达也相应作出调整，该决定书只送达给被不起诉的未成年人，而不再送达未成年人所在的学校、单位。对于被害人，检察机关送达的不起诉决定告知书中只简单列明不起诉决定、被害人的诉讼权利，不再详细表述犯罪的事实。

（二）依附型不起诉污点封存模式的特点

这种依附型的不起诉记录封存模式相较于原来的相对独立的封存模式具有三个特点：一是决定时间短，将未成年人不起诉的社会影响降低，有利于未成年人尽快复学、复工。二是检察机关不作出封存或限制公开决定书，也不再将不起诉决定送达被害人以及未成年人所在学校、单位，更符合污点封存制度设计的初衷。三是由检察机关依法律规定直接作出封存决定，不需要未成年人及其法定代理人申请，进一步扩大了对未成年人特殊保护的范围。与此同时，这一模式也存在一定的弊端，主要就是对所有适用酌定不起诉的未成年人无差别对待进行封存，不设立观察期，可能在基于罪轻和和解的酌定不起诉与附条件不起诉上存在适用不公的问题，也没有充分体现出对未成年人的教育原则。

三　依附型不起诉污点封存的内容和基本程序

（一）不起诉污点记录的内容

人民检察院酌定不起诉所认定的犯罪事实记录主要包括公安机关、检察机关在办案过程中形成的案卷、处理决定；司法机关在社会调查以及社区矫正过程中形成的相关材料以及户籍资料中的犯罪事实、处理决定记录，此外，还应包括公安机关和检察机关在办理案件过程中形成的电子数据档案，包括各类报告、法律手续的电子文本以及办案数据系统内的电子数据资料。

（二）基本程序

1. 不起诉污点封存的启动

在刑法和刑诉法修正案颁布前，对不起诉记录的封存存在依申请启动和依职权启动两种方式。依申请启动是指由被不起诉人或其法定代理人向检察机关提出封存记录的申请，由检察机关根据案件及未成年人情况决定是否进行封存。依职权启动封存则是指对于符合封存条件的案件由检察机关自动予以封存。最新的法律及司法解释的规定就属于自动封存。检察机关对本院作出的酌定不起诉决定的未成年人犯罪案件，在不起诉决定书生效后一般3—5日内，制作《未成年人不起诉记录封存通知书》，经主管检察长签字后送达接收不起诉决定书的有关单位，同时送达同级公安机关。有的检察机关还会送达参与过未成年人矫正帮教或社区监督等的部门、单位。上述单位在收到通知书后，应尽快审查是否符合封存条件。对于符合封存条件的，经主管领导批准后，对有关犯罪记录档案从对外公开提供的资料中予以清除，并对未成年人涉嫌犯罪的情况对外予以保密。

2. 不起诉污点封存的审核与查询

在特殊情况下，司法机关或有关单位会提出查询未成年人不起诉污点记录的申请，检察机关对此一般都制定了具体的查询和审核程序。在未成年人不起诉记录查询中，与其他犯罪记录查询相比，尽管其记录也应保存于公安机关，但申请提出的对象只能是检察机关。主要是法院对酌定不起诉审查的情况不了解，而公安机关虽然是侦查机关，但其对未成年人在审查起诉阶段的悔过、矫正情况并不了解，也无法充分说明审查起诉阶段不起诉记录形成的情况。此外，检察机关设立了专门的未成年人案件办理部门，负责未成年人案件的审查批捕、审查起诉等，可以较为全面地掌握未成年人犯罪的基本情况，充分审核查询犯罪记录的申请是否合理，确保查询审核工作的准确和权威。

检察机关一般规定当司法机关为办案需要或有关单位根据全国人民代表大会及其常务委员会制定的法律和决定，国务院制定的行政法规、规定的行政措施、发布的决定和命令进行查询的情况下，检察机关应受理查询的申请。司法机关或者有关单位向封存单位申请查询封存的犯罪记录的，应当提供查询的理由和依据。对查询申请，检察机关应当及时作出是否同意的决定。在检察机关内部，应由主管检察长批准查询申请，如有必要，可以提交检察委员会讨论决定。对于查询申请符合法律规定的，检察机关应当及时告知查询结果以及向查询申请单位说明其必须履行的保密义务。

3. 不起诉污点封存的监督

检察机关作为国家法律监督机关，对侦查机关和法院的多项活动具有监督的权力和义务，对于未成年人不起诉污点封存的执行情况，检察机关同样应具有法律监督权。对不起诉记录封存的启动、查询情况，对不起诉记录查询单位是否对犯罪情况予以保密，查询后对于相关信息的使用是否存在超出法律规定范围等情况都要依法展开监督。对于违反这些情况，检察机关自行发现或未成年人及其法定代理人告知检察机关的，检察机关应向违反规定的单位发送检察建议，要求相关单位立刻消除影响。

四　存在的问题

（一）不起诉污点封存法律规定不足

未成年人不起诉污点封存的主要法律依据有三，除了上文提到的2012 年《刑事诉讼法》和《刑法修正案（八）》外，最为明确的法律依据就是《刑事诉讼规则（试行）》第507条的规定，但这一规定也仅仅明确了检察机关对未成年人作出不起诉决定的相关记录应进行封存。而不起诉记录封存应包括的内容、负责机构、基本程序、封存的效力等问题仍然没有得到明确规定。近两年，检察机关从保护未成年人的角度出发，展开了很多有益的实践探索，但这些探索缺乏相关的立法指导，没有统一的实施制度，有的甚至是检察官从自己多年的实践经验出发，依靠个人力量将之付诸实施。但这些实践探索是在国内《预防未成年人犯罪法》《未成年人保护法》等多部保护未成年人权益的法律框架下，本着感化、教育、挽救未成年人的理念积极进行的探索。检察机关通过协调相关部门，要求其了解不起诉处理的法律意义，避免未成年人受到不公正待遇，① 对有关机关的实际执行活动进行监督等具体措施，使得许多有不起诉污点的未成年人重返社会。由于缺乏相关法律依据，这些实践探索常为一些学者所诟病，在实践中往往存在一种"名不正、言不顺"之感，很多是通过检察官出于责任感进行的个人努力。因此，立法和司法解释应进一步完善未成年人犯罪记录封存的相关规定，明确不起诉污点封存的相关制度，特别应吸纳实践中出现的积极探索。

（二）封存中存在适用条件宽严不一的情况

对于不起诉污点封存，如果依据刑诉法规定，则对于未成年人如曾因犯罪被判处五年有期徒刑以下刑罚的，无论是否实际执行，未成年人的犯罪记录均应予以封存。在罪轻不起诉和和解不起诉适用后，无须经过任何考察期，未成年人的犯罪记录将由检察机关直接予以封存。而与此形成对比的是，附条件不起诉适用的对象仅限于构成犯罪但可能判处一年有期徒刑以下刑罚的未成年人，但需要对该未成年人设定6个月至1年的考察期，考察期内未成年人除了需要按照检察机关或考察机关的要求开展公益劳动，接受职业培训、观护外，更需严格遵守考察期的行为规范，考察期满达到相应条件检察机关才可对其作出不起诉处理，进

---

① 北京市海淀区人民检察院未检处：《北京市海淀区检察院与山西晋中市检察院合作开展未成年人犯罪记录封存》，首都检察网，http://www.bj.pro/newiweb/minfo/view.jsp? DMK ID=211&ZLMBH=6&XXBH=1001109248&departID=0，2014年7月28日。

而封存其犯罪记录。对比这些规定我们可以看出，对适用附条件不起诉处理的未成年人来说，其需要付出更多才能获得犯罪记录封存，实现与其他可能判处五年以下刑罚的未成年人相同的待遇。

（三）不起诉污点封存的配套机制不足

我国相关民事、行政法律、法规中针对因犯罪受过刑事处罚的人设置了升学、就业方面的限制性规定，但不包括曾被酌定不起诉的人。但在现实生活中，人们仍然很难将受到过相对不起诉处理的人与受过刑事处罚的人区别看待，往往统一将他们认定为曾经受到司法机关处理的人员，使其在升学和就业过程中受到歧视，甚至被剥夺平等的升学、就业机会。因此，在司法实践中，很多检察机关都在探索与本地区的司法行政、教育行政、未成年人保护、共青团、社会工作等机构、部门建立对未成年人犯罪记录封存的联动、衔接工作机制，一是要求这些部门在工作中如果了解到未成年人需要封存犯罪记录的，其应予以保密；二是在检察机关发现未成年人因此受到歧视不被平等对待时，这些部门应积极予以协助，让未成年人及时得到社会的理解和支持。但这样的联动工作机制尚处于摸索阶段，只有一些较为发达的省市开展了此项工作，尚未从地区扩大至全国，很多地方的检察机关仍然处于记录封存的被动执行状态。此外，未成年人的犯罪记录特别是不起诉记录封存与社区、学校乃至全社会的理解和支持是无法分离的，这已经超出了法律层面，需要形成一种社会性共识。

》 第三节　未成年人不起诉污点封存制度的发展方向

一　不起诉污点封存制度发展的必要性分析

（一）未成年人相对不起诉污点封存的理性审视

《联合国少年司法最低限度标准准则》第 8 条规定："应在各个阶段尊重少年犯享有隐私的权利，以避免由于不适当的宣传或加以点名而对其造成伤害。原则上不应公布可能会导致使人认出某一少年犯的资料。"该标准第21条规定："对少年罪犯的档案应严格保密，不得让第三方利用。应仅限于与处理手头上的案件直接有关的人员或其他经正式授权的人员才可以接触这些档案。少年罪犯的档案不得在其后的成人诉讼案中加以引用。"2012年《刑事诉讼法》规定的未成年人轻罪记录封存制度是贯彻联合国少年司法准则的最基本要求的体现。但我们已经实行的犯罪记录"封存"始终处于一种不确定状态，即对载有未成年人犯罪事实的记录虽然被限制查阅，但仍然随时伴有被他人所知的可能。在我国目前关于未成年人就业、入学等相关规定制度仍然要求审查未成年人是否曾受到刑事追诉的情况下，未成年人可能因此被贴上"犯罪人"的标签。特别是对未成年人的酌定不起诉处理，其本身就是对未成年人特殊保护理念下法律给予未成年人的一种特殊宽宥措施，其主要目的之一就是促成未成年人的发展和回归社会。但目前不起诉记录封存与现行法律法规在就业入学报告问题上的冲突，以及法律为相关单位、个人查询提供的明确依据，使得未成年人不起诉记录的获得存在可能性和便利性。不起诉记录封存制度运行中的问题，可能在一定程度上消解了未成年人相对不起诉制度和不起诉记录封存制度设计的初衷。

此外，未成年人犯罪前科和不起诉记录的查询可能导致未成年人在升学、就业问题上不能获得平等的对待，其很容易产生被社会遗弃的心理阴影。这不仅不利于其行为矫正、回归社会，更可能导致其重新走上犯罪的道路。尽管目前没有较为权威的部门发布未成年人犯罪的再犯率，但逐渐升高的未成年人犯罪率从侧面可以印证未成年人回归社会的难度。

（二）不起诉污点消灭的必要性

在我国，《预防未成年人犯罪法》和《未成年人保护法》中有未成年人前科消灭法律后果的规定。《预防未成年人犯罪法》第48条规定："依法免予刑事处罚、判处非监禁刑罚、判处刑罚宣告缓刑、假释或者刑罚执行完毕的未成年人，在复学、升学、就业等方面与其他未成年人享有同等权利，任何单位和个人不得歧视。"《未成年人保护法》第57条规定，"解除羁押、服刑期满的未成年人的复学、升学、就业不受歧视"。本着减少未成年人犯罪、挽救未成年人的原则，中央政法委于2008年12月发布了《关于深化司法体制和工作机制改革若干问题的意见》，随后，最高人民法院于2009年制定了《人民法院第三个五年改革纲要（2009—2013）》。这两个文件中都明确提出：要配合有关部门有条件地建立未成年人轻罪犯罪记录消灭制度，明确其条件、期限、程序和法律后果。

未成年人不起诉记录的消灭与前科消灭一样，都符合未成年人最佳利益原则，也符合我国多年来对未成年人所实行的"教育、感化、挽救"的方针和"教育为主，惩罚为辅"的基本原则。尽管目前未成年人的相关法律中已经彰显了这种精神，防止未成年人因受到不平等对待而无法顺利回归社会，但由于我国长期存在的重刑主义、报应思想的影响，目前我国法律上并没有出现未成年人前科消灭的规定，也没有对于未成年人不起诉污点消灭的相关规定。无论是犯罪前科还是不起诉污点，都是社会基于未成年人犯罪事实的记录而产生的对未成年人的一种负面评价，对犯罪记录有限制的封存并不能真正实现对未成年人的绝对保护。如果能对那些悔过态度较好且在一定考察期间内具有良好表现的未成年人，给予消灭其不起诉记录和犯罪记录的待遇，使得其可以终生不再担心被贴上"犯罪人"的标签，可能较之无限期的封存或限制公开更有利于鼓励未成年人回归社会。此外，这一制度的设置还将从一定层面鼓励未成年人积极改过，实现对罪错未成年人的帮教矫治。

因此，笔者认为，结合我国实际情况，应确立未成年人的酌定不起诉污点消灭制度，对被决定适用酌定不起诉处理的未成年人赋予一定的考察期限，在此期间，未成年人如果表现良好，认真悔过，则期限届满经未成年人及其法定代理人申请，检察机关可以决定对未成年人酌定不起诉污点进行消灭。

二　不起诉污点消灭制度的构建

（一）不起诉污点消灭制度的内容

1. 消灭决定的主体

首先，笔者认为不起诉污点消灭决定的主体只能是检察机关，根据上文分析，检察机关在作出未成年人酌定不起诉记录封存决定方面具有专门的机构、人员，决策依据全面、客观等方面的优势。同样，在酌定不起诉污点消灭的决定方面，检察机关同样具有公安机关不能相比的优势。此外，不起诉污点的消灭需要通过对未成年人的悔过和行为情况进行考察，这需要社会力量的支持。而检察机关在未成年人检察工作中，已经初步形成了与具有社会工作职能的相关机构、人员较为默契的合作关系，检察机关也充分发挥其在未成年人社会调查、矫正帮教工作中的协调、主导作用，促成了一些专业化社会工作力量的产生和发展。同时，检察机关在未成年人酌定不起诉工作探索中，很多都对已经采取酌定不起诉处理的未成年人进行持续的跟踪帮教，因此，从这一角度来看，检察机关作为是否消灭酌定不起诉污点的主体，较公安机关和法院更具优势。

2. 消灭的条件

综观世界各国立法所规定的犯罪前科消灭，都是附条件的。但基于犯罪人的权利与社会公众利益之间的平衡，不是任何犯罪的前科在任何情况下都可以消灭的。同样，对不起诉污点的消灭也不是绝对的，需要在社会和未成年人的保护之间寻求平衡，即只能对未来不会继续危害社会安全的未成年人的不起诉污点予以消灭。与前科消灭不同，酌定不起诉适用的条件本来就是犯罪情节较轻、具有悔过态度的未成年人，一般情况下，这些未成年人如果悔过态度较好，不具有人身危险性和再犯可能性，就应该适用不起诉污点消灭。犯罪人是否具有人身危险性既是刑罚适用的重要前提，也是犯罪前科是否消灭的重要依据。消灭未成年人的不起诉污点，这意味着国家放弃对未成年人进行不利评价及犯罪追索的权力，即使该未成年人再次犯罪，基于其以往的良好表现，原来的犯罪行为也不构成对其不利评价的因素。因而，是否具有人身危险性同样应作为是否消灭其不起诉污点的重要考虑因素。而未成年人是否具有人身危险性需要通过对其进行一段时间的行为考察才能作出较为准确的评价，因此，未成年人的不起诉污点是否可以消灭，必须受到其在一定时期内的行为情况的约束。

3. 不起诉污点消灭的效力

不起诉污点消灭具有以下效力：一是不起诉记录的消除。基于前文分析，不起诉污点是基于不起诉记录而产生的对未成年人的消极评价，因此，不起诉污点消灭最主要的表现就是不起诉记录的消灭，检察机关和公安机关应将记录未成年人犯罪事实和不起诉情况的记录一并销毁，包括全部电子记录。二是未成年人合法权利的恢复，即未成年人因曾经受到刑事追诉而丧失的民事、行政、经济领域的权利理应恢复。这意味着其与常人一样，在就业、升学、担任公职等方面不再受到任何不公正的对待。三是不得在以后的刑事诉讼中引用。由于不起诉污点已消灭，因此不应在以后的诉讼中再加以引用。因为该污点消灭后，未成年人曾受到刑事追诉的法律事实就已经不存在，行为人在以后应被视为没有犯罪之人。

三 不起诉污点消灭的基本程序

（一）申请的提出和受理

由未成年人或其法定代理人、监护人或未成年人保护机构代为提起。目前不应赋予检察机关主动开启不起诉污点消灭程序的权限。检察机关作为未成年人不起诉处理的决定机关，其不应主动对自己的决定进行处理，不起诉记录的封存仅是对未成年人涉嫌犯罪的事实记录限制社会查询，不涉及未成年人、被害人的实质性利益。但不起诉污点消灭却可能影响双方的实质性利益，丧失检察机关决定的公正性。有申请人还不足以启动消灭程序，还需有接受申请的相对方。基于上文分析，检察机关作为污点灭失的决定方较为合理，申请应由检察院内设的未成年人检察部门进行。

（二）申请的审查和决定

检察机关应依职权调取相关材料，充分审查未成年人在考察期内的行为表现情况，根据案件情况和考察情况综合审查判断其是否具有人身危险性，以最终作出是否同意消灭其不起诉污点的决定。在考察期间，检察机关可以委托社会工作机构对未成年人在考察期内的表现情况进行跟踪考察，由检察机关审查考察报告，必要时听取社会工作人员的说明。在综合考量的前提下检察机关形成对未成年人不起诉污点消灭的决定，但要按照酌定不起诉决定书的送达范围，尽量减小对未成年人的不良影响。

四　不起诉污点消灭与社会帮教的衔接

一方面，未成年人不起诉记录的消灭是防止未成年犯罪人"标签化"，尽可能实现对未成年人特殊教育，促使其回归社会的重要手段；另一方面，为了有针对性地对未成年人进行教育矫正，实现对未成年人犯罪的持续有效预防，司法机关和社会工作机构、人员又必须对未成年人过往的犯罪情况和已采取的教育矫正措施有所了解，以在此基础上作出最准确的判断。因而，不起诉污点及前科的消灭都可能与对未成年人的教育帮教产生矛盾。如何才能调和这种矛盾呢？笔者认为，可以借鉴德国未成年人刑事司法中针对这种矛盾而专门设立的"教育记录"（Erziehungsregister）制度。所有不在中央登记上记载的信息都可以在教育记录上找到，除了刑事和家事法院以及特定的官署如检察机关，在为特定目标如进行教育矫正或追诉犯罪外，任何其他机构和人员都不能得到这些信息。未成年人对这些信息也没有公开或说明的义务，一旦当事人满 24 周岁，教育记录中的记载就会被删除。[①]

在我国，如设立未成年人不起诉污点消灭制度，那么对未成年人不起诉记录消灭的同时可以设置未成年人教育档案，记载对未成年人涉及犯罪的情况、曾采取的教育矫正措施等内容。这些教育档案仅限于法院

[①]　宋英辉、何挺、王贞会等：《未成年人刑事司法改革研究》，北京大学出版社 2013 年版，第 306—307 页。

和检察机关批准下，为进行对未成年人的教育矫正，或者追诉与原被不起诉行为直接相关的其他犯罪行为时使用。已被消灭的不起诉污点不得在今后的刑事诉讼中作为对未成年人的不利依据。未成年人对教育记录中的内容不存在向其他人公开或说明、报告的义务。

≫ 第四节　小结

未成年人相对不起诉污点封存应是一种严格限制该记录查询条件，使得未成年人因不起诉而受到的不良影响被控制在最小范围内的制度。相对不起诉污点封存符合未成年人司法改革的要求，有助于帮助未成年人回归社会。目前在司法实践中，我们已经初步建立了一种依附型的不起诉污点封存模式，刑诉法修正案实施后，检察机关不再拥有对不起诉记录是否封存的决定审查权限，检察机关在酌定不起诉决定作出的同时依职权决定对相关记录进行封存。与原来相对独立的决定程序相比，这种依附于酌定不起诉决定程序的封存模式，其最突出的特点在于检察机关不再单独作出不起诉记录封存或者限制公开的决定书，不起诉决定书的送达也相应作出调整，该决定书只送达给被不起诉的未成年人，而不再送达未成年人所在的学校、单位。对于被害人，检察机关送达的不起诉决定告知书中只简单列明不起诉决定、被害人的诉讼权利，不再详细表述犯罪的事实。

目前，未成年人相对不起诉污点封存的最主要问题就是法律规制不足，适用条件不明确。相对不起诉污点封存应包括的内容、负责机构、基本程序、封存的效力等问题仍然没有得到明确规定。近两年，检察机关从保护未成年人的角度出发，展开了很多有益的实践探索，但这些探索缺乏相关的立法指导，没有统一的实施制度。未成年人不起诉记录的消灭与前科消灭一样，都符合未成年人最佳利益原则，也符合我国多年来对未成年人所实行的"教育、感化、挽救"的方针和"教育为主，惩罚为辅"的基本原则。我国未成年人相对不起诉污点封存制度的发展方向应是从污点的封存逐步走向不起诉记录的消灭，即对被决定适用酌定不起诉处理的未成年人，赋予一定的考察期限，在此期间，未成年人如果表现良好，认真悔过，则期限届满经未成年人及其法定代理人申请，检察机关可以决定对未成年人酌定不起诉污点进行消灭。同时可以设置未成年人教育档案，记载对未成年人涉及犯罪的情况、曾采取的教育矫正措施等内容。这些教育档案仅限于法院和检察机关批准下，为了开展对未成年人的教育矫正，或者追诉与原被不起诉行为直接相关的其他犯罪行为时使用。已被消灭的不起诉污点不得在今后的刑事诉讼中作为对未成年人的不利依据。未成年人对教育记录中的内容不存在向其他人公开或说明、报告的义务。

第十章

结 语

　　随着域外未成年人刑事司法理论的引入和我国未成年人刑事司法制度的发展，在刑事程序中，对未成年人给予与成年人不同的处遇，施以更多关爱和保护已经成为我国理论界和实务界的共识。从 1986 年我国第一个未成年人刑事起诉组设立至今，未成年人检察制度和检察组织已经经历了近三十年的发展，为实现对未成年人的特殊保护和帮助开展了丰富的实践探索。特别是对作为未成年人检察制度核心的未成年人相对不起诉制度，开展了诸如附条件不起诉、"观护"帮教等一系列的实践和理论探索。以 2012 年《刑事诉讼法》修改以及"两高"司法解释的修改为标志，未成年人附条件不起诉、社会调查、社会帮教以及不起诉记录封存等主要由实践探索生发的制度被纳入规范，这标志着我国未成年人相对不起诉制度的初步建立。但目前我国未成年人相对不起诉制度存在两个明显的问题：一是法律、司法解释对具体制度的规定较为粗疏，导致存在不少适用中的问题；二是未成年人相对不起诉制度独立性较差，除附条件不起诉外，酌定不起诉和和解不起诉仍然需要参照基于成年人的相对不起诉规定，既没有独立的规定，也未能通过特殊的法律规定体现出未成年人相对不起诉制度的特性。总的来说，与传统主要适用于成年人的相对不起诉制度相比，当前我国未成年人相对不起诉制度新产生了两大重要变化。

一是未成年人相对不起诉制度适用的目标发生了变化，具有自身独特的作用。与传统相对不起诉制度具有的效率、人权保障价值相比，我国未成年人相对不起诉制度更体现出未成年人的出罪化处理、对未成年人特殊的关爱与保护以及未成年人回归社会的实现这三大功能。与主要基于诉讼经济考量的成年人相对不起诉制度不同，未成年人相对不起诉制度的价值目标在于教育、挽救未成年人，实现涉罪未成年人回归社会。因而，未成年人相对不起诉与成年人相对不起诉相比，涉及更为宽泛资源的运用，社区机构、家庭、被害人等多方资源与国家机构一起运作，为犯罪未成年人提供一个修复伤痕的机会。这种相对不起诉的处理将尽量避免给未成年人承受刑事司法程序带来的痛苦。以一种特殊的视角来看待犯罪未成年人，重视他们与被害人关系、社会关系的恢复，而不是针对其犯罪加害行为来强调对应的惩罚。

二是未成年人相对不起诉制度的内容逐渐扩展。未成年人相对不起诉制度设置的出发点与成年人相对不起诉不同，更关注通过制度运行将未成年人转出刑事诉讼程序，实现对未成年人的特殊保护。诉讼经济显然已经不是未成年人相对不起诉制度的主要价值目标。未成年人相对不起诉制度适用中，诉讼经济目标以一种特殊的方式实现：其强调诉讼的快速有效，但主要原因在于可以使刑事程序对未成年人产生最低程度的影响。更主要的是，基于未成年人相对不起诉特殊的社会参与要求，其强调通过充分调动社会专业力量的参与来展开对未成年人的帮助教育和协助社会关系的修复等，而非司法资源的全面参与，以此来实现司法资源节约。正因如此，很多国家未成年人相对不起诉制度中都设置了对未成年人的身心发展情况的评估、对未成年人成长教育背景的调查、对未成年人的帮助教育、检察机关主持下的和解协商等特殊程序，把最大限度地将未成年人从刑事司法程序中转处出来作为首要追求目标，进而关注未成年人行为的矫正和社会关系的恢复等。未成年人相对不起诉制度的内容相较于传统的成年人相对不起诉发生了扩展，更多的社会性内容被加入进来，与三种相对不起诉制度共同实现帮助教育未成年人，引导其回归社会的目标。

未成年人相对不起诉的适用，其最核心的目标是通过对未成年人的出罪化处理，实现未成年人回归社会。因而，在未成年人相对不起诉这种特殊独立价值目标的前提下，其司法实践和立法的扩展可以作出合理的解释，它们是国家为实现未成年人特殊保护而进行的自觉选择。教育帮助涉罪的未成年人，实现其回归社会发展，而不是单纯强调对未成年人的报应性惩罚，正是对未成年人特殊保护的核心体现。未成年人相对不起诉制度本身的设置和发展也应围绕实现未成年人回归社会这一目标进行。

根据未成年人相对不起诉具体制度对实现未成年人回归社会目标的不同作用，未成年人相对不起诉制度可以划分为两个层次，即未成年人出罪处理制度和未成年人回归社会的保障制度。未成年人出罪处理制度是指将涉罪未成年人从刑事司法程序中转处出来，避免其受到刑事司法程序不良影响的制度，主要包括基于罪轻的不起诉、基于和解的不起诉和附条件不起诉制度，它们是涉罪未成年人回归社会的前置程序。未成年人回归社会的保障制度是指确保涉罪未成年人得到教育矫正，其回归社会不会对社会造成危害，保障出罪处理具有实际效果的制度，也就是目前已具雏形的未成年人的社会调查、帮教矫正和不起诉污点封存制度。将未成年人从刑事诉讼程序中分流出去和对未成年人的社会帮教是确保实现未成年人最终回归社会的核心手段。分流是回归社会的前提条件，社会帮教是确保分流效果，最终实现回归的保障。

检察机关在未成年人的刑事程序分流和社会帮教方面都发挥着重要作用，因此其在未成年人相对不起诉程序中居于核心地位。检察机关掌握三种不起诉的决定权，除此之外，在三种保障制度的具体程序中，检察机关可以对一些实体性事项作出认定。例如，附条件不起诉考察期内未成年人的表现，社会调查事项、刑事和解协议的内容等。检察官对这些事项作出决定的过程中，根据刑诉法及刑诉规则的规定，应当或需要听取涉及此事项双方的意见。可以说，我国未成年人相对不起诉构造正在向检察机关居中听审裁决、侦查方与辩护方对抗、说明式的准司法形态发展完善。但就目前发展状况而言，未成年人检察官作为居中裁判者的中立性不足且身份具有矛盾性。一方面，检察官听取双方意见的方式以及这些意见对检察官决定的制约作用没有得到法律的进一步规定，这种具有一定司法性特征的听审方式仍然具有很强的非正式性和非制衡性。未成年人及侦查机关只能通过事后的申诉、复议等方式获得救济。这种非正式性与未成年人检察官具有的多重权力，更容易导致社会公众对未成年人检察官决定的质疑。另一方面，尽管检察官是作为实现未成年人转出刑事程序，协助其回归社会的角色出现，但其仍然具有潜在的追诉性。当发现未成年人不符合不起诉适用条件或者存在追诉必要时，未成年人检察官会对其进行起诉，其职能随即转换为刑事程序的追诉方。这种职能上的重合性容易导致未成年人检察官行使权力的身份分裂：如果其更倾向于帮助挽救未成年人，即便不起诉程序复杂，其适用不起诉的意愿更大；相反，可能其会直接对轻罪未成年人进行起诉。

因此，本书提出应围绕未成年人回归社会这一核心价值目标改革完善现有的未成年人相对不起诉制度，充分发挥我国目前已经建立的独立的未成年人检察体制的作用，进而以我国未成年人相对不起诉程序为基础构建我国的未成年人检察程序，建立覆盖全部涉罪未成年人的审前社会帮教体系。在将未成年人转出刑事司法程序的同时有效地开展对未成年人的社会帮教，真正实现未成年人回归社会。笔者对未成年人审前程序改革的主要设想包括四个方面，一是将公安机关对未成年人的分流处理纳入检察监督、审查的范围，即将可能涉罪的未成年人的分流处理审查权一并由未成年人检察官行使；二是在检察阶段完善现有的分流制度，强化不起诉程序的司法性；三是将严重未成年人犯罪的审查起诉权从现有的未成年人检察职能中分离出去，由一般公诉部门行使；四是构建与刑事审前程序相配套的社会帮教体系，确保未成年人回归社会的实现。

一 中文专著

陈光中、〔加〕丹尼尔·普瑞方廷等主编：《联合国刑事司法准则与中国的刑事法制》，法律出版社1998年版。

陈光中：《刑事诉讼法》（第二版），北京大学出版社2005年版。

陈光中主编：《中华人民共和国刑事诉讼法再修改专家建议稿与论证》，中国法制出版社2006年版。

陈光中、〔德〕汉斯-约格-阿尔布莱希特主编：《中德不起诉制度比较研究》，中国检察出版社2002年版。

陈瑞华：《刑事审判原理论》（第二版），北京大学出版社2003年版。

陈瑞华：《刑事诉讼的前沿问题》（第二版），中国人民大学出版社2005年版。

陈瑞华：《刑事诉讼的前沿问题》（第四版），中国人民大学出版社2013年版。

陈瑞华：《刑事诉讼的中国模式》（第二版），法律出版社2010年版。

陈卫东、张弢：《刑事特别程序的实践与探讨》，人民法院出版社1992年版。

陈卫东主编：《刑事诉讼法资料汇编》，法律出版社2005年版。

杜宇：《理解"刑事和解"》，法律出版社2010年版。

樊崇义：《诉讼原理》，法律出版社2003年版。

樊崇义等著：《刑事诉讼法修改专题研究报告》，中国人民公安大学出版社2004年版。

樊崇义：《刑事诉讼法哲理思维》，中国人民公安大学出版社 2019 年版。

冯卫国：《行刑社会化研究——开放社会中的刑罚趋向》，北京大学出版社 2003 年版。

公培华：《刑罚论》，青岛海洋大学出版社 1999 年版。

公丕祥：《法制现代化的理论逻辑》，中国政法大学出版社 1999 年版。

黄京平、甄贞主编：《和谐社会语境下的刑事和解》，清华大学出版社 2007 年版。

季卫东：《法治秩序的建构》，中国政法大学出版社 1999 年版。

姜伟、钱舫、徐鹤喃、卢宇蓉：《公诉制度教程》（第三版），中国检察出版社 2014 年版。

康树华主编：《青少年法学概论》，中国政法大学出版社 1987 年版。

李蓉：《刑事诉讼分权制衡基本理论研究》，中国法制出版社 2006 年版。

李心鉴：《刑事诉讼构造论》，中国政法大学出版社 1997 年版。

刘善春：《行政诉讼价值论》，法律出版社 1998 年版。

马克昌：《刑罚通论》，武汉大学出版社 1999 年版。

邱兴隆：《关于惩罚的哲学——刑罚根据论》，法律出版社 2000 年版。

曲新久：《刑法的精神与范畴》（2003 年修订版），中国政法大学出版社 2003 年版。

沈志先主编：《未成年人审判精要》，法律出版社 2012 年版。

宋英辉主编：《刑事和解实证研究》，北京大学出版社 2010 年版。

宋英辉：《刑事诉讼目的论》，中国人民公安大学出版社 1995 年版。

宋英辉：《刑事诉讼原理导读》，法律出版社 2003 年版。

宋英辉、何挺、王贞会等：《未成年人刑事司法改革研究》，北京大学出版社 2013 年版。

锁正杰：《刑事程序的法哲学原理》，中国人民公安大学出版社 2002 年版。

汪建成：《冲突与平衡——刑事程序理论的新视角》，北京大学出版社 2006 年版。

王利民：《司法改革研究》，法律出版社 2001 年版。

王雪梅:《儿童权利论:一个初步的比较研究》,社会科学文献出版社
　　2005年版。

吴宗宪等:《非监禁刑研究》,中国人民公安大学出版社2003年版。

夏宗素主编:《狱政法律问题研究》,法律出版社1997年版。

姚建龙:《长大成人:少年司法制度的建构》,中国人民公安大学出版
　　社2003年版。

张军、江必新主编:《新刑事诉讼法及司法解释适用解答》,人民法院
　　出版社2013年版。

张利兆主编:《未成年人犯罪刑事政策研究》,中国检察出版社2006
　　年版。

张穹:《公诉问题研究》,中国人民公安大学出版社2000年版。

张智辉主编:《附条件不起诉制度研究》,中国检察出版社2011年版。

赵震江主编:《法律社会学》,北京大学出版社1998年版。

钟勇、高维俭主编:《少年司法制度新探》,中国人民公安大学出版社
　　2011年版。

朱久伟、王安主编:《社会治理视野下的社区矫正》,法律出版社2012
　　年版。

邹碧华主编:《少年法庭的创设与探索》,法律出版社2009年版。

二　中文译著

[德] 汉斯·海因里希·耶赛克、托马斯·魏根特:《德国刑法教科
　　书》,徐久生译,中国法制出版社2017年版。

[俄] 俄罗斯联邦总检察院编:《俄罗斯联邦刑法典释义》(上册),黄
　　道秀译,中国政法大学出版社2000年版。

[美] 弗朗西斯·福山:《大分裂——人类本性与社会秩序的重建》,刘
　　榜离等译,中国社会科学出版社2002年版。

[美] 赫伯特·帕克:《刑事诉讼的两种模式》,载 [美] 虞平《争鸣
　　与思辨:刑事诉讼模式经典论文选译》,郭志媛编译,北京大学出版
　　社2013年版。

［美］克莱门斯·巴特勒斯：《矫正导论》，孙晓雳等译，中国人民公安大学出版社 1991 年版。

［美］理查德·A. 波斯纳：《法律的经济分析》，蒋兆康译，中国大百科全书出版社 1997 年版。

［美］美国量刑委员会编撰：《美国量刑指南》，量刑指南北大翻译组译，北京大学出版社 1995 年版。

［美］约翰·格里菲斯：《刑事程序中的理念或刑事诉讼的第三种"模式"》，载［美］虞平《争鸣与思辨：刑事诉讼模式经典论文选译》，郭志媛编译，北京大学出版社 2013 年版。

［日］大谷实：《刑事政策学》，黎宏译，中国人民大学出版社 2009 年版。

［日］小岛武司等：《司法制度的历史与未来》，汪祖兴译，法律出版社 2000 年版。

［英］安东尼·吉登斯：《社会学》（第四版），赵旭东等译，北京大学出版社 2003 年版。

［英］麦高伟等主编：《英国刑事司法程序》，姚永吉等译，法律出版社 2003 年版。

［意］恩里科·菲利：《犯罪社会学》，郭建安译，商务印书馆出版社 2017 年版。

三　中文期刊

白冬：《人权保障：现代刑事诉讼之灵魂——兼论中国刑事诉讼人权保障之理念》，《南都学坛》2003 年第 1 期。

卞建林、李菁菁：《从我国刑事法庭设置看刑事审判构造的完善》，《法学研究》2004 年第 3 期。

卞建林、肖峰：《刑事诉讼中的审前程序分流——以轻罪治理为视角》，《法学杂志》2024 年第 2 期。

曹扬文：《社区矫正制度本土化构建研究》，《中国司法》2007 年第 6 期。

柴建国、张明丽:《关于我国未成年人前科消灭制度若干问题的探讨》,《河北法学》2003 年第 3 期。

陈冰、李雅华:《德国少年司法保护简述》,《青少年犯罪问题》2005 年第 3 期。

陈光中、陈瑞华、汤维建:《市场经济与刑事诉讼法学的展望》,《中国法学》1993 年第 5 期。

陈光中、崔洁:《司法、司法机关的中国式解读》,《中国法学》2008 年第 2 期。

陈立毅:《我国未成年人刑事案件社会调查制度研究》,《中国刑事法杂志》2012 年第 6 期。

陈瑞华:《二十世纪中国之刑事诉讼法学》,《中外法学》1997 年第 6 期。

陈瑞华:《论量刑信息的调查》,《法学家》2010 年第 2 期。

陈瑞华:《论相对独立的量刑程序——中国量刑程序的理论解读》,《中国刑事法杂志》2011 年第 2 期。

陈瑞华:《刑事诉讼的私力合作模式——刑事和解在中国的兴起》,《中国法学》2006 年第 5 期。

陈卫东、汪建成、宋英辉:《专家访谈:刑事和解的理论探讨》,《中国检察官》2009 年第 1 期。

程晓璐:《附条件不起诉制度的适用》,《国家检察官学院学报》2013 年第 6 期。

程晓璐:《中国少年检察官的角色变迁与定位》,《预防青少年犯罪研究》2013 年第 4 期。

陈海锋、许蔓莉:《未成年人检察机构的完善及面临的课题》,《青少年犯罪问题》2019 年第 4 期。

邓思清:《建立我国的附条件不起诉制度》,《国家检察官学院学报》2012 年第 1 期。

樊荣庆:《德国少年司法制度研究》,《青少年犯罪问题》2007 年第 3 期。

冯卫国：《犯罪控制与社会参与——构建和谐社会背景下的思考》，《法律科学》（西北政法学院学报）2007 年第 2 期。

管晓静：《我国设立"未成年人刑事污点消灭"制度之探讨》，《中国青年研究》2005 年第 1 期。

桂万先：《当代中国检察官的角色》，《国家检察官学院学报》2007 年第 5 期。

郭殿雄：《新形势下未成年人违法犯罪的特征及预防》，《青海师范大学学报》（哲学社会科学版）2006 年第 3 期。

黄京平、甄贞、刘凤岭：《和谐社会构建中的刑事和解——"和谐社会语境下的刑事和解"研讨会学术观点综述》，《中国刑事杂志》2006 年第 5 期。

何挺：《〈刑事诉讼法〉第四次修改与中国特色未成年人司法的发展完善》，《南京师大学报》（社会科学版）2024 年第 2 期。

姜伟：《论公诉的刑事政策》，《中国刑事法杂志》2002 年第 3 期。

黎莎：《两种模式下的西方未成年人刑事和解制度特征解读》，《公民与法》2010 年第 5 期。

李国明、晏向华：《论检察机关法律监督权的法理和现实基础》，《当代法学》2011 年第 6 期。

李维国：《论检察机关的起诉裁量权的扩大及其制约》，《检察实践》2003 年第 3 期。

李琴：《美国青少年犯刑罚替代措施》，《中国刑事法杂志》2012 年第 5 期。

林文肯：《〈联合国少年司法最低限度标准规则〉在中国的贯彻》，《中外法学》1991 年第 2 期。

林中明、谢东旭：《探索少年刑事污点封存上海三年试点取得成效，让失足未成年人无痕迹回归社会》，《上海人大月刊》2009 年第 8 期。

刘凌梅：《西方国家刑事和解理论与实践介评》，《现代法学》2001 年第 1 期。

龙宗智、左为民：《法理与操作——刑事起诉制度评述》，《现代法学》

1997 年第 4 期。

罗芳芳、常林：《〈未成年人社会调查报告〉的证据法分析》，《法学杂志》2011 年第 5 期。

路琦：《青少年犯罪预防干预之政府应对策略研究——以美国为例》，《中国青年研究》2022 年第 12 期。

马明亮：《恢复性司法的程序化》，《国家检察官学院学报》2005 年第 6 期。

马楠：《相对不起诉权的控制与制度延伸》，《中国司法》2009 年第 11 期。

上海市闵行区人民检察院课题组：《新刑事诉讼法框架下未成年人社会观护制度的深化和完善》，《上海公安高等专科学校学报》2012 年第 5 期。

彭玉婕：《我国未成年人品格证据之运用研究——以社会调查报告为例》，《上海法学研究》集刊 2020 年第 12 卷。

邱晨帆、刘长想：《上海未成年社会帮教工作的历史和发展》，《青年探索》2005 年第 5 期。

任巍巍：《未成年人"刑事污点限制公开"制度研究》，《中国检察官》2011 年第 9 期。

任文启：《国家如何在场？——国家亲权视野下涉罪未成年人服务个案的实践与反思》，《青少年犯罪问题》2020 年第 5 期。

宋聚荣、王鹏：《试论检察机关在刑事和解中的职能定位——以山东省检察机关的实践探索为基础》，《中国司法》2009 年第 12 期。

宋英辉、上官春光、王贞会：《涉罪未成年人审前非羁押支持体系实证研究》，《政法论坛》2014 年第 1 期。

孙谦：《维护司法的公平和正义是检察官的基本追求——〈检察官论〉评介（二)》，《人民检察》2004 年第 3 期。

谭京生、赵德云、宋莹：《北京市法院未成年人刑事案件社会调查报告工作的调研及建议》，《青少年犯罪问题》2010 年第 6 期。

万毅：《检察权若干基本理论问题研究——返回检察理论研究的始点》，

《政法论坛》2008 年第 3 期。

汪海燕：《我国酌定不起诉制度的困境与出路——论赋予犯罪嫌疑人选
　　择审判权的必要性》，《政治与法律》2004 年第 4 期。

汪贻飞：《论社会调查报告对我国量刑程序改革的借鉴》，《当代法学》
　　2010 年第 1 期。

王东海：《未成年人犯罪记录封存制度的中国实践：适用与走向》，《中
　　南大学学报》（社会科学版）2013 年第 5 期。

王申：《理念、法的理念——论司法理念的普遍性》，《法学评论》2005
　　年第 4 期。

徐宏、武倩：《少年司法理念的正本清源与制度设计》，《青少年犯罪问
　　题》2018 年第 6 期。

席玉峰、吴秀玲、师旭：《未成年人轻微犯罪附条件不起诉与相对不起
　　诉的适用》，《中国检察官》2025 年第 4 期。

奚玮：《未成年人刑事诉讼中的全面调查制度》，《法学论坛》2008 年第
　　1 期。

肖仕卫：《刑事法治的"第三领域"：中国刑事和解制度的结构定位与
　　功能分析》，《中外法学》2007 年第 6 期。

徐昀：《未成年人社会调查制度的完善与运用——两种心理学的视角》，
　　《当代法学》2011 年第 4 期。

许晨夕：《青少年社区矫正与恢复性少年司法：澳大利亚和新西兰经验
　　及启示》，《预防青少年犯罪研究》2018 年第 2 期。

姚建龙：《创设少年法院必要性研究的反思》，《青少年犯罪问题》2004
　　年第 2 期。

姚建龙：《犯罪后的第三种法律后果：保护处分》，《法学论坛》2006 年
　　第 1 期。

姚建龙：《国家亲权理论与少年司法——以美国少年司法为中心的研
　　究》，《法学杂志》2008 年第 3 期。

尤丽娜：《从日本的保护处分制度看我国的少年教养制度》，《青少年犯
　　罪问题》2006 年第 2 期。

曾新华:《论未成年人轻罪犯罪记录封存制度——我国新〈刑事诉讼法〉第 275 条之理解与适用》,《法学杂志》2012 年第 6 期。

赵国玲、李强:《我国未成年人前科消灭制度实证研究》,《青少年犯罪问题》2010 年第 1 期。

赵秉志、姚建龙:《废除死刑之门——未成年人不判死刑原则及其在中国的确立与延伸》,《河北法学》2008 年第 2 期。

周道鸾:《中国少年法庭制度的发展与完善——苏、沪少年法庭制度调查报告》,《青少年犯罪问题》2007 年第 6 期。

周晨曦、赵雅男、邢进生:《涉罪未成年人社会调查制度的完善路径》,《人民检察》2024 年第 9 期。

四　学位论文

冯景合:《检察权及其独立行使问题研究》,博士学位论文,吉林大学,2006 年。

连俊峰:《我国检察权的法理学分析——以法律监督权为内核》,博士学位论文,中国政法大学,2009 年。

刘兰秋:《刑事不起诉制度研究》,博士学位论文,中国政法大学,2006 年。

苏明月:《日本保护观察制度研究》,博士学位论文,中国政法大学,2009 年。

王顺安:《社区矫正理论研究》,博士学位论文,中国政法大学,2009 年。

吴建雄:《中国二元司法模式研究》,博士学位论文,中南大学,2012 年。

谢识:《不起诉制度论——以相对合理主义为视角》,博士学位论文,吉林大学,2009 年。

于国旦:《少年司法制度研究》,博士学位论文,中国政法大学,2004 年。

张中:《刑事诉讼关系的社会学分析》,博士学位论文,中国政法大学,2005 年。

五　中文报纸

陈颖婷：《浦东法院首次通知社会调查员出庭》，《上海法治报》2015年
　　2月13日第8版。

范爱红：《河西区人民法院少年审判庭首次引入未成年被告人社会调查
　　机制》，《天津政法报》2012年2月7日第1版。

贾富彬、韩寿芝：《山东乐陵：推出不起诉案件听证前"一二一"研判
　　机制》，《检察日报》2013年9月26日第2版。

检察日报编辑部：《上海闵行：社会观护确保帮教效果》，《检察日报》
　　2013年9月4日第2版。

李巧芬、杨新娥：《社会工作者参与未检工作的四个问题》，《检察日
　　报》2011年7月24日第3版。

简洁：《北京：那些亮闪闪的未检品牌背后的故事》，《检察日报》2022
　　年6月20日第3版。

刘德华、龙雨：《广元利州：对异地涉罪未成年人开展社会调查》，《检
　　察日报》2013年3月6日第2版。

史隽、余检：《社会调查员：更中立，更公正》，《检察日报》2010年9
　　月第8版。

王彦钊、齐捷：《社会调查员，探寻未成年人犯罪轨迹》，《检察日报》
　　2003年8月5日第3版。

王裕根：《强化社工组织参与未成年人犯罪预防与治理》，《检察日报》
　　2024年9月10日第3版。

徐日丹、林中明：《上海检察机关25年跟踪帮教罪错青少年1387名》，
　　《检察日报》2011年4月2日第1版。

徐日丹：《检察人员携手社会组织、社会工作者为涉罪未成年人提供帮
　　教　服务8.5万人次》，《检察日报》2023年4月15日第2版。

张伯晋：《帮教力量社会化："上海经验"展现司法智慧》，《检察日报》
　　2012年2月2日第3版。

六 中文网站

最高人民检察院:《未成年人检察工作白皮书(2014—2019)》,最高人民检察院网,https://www.spp.gov.cn/spp/xwfbh/wsfbt/202006/t20200601_463698.shtml#1,2024 年 12 月 18 日。

最高人民检察院:《未成年人检察工作白皮书(2020)》,最高人民检察院网,https://www.spp.gov.cn/xwfbh/wsfbt/202106/t20210601_519930.shtml#1,2024 年 12 月 18 日。

最高人民检察院:《未成年人检察工作白皮书(2021)》,最高人民检察院网,https://www.spp.gov.cn/spp/xwfbh/wsfbt/202206/t20220601_558766.shtml#1,2024 年 12 月 18 日。

最高人民检察院:《未成年人检察工作白皮书(2023)》,最高人民检察院网,https://www.spp.gov.cn/xwfbh/wsfbh/202405/t20240531_655854.shtml,2024 年 12 月 18 日。

北京市东城区人民检察院:《对北京市 2006—2007 年相对不起诉案件的调查分析》,首都检察网,http://10.11.204.98:8911/s? &q=%E4%B8%8D%E8%B5%B7%E8%AF%89%E5%90%AC%E8%AF%81,2014 年 11 月 29 日。

北京市海淀区人民检察院未检处:《北京市海淀区检察院与山西晋中市检察院合作开展未成年人犯罪记录封存》,首都检察网,http://www.bj.pro/newiweb/minfo/view.jsp? DMKID=211&ZLMBH=6&XXBH=1001109248&departID=0,2014 年 7 月 28 日。

北京市人民检察院:《市检察院、综治办、团市委联合成立附条件不起诉未成年人"新起点扬帆观护基地"》,首都检察网,http://www.bj.pro/newiweb/minfo/view.jsp? DMKID=206&ZLMBH=0&XXBH=1001100620&departID=0,2014 年 8 月 29 日。

北京市人民检察院未检处:《北京市未检工作考察团赴江苏、上海学习交流考察报告》,首都检察网,http://10.11.204.98:8911/s? q=%

E4% B8% 8A% E6% B5% B7 +% E7% A4% BE% E5% B7% A5&type = nutch&pager. offset = 20，2014 年 8 月 18 日。

北京市通州区检察院未检处、北京市昌平区检察院未检处：《加大挽救力度，落实宽严相济政策，通州院对 3 名未成年人做出相对不起诉处理》《昌平区未成年人相对不起诉案件分析》，首都检察网，http：//www. bj. pro/deptweb/department _ child/third. jsp？ DMKID = 1999&ZLMBH = 15&XXBH = 198633&departID = 01001039，2014 年 11 月 15 日。

北京市通州区未检处：《通州院未检处赴上海、江苏调研考察报告》，首都检察网，http：//www. bj. pro/deptweb/department_child/third. jsp？ D MKID = 1999&ZLMBH = 14&XXBH = 96008&departID = 01001039，2014 年 9 月 2 日。

傅鉴、黄刚、倪承英：《成都检方推行公益律师参与涉罪未成年人社会调查》，正义网，http：//www. jcrb. com/procuratorate/jckx/201408/t 20140822_1425332. html，2014 年 9 月 19 日。

海淀区团委：《海淀看守所举行全国首家驻所"青少年司法社工站"正式揭牌仪式》，北京共青团网，http：//www. bjyouth. gov. cn/jcxx/sq/498712. shtml，2014 年月 18 日。

黄洁：《北京市"新起点扬帆观护基地"挂牌成立》，法制网，http：//www. legaldaily. com. cn/index/content/2013 − 10/27/content _ 4964367. htm？ node = 20908，2014 年 8 月 29 日。

江苏省检察院：《江苏省未成年人犯罪记录封存工作意见》，延庆区检察院：《关于未成年人犯罪记录封存的实施办法》，首都检察网，http：//www. bj. pro/deptweb/department _ child/third. jsp？ DMKID = 1952&ZLMB H = 0&XXBH = 198169&departID = 01001039，2014 年 8 月 19 日。

李定灿：《福建东山县检察院建立拟不起诉案件社会调查制度》，正义网，http：//www. jcrb. com/procuratorate/jckx/201206/t20120606 _ 877 945. html，2014 年 9 月 19 日。

梁洪、唐钊平：《广西：办结首例"检调对接"刑事和解办理不起诉

案》，正义网，http：//news. jcrb. com/jxsw/201105/t20110531_54981
8. html，2014 年 5 月 21 日。

门头沟区人民检察院：《门头沟院出台未成年人帮教观护员工作办法
（试行）》，首都检察网，http：//www. bj. pro/newiweb/minfo/view.
jsp？ DMKID = 211&ZLMBH = 7&XXBH = 10087137&departID = 0，2014
年 9 月 7 日。

石景山团委：《法援保权利　和解现真情——石景山区检察院对一未成
年犯罪嫌疑人作出相对不起诉处理》，北京检察网，http：//www.
bjjc. gov. cn/bjoweb/syxw/35093. jhtml，2014 年 11 月 11 日。

王海宝：《江西德安：检察院开展社会调查工作助推未检工作》，正义网，
http：//jcy. jcrb. com/jcsc/201406/t20140619_1410985. shtml，2014 年 9
月 19 日。

文韬：《上海闵行区人民检察院构建涉罪未成年人社会观护体系》，正
义网，http：//www. jcrb. com/procuratorate/jckx/201401/t20140113_13
04557. html，2014 年 8 月 29 日。

西城区人民检察院未检处：《我院与北京师范大学签订〈社会调查及附
条件不起诉考察帮教项目合作协议〉》，首都检察网，http：//www.
bj. pro/newiweb/minfo/view. jsp？ DMKID = 211&ZLMBH = 3&XXBH =
10049942&departID = 0，2014 年 10 月 3 日。

徐日丹、林中明：《上海检察机关 25 年跟踪帮教罪错青少年 1387 名》，
最高人民检察院网，https：//www. spp. gov. cn/zdgz/201104/t201104
21_25740. shtml，2015 年 4 月 22 日。

杨超、杨伟：《四川三台检察院积极构建预防未成年人犯罪社会帮教体
系》，正义网，http：//www. jcrb. com/procuratorate/jckx/201304/t2013
0409_1084812. html，2014 年 8 月 29 日。

杨新娥：《海淀院创新社会管理　提升少年检察工作》，首都检察网，
http：//www. bj. pro/newiweb/minfo/view. jsp？ DMKID = 211&ZLMBH =
6&XXBH=100177845&departID=0，2014 年 9 月 18 日。

姚建龙:《司法分流与附条件不起诉——中国语境下的若干思考》,首都检察网,http://www.bj.pro/deptweb/department_child/weijianchu/third.jsp? departID = 01001039&DMKID = 1950&ZLMBH = 0&XXBH = 208749,2014 年 9 月 16 日。

张军:《最高人民检察院工作报告——2023 年 3 月 7 日在第十四届全国人民代表大会第一次会议上》,最高人民检察院网,https://www.spp.gov.cn/spp/tt/202303/t20230317_608765.shtml,2023 年 10 月 6 日。

张军:《最高人民检察院关于人民检察院开展未成年人检察工作情况的报告》,最高人民检察院网,https://www.spp.gov.cn/spp/xwfbh/ws-fbh/202210/t20221029_591185.shtml,2023 年 10 月 16 日。

章程、陈实:《海珠区检察院召开附条件不起诉公开听证会》,广东省人民检察院阳光检务网,http://www.gd.jcy.gov.cn/xwys/jccz/201209/t20120910_943771.html,2015 年 1 月 4 日。

赵国栋:《"三顾茅庐"耐心说服 化解矛盾促成刑事和解》,新华网,http://www.sn.xinhuanet.com/2013-10/11/c_117672592.htm,2014 年 6 月 18 日。

赵晓星、孙莉婷、贾晓文:《北京朝阳检察院加强监督确保和解自愿性合法性》,正义网,http://news.jcrb.com/jxsw/201210/t20121008_958947.html,2014 年 6 月 18 日。

周峰、金磊:《上海青浦检察院积极探索未成年人附条件不起诉听证》,正义网,http://www.jcrb.com/procuratorate/jckx/201304/t20130409_1084720.html,2014 年 10 月 8 日。

周利双、李用来:《湖南长沙望城:未成年人社会调查机制助大学生重返校园》,正义网,http://www.jcrb.com/procuratorate/jckx/201405/t20140528_1399975.html,2014 年 9 月 19 日。

最高检:《未成年人犯罪数量出现反弹 校园欺凌和暴力犯罪数量继续下降》,光明网,https://legal.gmw.cn/2022-06-01/content_3578205

9. htm，2022 年 6 月 1 日。

七　外文专著

Boyes-Watson，"Looking at the Past of Restorative Justice：Normative Reflections on Its Future"，in Theo Gavrielides（eds.），*Routledge International Handbook of Restorative Justice*，Routledge Press，2019.

M. D. Bayles，"Principles for Legal Procedure"，in *Law and philosophy*，D. Deidel Publishing Company，1986.

Nicholas Bala，"Young Offenders Law"，*Bureau of Justice Statistis*（1997）．

Weitekamp，E. G. M.，"The History of Restorative Justice"，in G. Bazemore and L. Walgrave（eds.），*Restorative Juvenile Justice：Repairing the Harm of Youth Crime*，Willow Tree Press，1999.

［日］铃木昭一郎：《保護観察における教育的機能》，《更生保護》第 26 卷 2 号，1975 年。

八　外文期刊

Benjamin M. Greenblum，"What Happened to a Prosecution Deferred？Judicial Oversight of Corporate Deferred Prosecution Agreements"，*Journal of Columbia Law Review*，Vol. 10，October，2005.

Catherine de Boer and Nick Coady，"Good Helping Relationships in Child Welfare：Learning from Stories of Success"，*Child and Family Social Work*，Vol. 12，No. 1（July 2006）．

Mart Susi，lan D. Marder，"Conceptualising and Assessing a Human Right to Access Restorative Justice in European Criminal Law"，*New Journal of European Criminal law*，Vol. 16，Issue 1，2025.

Maureen S. Hopbell，"Balancing the Protection of Children Against the Protection of Constitutional Rights：The Past，Present and Future of Megan's Law"，*Duquesne Law Review*，Vol. 42，Issue2，2004.

Simona Ghetti, "Newsletters of European Forum for Victim-Offender", *Mediation and Restorative Justice*, Vol. 5, Issue1, April 2004.

Susan N. Herman, "The Tail That Wagged the Dog: Bifurcated Fact-Finding under The Federal Sentencing Guidelines and The Limits of Due Process", *Journal of South California Law Review*, Vol. 66, 1992.

后　记 ◀

　　自己的研究成果终于要出版面世了，心中真是百感交集。人们总说时间如飞驰白驹，匆匆擦肩而过；但于我来说，时间更像生命的刻刀，于不停流逝之中雕刻出一个个独特的人生样态。从重新走入课堂成为一名博士研究生，到博士毕业后从检察官转行为一名大学教师、兼职律师，这段近十年的时光确实不知不觉在我身上雕刻出了很多独特而难忘的生命印记，而这本研究成果当然也是其中之一。修改并出版这本论文，正是对自己近十年生命过往的总结与回顾。这一刻，很多场景再次涌现于眼前，让我与那个时刻的自己重逢：当年在检察院办公桌前悄悄立下读博心愿的自己；克服了孩子年幼、工作繁忙等种种困难，见缝插针地准备入学考试的自己；读书期间，患病多年的父亲去世，满怀愧疚与悲痛的自己；在学业、工作与家庭责任之间挣扎摇摆，最终立志考入高校重新开始的自己；职业赛道转换后，为了站稳高校讲台，无数个夜里努力学习、调适的自己……回顾过去，虽然想拥抱那个用拼搏去认真体味人生的自己，但我深知，无论是学术水平还是法律实务工作能力，我与"优秀"二字仍然存在较大差距，继续努力之路仍然很长。

　　面对修改完成的书稿，我仿佛又回到了当年等待博士入学考试，满怀紧张忐忑心情的那一刻。这份研究成果肯定还有很多不足尚待提高，但作为同时承担着工作、家庭的多重责任，只能依靠周末和晚上才能进行学习和写作的人来说，这本书算是自己奋斗和坚持的一份记录，更是我对这些年支持帮助过我的老师、同学、朋友、家人表达感谢的最好方式。

　　我首先感谢导师陈瑞华教授，您一直是我学术上最尊敬的引路人，您对学术执着追求的精神一直激励着我，而您富于开创性的理论研究思路和研究方法必将使我受益终生。在北大学习期间，您对我学习上的引领、生活上的关心鼓励着我顺利走到现在，我深为能做您的学生而感到幸运和骄傲。同时，我还要真诚地感谢北京大学法学院诉讼法专业汪建成教授、潘剑锋教授、傅郁林教授、陈永生教授对我日常学习和论文写作的指导与帮助，你们严谨的治学态度和高尚的人格情操都将深深影响我的一生。由于我边工作边读书，与各位老师见面和请教问题的机会不多，但你们每次给予的指导都给我的研究提供了更多借鉴。忘不了各位老师对我不断的鼓励，这些都成为我坚持下来的勇气。

借论文出版的机会，我还要向我的家人表达深深的谢意。感谢我的母亲，是您在我工作和学习期间承担了大部分家务，让我腾出时间开展研究，您坚强的意志和百分百的支持鼓舞着我，帮助我战胜自己的软弱。感谢我的爱人黄宗英博士，是你充满爱意的支持让我具有了提升自己的希望和勇气。感谢你为我能顺利完成学习研究在时间和精力上的付出与牺牲，没有你的帮助，我不可能在三年就完成博士研究生阶段的学习，不可能实现人生和职业赛道的顺利转换。我还要感谢我的宝贝黄熠，是你给妈妈提供了努力的动力，你的懂事和可爱给了我永动的燃料。此外，我还要在此纪念我的父亲，他在我读博的第一年因病离开了我们，但我始终能感觉到他在天上对我的关注，我会永远怀念我深爱的父亲。

最后，我要感谢这些年给予我帮助和支持的各位同事、同学、朋友。感谢你们在我无暇分身时无私的工作援助，在我精神困顿时满是情谊的鼓励，在我学业遇到困难时倾囊相授的解惑答疑。我还要特别感谢检察院的前同事们，尤其是未成年人检察部门的检察官同事，你们提供的第一手工作资料是我展开这份研究的起点。

古芳

2024 年 5 月 2 日

于北京海淀